휴식,
노는 게 아니라
쉬는 것이다___

Copyright ⓒ 2017 published by SuperGraphic Company
All rights reserved. No part of this book may be reproduced, stored in a retrieval system, or transmitted in any form or by any means, electronic, mechanical, photocopying, recording, or otherwise, without prior permission in writing from the publisher.

저작권자 ⓒ 정경수
이 책의 저작권은 저자에게 있으며 출판권은 큰그림(슈퍼그래픽)에게 있습니다.
이 책은 저자와 큰그림(슈퍼그래픽) 사이의 저작권 계약에 의해 출판되었습니다.
서면에 의한 저자와 출판사의 허락 없이 내용의 일부를 인용하거나 발췌하는 것을 금합니다.
이 책에 사용된 도서, 웹사이트와 프로그램, 로고는 해당 회사가 상표나 저작권을 가지고 있습니다.

휴식,
노는 게 아니라 쉬는 것이다

초판 1쇄 인쇄	2017년 10월 20일
초판 1쇄 발행	2017년 10월 24일
지은이	정경수
펴낸곳	큰그림(슈퍼그래픽)
펴낸이	윤정
책임편집	정도환
디자인	박상화
등록번호	제2-5081호
등록일자	2009년 2월 23일
ISBN	979-11-87201-07-6 13320
주소	서울시 중구 필동2가 93번지 2층
전화	02-2264-6422
팩스	0505-116-6422
이메일	sgpress@hanmail.net

잘못 만들어진 책은 구입하신 곳에서 바꾸어 드립니다.
값은 뒤표지에 있습니다.
'큰그림'은 슈퍼그래픽 SuperGraphic의 출판 브랜드입니다.

이 도서의 국립중앙도서관 출판예정도서목록(CIP)은 서지정보유통지원시스템 홈페이지(http://seoji.nl.go.kr)와 국가자료공동목록시스템(http://www.nl.go.kr/kolisnet)에서 이용하실 수 있습니다.(CIP제어번호: CIP2017025431)

휴식,
노는 게 아니라
쉬는 것이다_

피로 불안 스트레스를 해소하는
휴식의 기술

정경수 지음

pause

큰그림
SUPER GRAPHIC COMPANY

머리말

오늘의 휴식을 내일로 미루지 말자

쉰다는 말을 문어체로 표현할 때 '휴식을 취하다'라고 쓴다. '취하다'는 조건에 맞는 것을 골라 가진다는 뜻으로 어떤 행동이나 태도를 가지는 것을 말한다. 영어로 표현할 때는 'take' 쓴다. '취하다'에는 적극적으로 행동한다는 의미가 담겨있지만 적극적인 자세로 휴식을 취하는 사람은 별로 본 적이 없다.

느긋한 휴식과 사색이 필요하다는 걸 알고 있지만 우리는 휴식을 뒤로 미룬다. 게으른 사람은 게을러서 휴식을 미루고 바쁜 사람은 바빠서 휴식을 미룬다. 사람마다 휴식을 미루는 이유는 다르다. '이번 일만 끝나면 쉬어야지'라고 마음먹지만 이번 일이 끝나면 바로 다음 일이 기다린다. 이렇게 휴식을 계속 미룬다. 잘 노는 사람이 성공한다는 말로 성공에 목마른 사람들을 휴식의 길로 인도하려고 했지만 놀아본 적이 없어서 노는 방법도 모르고 놀면 뒤처질지도 모른다는 두려움 때문에 마음 편히 놀지도 못한다. 동기부여는 계속 실천하는 힘을 준다. 겨울철 난로에 장작을 계속 넣지 않으면 불이 꺼지고 난로가 식는 것처럼 우리의 몸과 마음도 활활 타오르게 하지 않으면 차갑게 식어버린다. 동기부여라는 말에는 일과 공부가 붙어 다닌다. 지칠 때쯤 동기부여를 하면 다시 힘을 내서 일과 공부를 한다. 지칠 때는 쉬어야 하는데 동기부여가 우리를 쉬지 못하게 만든다.

휴식에도 동기부여가 필요하다. 너무 열심히 일해서 지쳐있다면 휴식을 취해야 한다. 피로는 신체에만 국한되지 않는다. 걱정과 스트레스로 인한 정신적 피로도 무시할 수 없다. 사람은 연료만 넣으면 돌아가는 기계도, 충전하면 켜지는 스마트폰이 아니다. 피곤하면 쉬어야 하고 기분 전환도 필요하다. 적당히 쉬어야 더 멀리, 더 오랫동안 전진할 수 있다.

산에 오를 때도 무거운 걸음을 억지로 떼는 것보다 적당히 휴식을 취한 뒤에 힘을 내서 다시 오르면 정상에 더 빨리 오를 수 있다. 등산의 묘미는 정상에만 있는 게 아니다. 산을 오르면서 주변의 아름다운 풍경을 보고 산새 소리도 들으며 나무 그늘에서 시원한 바람을 만끽하는 것도 등산의 재미다. 쉬지 않고 무조건 정상만 바라보고 걸음을 재촉한다면 오히려 중간에 지쳐서 산에 오르는 것을 포기하게 될지도 모른다.

사람들이 나쁘게만 보았던 게으름이 재평가되고 있는 시대에 휴식을 취해야 하는 이유와 방법을 이 책에 담았다. 일에 대한 의무감에서 벗어나 명상과 걷기로 머리를 맑게 하고 디지털 기기를 끄고 휴식을 취하는 방법을 '쉬면 뒤처진다.'고 믿으며 휴식을 거부하는 사람들이 거부감 없이 받아들이고 실천할 수 있도록 과학적으로 증명된 연구결과와 함께 정리했다.

수천 점의 회화, 조각, 판화 작품을 남긴 파블로 피카소는 "열 가지 일을 할 수 있으면 다섯 가지만 하라. 그래야 더 확실하고 훌륭하게 일할 수 있고 계속 일할 힘이 남아 있다는 기분을 유지할 수 있다."라고 했다. 언제나 온 힘을 총 동원해서 일하는 방식은 위험하다.

이 책이 휴식에 대한 생각을 바꾸고 지치기 전에 휴식으로 에너지를 보충하는 지혜를 얻는 촉매가 되기를 바란다.

정경수

차례

머리말　　　　　　　　　　　　　　　　　　　　　　　　　4

1장 휴식에 관한 생각 바꾸기　　　　　　　　　　　　　11
　바쁘게 살면 더 많이 얻는다는 생각은 착각이다　　　　　13
　더 많이 소비하면 행복할까?　　　　　　　　　　　　　　24
　포기할 줄 알아야 즐거운 삶을 살 수 있다　　　　　　　　31
　일에 대한 의무감에서 벗어나기　　　　　　　　　　　　　39

2장 잠은 최고의 휴식이다　　　　　　　　　　　　　　　49
　1만 시간의 법칙에 가려진 휴식과 수면의 효과　　　　　51
　부족한 수면 시간 벌충하기　　　　　　　　　　　　　　60
　생체 시계에 맞추면 능률이 오른다　　　　　　　　　　71
　바쁠수록 쉬어가기　　　　　　　　　　　　　　　　　　84
　잠들기 전에 해야 할 것과 하지 말아야 할 것　　　　　90

3장 명상으로 휴식하기　　　　　　　　　　　　　　101

　명상은 그냥 눈을 감고 앉아있는 상태　　　　　　　103
　현재에 집중했을 때 일어나는 일들　　　　　　　　109
　월요병, 세계인이 모두 겪는 증상　　　　　　　　　114
　아무 생각도 하지 않기　　　　　　　　　　　　　　121

4장 스트레스 때문에 휴식은 더 절실하다　　　　　129

　하지 않아도 되는 걱정을 하며 사는 사람들　　　　131
　정신적인 피로와 스트레스를 푸는 방법　　　　　　140
　기술이 발전해도 휴식 시간은 늘어나지 않는다　　149
　전략적으로 일하고 효율적으로 쉰다　　　　　　　155

5장 걷는 동안 뇌는 쉰다　　　　　　　　　　　　　　　161
길을 걸으면 좋은 아이디어가 떠오른다　　　　　　　163
걷기가 가진 휴식과 치유 효과　　　　　　　　　　　169

6장 디지털 기기를 끊는 휴식　　　　　　　　　　　175
디지털 기기가 인간의 감성과 지능을 떨어트린다　　177
호환·마마보다 무서운 디지털 기기　　　　　　　　184

7장 휴식이 몸과 마음을 치유한다　　　　　　　　　193
쉬지 않고 일만 하는 사람은 위험하다　　　　　　　195
음악과 자연의 치유효과　　　　　　　　　　　　　200
적절한 수면과 휴식이 면역력을 높인다　　　　　　210

8장 게으름은 휴식의 다른 이름　　　　　　　　217

　　더 적게 일하면서 더 많이 이루기　　　　　　219
　　해야 할 일 목록에 '휴식'을 넣는다　　　　　229
　　삶에도 쉼표가 필요하다　　　　　　　　　　239

9장 휴식 실천하기　　　　　　　　　　　　　　245

　　적당한 피로감과 적당한 휴식의 비법　　　　247
　　새로운 자극이 몸과 마음의 피로를 없앤다　　253
　　가벼운 여행은 몸과 마음에 에너지를 불어넣는다　260
　　집과 직장에서 실천할 수 있는 휴식의 기술　　265
　　휴식은 만족감과 자신감을 준다　　　　　　272

　　맺음말　　　　　　　　　　　　　　　　　　281
　　참고문헌　　　　　　　　　　　　　　　　　282

1장
휴식에 관한 생각 바꾸기

Rest & Relaxation

휴식에 관한 생각 바꾸기

"새 날개에 황금을 매달면 멀리 날아갈 수 없다." 라빈드라나드 타고르

자기에게 맞지 않는 일을 포기할 줄 아는 사람이 성공할 수 있고 즐거운 삶을 살 수 있다.

Rest & Relaxation

바쁘게 살면 더 많이 얻는다는 생각은 착각이다

일중독, 번아웃 증후군에서 벗어나는 방법
해야 할 일 줄이기

하기 싫어도 해야 하는 것이 사회생활이다. 사회생활의 중심에는 일이 있다. 학생들은 학교에서 하는 공부가 사회생활이고 일이다. 직장인들은 일터로 출근하는 순간부터 일이 시작된다. 직장인은 일에, 학생은 공부에 집중하는 것을 몰입이라고 한다. 개인적인 생활과 건강을 희생하면서 일에 지나치게 몰두하는 것은 '일중독Workaholic'이라고 한다. 일중독은 인터넷 중독, 도박 중독, 쇼핑 중독, 게임 중독과 비슷하다. 차이가 있다면 인터넷, 도박, 쇼핑, 게임은 의무적으로 해야 하는 일이 아니지만 일은 생계를 위해 의무적으로 해야 하는 수단이라는 점이 다르다. 일은 구속감과 스트레를 동반하기 때문에 중독이라는 개념을 적용하기 어렵지만 그럼에도 불구하고 일중독 증상을 호소하는 사람이 많다.

40여 년 전인 1971년에 목회상담가 웨인 오츠가 처음으로 일중독을 정의했다. 일중독은 알코올 중독과 증상이 매우 비슷하고 일중독자를 '일에 대한 과도한 집착으로 자신의 건강과 삶의 행복, 대인관계와 사회인으로서 정상적 기능에 심각한 장애와 마찰을 유발하는 습성을 지닌 사람'으로 묘사했다.[1]

이후에 여러 학자들이 일중독에 대해 연구했는데 심리학자 미너스는 '일에 대한 심각한 의존성이 자신의 삶과 다른 영역들에 막대한 영향을 미치며, 일을 하지 않을 때는 심각한 심리적 불안과 우울증을 동반하는 현상'이라고 했다. 레베카 버넬은 '내적 압박감에 의해 충동적으로 자신의 일에 몰두하며 많은 시간을 일에 할애하지만 일에서 기쁨이나 만족을 얻지 못하는 사람'을 일중독자라고 했다.

번아웃 증후군은 일중독 증상을 보이는 성인에게만 나타난다고 알고 있지만 요즘은 학생과 아이들에게까지 번아웃 증후군 증상이 나타난다. 과정보다 결과를 중요하게 생각하는 부모는 자녀에게 높은 시험 성적을 강조한다. 취업이 어렵고 직장을 구하더라도 40대 초반에 퇴직해야 하는 현실 속에서 내 아이는 경쟁력 있게 키우고 싶은 마음 때문이다. 이런 부모들은 아이가 좋아하는 과목이나 활동에는 관심이 없고 단지 공부를 잘하는지, 몇 등을 하는지, 시험 점수는 몇 점인지 오로지 시험 성적만 확인한다. 이런 환경에서 아이들은 칭찬보다는 지적을 받고 격려보다는 더 잘해야 한다는 강박을 느낀다. 아이들은 몸과 마음이 지쳐도 쉴 시간이 없다. 부모가 시키는 공부에 에너지를 쏟아붓고 번아웃 증후군 증상을 나타낸다.

몸과 마음이 적절한 긴장과 이완을 반복해야 하는데 성과에만 집중하는 어른과 아이는 노력한 만큼 얻은 성과에 대한 성취감을 느끼지 못한다. 다음 목표를 향해서 노력을 강요당하기 때문에 여유를 누리지 못하고 계속 긴장 상태를 유지한다. 지속적으로 경쟁과 긴장에 노출되면 의욕은 사라진다.

바쁘게 산다고 해서 성공한다는 보장은 없다. 반드시 잘 사는 것도 아니다. 바쁘게 살면 더 많이 얻는다는 생각은 착각이다. 바쁘게 살면 에너지는 소진되고 결국 자신을 잃어버린다.

아프리카에는 산양의 일종인 '스프링복'이 산다. 스프링복은 무리를 지어 생활한다. 나무 아래에서 낮잠을 자고 풀도 뜯어먹는다. 무리를 지어 풀을 뜯어먹다가 앞에 가는 스프링복들이 풀을 죄다 뜯어먹어서 먹을 풀이 점점 줄어들면 뒤따르는 스피링복들이 앞에서 풀을 뜯겠다고 앞으로 달려와서 다툼을 벌인다. 스프링복 무리가 풀을 뜯으며 이동하는 속도는 점점 빨라진다. 뒤에 있던 스프링복들도 먹을 풀이 없어서 앞으로 달려오면 앞에 있던 스프링복들은 선두를 지키기 위해 더 빨리 달린다. 한 무리의 스프링복들이 전속력으로 내달리다가 달려가던 힘에 밀려서 낭떠러지 아래로 떨어진다.[2]

스프링복이 풀을 뜯기 위해 앞으로 내달리다가 낭떠러지에 떨어지는 이야기는 번아웃 증후군을 설명할 때 자주 인용된다. 번아웃 증후군을 극복하려면 어떻게 해야 할까? 제일 먼저, 해야 할 일을 줄여야 한다. 일 중독 현상을 보이는 사람들 가운데 상당수는 자기가 해야 할 일 중에서 꼭 해야 할 일과 굳이 하지 않아도 되는 일을 구분하지 못한다. 꼭 해야 할 일이 무엇인지 모르니까 항상 바쁘다. 늘 바쁘게 살지만 정작 중요한 일은 제대로 하지 못한다.

하버드대학 학자들은 두뇌 속 메커니즘과 실행력을 고려해서 해야 할 일에 집중하는 3단계 프로그램을 만들었다. 1단계는 처리할 일의 목록을 만든다. 2단계는 처리할 일의 목록을 꼭 해야 할 일과 대충 해도 되는 일, 다른 사람에게 맡겨도 되는 일, 해도 그만 안 해도 그만인 일로 구분한다. 3단계는 꼭 해야 할 일에 집중하는 것이다. 일의 경중을 따져서 꼭 해야 할 일에만 집중하고 하지 않아도 되는 일은 대충하거나 무시해버릴 필요가 있다. 그래야 몸과 마음이 지치는 걸 막을 수 있다.

해야 할 일은 많은데 시간이 없을 때 스트레스를 받는다. 직장인, 학생, 주부, 남녀노소 모두 마찬가지다. 스트레스를 받으면 일의 우선순위를 정하지 못하고 이 일을 조금 했다가 다시 저 일을 조금 하면서 모든 일을 제대로 완료하지 못한다. 해야 할 일은 많은데 제대로 완료하지 못했다는 생각 때문에 스트레스는 더해지고 결국 아무 일도 할 수 없는 무력감에 빠진다.

주어진 시간에 처리할 수 있을 만큼 일이 주어질 때 의욕도 생긴다.

오늘 해야 할 일이 열 가지이고 꼭 해야 할 일이 다섯 가지라면 하지 않아도 되는 일, 미뤄도 되는 일은 과감하게 포기하자. 꼭 해야 하는 일과 중요한 일을 완료하는데 에너지를 다 쓴다는 생각으로 집중하면 무력감이 있던 자리에 '할 수 있다'는 자신감이 들어온다. 모든 일을 다 잘해야 한다는 생각은 버리자.

여유와 휴식의 가치는 굉장히 크다. '일과 생활의 균형'이라는 한마디로는 휴식의 가치를 온전히 전달하기 어렵다. 휴식은 일을 하는 동안 놓친 소중한 것들, 소중한 사람들과 함께하는 시간이다. 휴식을 취해야 앞으로 나아갈 수 있다. 잠시 쉬는 동안 죄책감을 느끼거나 뒤처지지 않을까 두려워하지 않아도 된다. 여유 없이 앞만 보고 달려가는 게 더 두렵다. 휴식은 게으름이 아니다. 스마트폰 배터리를 충전하는 것처럼 '나'를 재충전하는 시간이다.

쉴 수 있는 기회도 지나가면 잡을 수 없다

최초의 미국인이라고 불리는 벤자민 프랭클린은 밑바닥에서 시작하여 오직 근면과 성실함을 무기로 삶의 모든 영역에서 완벽한 성취를 이루었다. 그는 시간에 관한 명언을 유난히 많이 남겼다. "잠은 무덤에서도 충분히 잘 수 있다" "게으름뱅이가 자는 동안 땅을 갈아라. 그러면 팔고도 남을 만큼 많은 양의 옥수수를 얻을 것이다." 벤자민 프랭클린은 미국의 독립 선언문 초안을 작성했고 신대륙 정신을 내세우며 미국으로 이주한 사람들에게 자신들의 나라를 만들고 이끌어가기 위해서 열심히 일해야 한다고 주장했다. 200년이 훨씬 지난 지금도 열심히 일해야 성공한다는 믿음은 계속 이어지고 있다. 성공한 경영자들은 사업을 시작하던 초기에 잠을 제대로 자지 않고 열심히 일했던 경험을 이야기하면서 잠을 줄이고 일해야 성공한다는 믿음을 더 견고하게 만든다.

삶의 속도가 빨라진 현재, 바쁘게 일하는 직장에서는 시간 관리를 잘해서 더 많은 일을 하라고 권한다. 너무 많은 일을 하루 만에 끝내라고 강요한다. 이제 시간은 부족한 자원이고 스트레스의 원천이 됐다. 누구에게나 공평하게 주어지는 하루 24시간은 절대적인 시간과 상대적인 시간으로 구분한다. 상대적인 시간은 눈에 보이는 시간이고 심리적인 시간이다. 절대적인 시간은 측정할 수 없는 '지금' 이 순간을 말한다.

상대적인 시간과 절대적인 시간의 유래는 고대로 거슬러 올라간다. 그리스 신화에는 시간의 신이 두 명이다. 크로노스와 카이로스. 카이로스는 기회의 신이라고도 불린다. 크로노스는 절대적인 시간의 신으로 달력에 따라 넘어가고 시계의 침과 함께 흘러가는 시간을 지배한다. 절대적인 시간은 지구가 자전과 공전을 하면서 흘러가 사람들을 늙게 만들고 끝내 죽음에 이르게 한다. 카이로스는 상대적인 시간의 신이다. 상대적인 시간은 목적을 가진 사람에게 포착되는 의식적이고 주관적인 시간이다. 게으른 사람은 1분을 아무것도 아니라고 여긴다. 하지만 목적을 가진 사람에게 1분은 결코 놓쳐서는 안 되는 중대한 시간이 될 수 있다. 상대적인 시간은 주관적이기 때문에 마음먹기에 따라 늘일 수도 있고 줄일 수도 있다. 똑같은 양의 물리적인 시간이라도 어떻게 사용하느냐에 따라 두 배, 세 배 늘릴 수 있다.[3]

상대적인 시간의 신이고 기회의 신이라고 불리는 카이로스는 앞머리가 얼굴을 가릴 정도로 무성하고 뒷머리는 대머리다. 두 발에는 날개가 달려있다. 손에는 저울과 칼을 들고 있다. 앞머리가 무성한 이유는 사람들이 누군지 알아차리지 못하게 하고 카이로스를 발견했을 때 쉽게 붙잡을 수 있도록 하기 위해서다. 뒷머리가 대머리인 이유는 지나가고 나면 다시는 붙잡지 못하도록 하기 위함이며 발에 날개가 달린 이유는 최대한 빨리 사라지기 위해서이고 저울은 기회가 앞에 있을 때 저울을 꺼내서 정확히 판단하라는 뜻이고 칼은 결단하라는 의미다. 카이로스의 모습은 상대적인 시간의 속성을 상징한다.

성공하기 위한 노력을 이야기할 때, 자전거를 타고 언덕을 올라가는 모습에 비유한다. 자전거를 타고 언덕을 올라가기는 힘들다. 차라리 걸어서 올라가는 게 빠를 수도 있다. 성공이 그만큼 어렵기 때문에 이렇게 비유한다. 자전거로 언덕을 오르다가 힘들어서 페달 밟는 것을 멈추면 자전거는 넘어지거나 뒤로 밀려난다. 성공에서 멀어진다. 쉬지 않고 페달을 밟아야 언덕을 오를 수 있다. 하지만 경사가 심할 때 페달을 열심히 굴리면 금방 지쳐 쓰러지거나 뒤로 밀려난다. 이럴 때는 기어를 조정하면서 페달을 굴리는 속도를 조절해야 지치지 않고 올라갈 수 있다. 성공이 자전거를 타고 언덕을 올라가는 일이라면 휴식은 가파른 언덕을 올라갈 때 조절하는 자전거의 기어와 같다. 페달을 열심히 굴릴 때와 쉴 때를 알아야 정상에 오를 수 있다.

사람들은 '기회'라는 말을 들었을 때 쉬지 않고 열심히 일해야 잡을 수 있다고 생각한다. 하지만 쉬는 것도 기회다. 쉴 수 있는 기회도 지나가고 나면 잡을 수 없다. 정해진 시간에 맡은 일을 완료하는 것과 마찬가지로 휴식시간도 중요하다. 시간은 더 많은 일을 하기 위해서 관리하기보다 가치 있게 써야 한다. 일과 생활, 여가의 균형을 맞추려면 일에만 매달리지 말고 쉴 줄도 알아야 한다.

일하다가 쉬는 게 아니라 쉬다가 일하는 것이다

과거에는 열심히 일하기만 하면 지위가 높아지고 보수도 올랐다. 지금은 열심히 일한다고 초고속 승진을 하거나 보수가 급격하게 오르는 일은 극히 드물다. 열심히 일한다고 해서 회사에서 밀려나지 않는다는 보장은 없다. 회사가 자신의 전부인 것처럼 성실하게 일한 직장인들이 경영 악화로 회사를 떠날 때 느끼는 상실감은 더 크다. 회사를 대충대충 건성으로 다니라는 의미는 아니다. 회사와 적당한 거리두기가 필요하다. 회사가 중요한 만큼 자신의 인생도 중요하다. 회사나 일을 위해서 개인의 행복을 희생하는 시대는 지났다. 열심히 일만 하면 회사에서 직원의 인생을 책임져준다는 생각을 가져서는 안 된다.[4]

인간의 행복에 필요한 요소는 일 외에도 많다. 자기를 위한 시간이 필요하고 친구들과 어울릴 시간도 필요하다. 운동과 취미생활, 좋아하는 일 등 자신에게 유익한 일을 찾아서 해야 하는 시대다. 최고의 휴식은 아무것도 하지 않고 시간을 흘려보내는 게 아니다.

괴테는 자서전 《시와 진실》에 "시간은 잘만 사용하면 언제나 충분하기 때문에 나는 때때로 2배 3배의 일도 해냈다. 시간은 무한히 길며 채우고자 한다면 정말 아주 많이 들어갈 수 있는 그릇이기 때문이다."라고 썼다.[5]

2004년 7월부터 주5일 근무제도가 도입되었다. 10여 년이 지난 지금은 거의 모든 기업에서 주5일 근무를 시행한다. 휴일이 늘어나서 개인적인 시간을 더 많이 활용할 수 있게 되었다. 스스로 시간관리를 잘 하면 취미활동을 즐기거나 무언가를 배울 수 있는 여건이 마련되었다. 휴일이 늘어나면서 개인적인 시간은 늘었지만 휴식이나 여가를 제대로 즐기는 사람은 많지 않다. 대부분의 직장인이 쉬는 날에는 늘어지게 잠을 자는 게 휴식의 전부라고 생각한다. 표면적으로 쉴 수 있는 시간이 늘어났지만 잦은 야근과 주말 근무로 마음껏 여가를 즐기기도 어렵고 무엇보다 정신적으로 휴식을 취하지 못한다.

일을 할 때 시간을 관리하고 집중하는 것처럼 여가를 즐길 때도 시간을 관리하고 휴식에 집중해야 한다. 아무것도 안 하고 잠만 자는 것은 여가도 휴식도 아니다. 시간은 누구에게나 똑같이 주어진다. 시간을 어떻게 활용하느냐에 따라서 성과나 성적은 차이가 난다. 남들보다 적게 노력하고 많은 것을 얻는 천재적인 사람도 있다. 하지만 천재는 보통 사람보다 아주 조금 똑똑할 뿐이다. 천재와 평범한 사람의 차이를 만드는 것은 무엇일까? 아인슈타인은 "인생의 차이는 여가시간에 달려 있다."라고 말했다. 여가시간은 일하는 시간과 상대적인 말이다. 사람들은 같은 시간, 비슷한 환경에서 일을 하고 공부를 한다. 누구에게나 기회는 공평하게 주어지고 노력하면 어느 정도 비슷한 성과를 거둔다. 하지만 여가시간은 다르다. 여기서 말하는 여가시간은 잠을 자고 밥을 먹고 반복적인 가사 노동을 뺀 시간이다.

평생 동안 여가시간을 계산해보자. 한 사람의 수명을 70세라고 했을 때 시간으로 계산하면 약 62만 시간이다. 일주일에 40시간 일한다고 가정하면 35년 동안 일할 경우 평생 7만2천8백 시간을 일을 하며 보낸다. 수면과 식사에 필요한 시간과 여가시간이라는 개념이 필요 없는 어린 시절의 시간을 빼면 약 25만 시간이 여가시간이 된다. 일하는 시간 7만2천8백 시간의 3배가 넘는 시간이 휴식 시간이다.[6]

이렇게 계산해보면 인생의 차이가 여가시간에 달려있다는 아인슈타인의 말이 충분히 이해가 간다. 일을 하는 시간보다 여가시간이 3배나 많으니 일을 하다가 쉬는 게 아니라 쉬다가 일을 한다고 해야 맞는 말이다. 페르마의 마지막 정리로 유명한 프랑스의 페르마Pierre de Fermat는 수학자가 아니라 변호사였다. 페르마는 여가시간을 활용해서 자연과학을 연구했고 확률과 정수 이론 분야에서 큰 업적을 남겼다. 북송의 정치가 구양수는 여가시간에 독서를 했다. 철학자라고 알고 있는 스피노자Benedict de Spinoza는 안경제조사였다. 1600년대에 안경제조사는 최첨단 직업이었다. 스피노자는 일할 때는 안경을 만들었고 여가시간을 활용해 정치론과 윤리학 등을 썼다. 독립선언문을 쓴 벤자민 프랭클린은 인쇄공으로 일했다. 그는 여가시간에 자연과학을 연구해서 피뢰침을 발명했다.

여가시간에 발명을 하고 책을 써야 하는 건 아니다. 여가시간을 얼마나 잘 활용하느냐에 따라서 학업과 일에서 남들보다 뛰어난 성과를 거둘 수 있다. 여가시간을 의미 있게 보내는 아이디어가 필요하다. 여가시간은 온전히 자유의지에 따라 지배할 수 있는 시간이기 때문에 이 시간을 더 가치 있게 보내야 한다.

Rest & Relaxation

더 많이 소비하면 행복할까?

플로(flow) 행복과 스톡(stock) 행복

최신 기술과 경제는 인간을 더 편하게 살 수 있게 하는 방향으로 발전한다. 어려운 일, 힘든 일에 대한 부담을 덜어주고 여가 시간을 더 많이 만들어주자는 취지가 바탕에 있다. 영국의 경제학자 존 메이너드 케인스는 1930년에 〈손자 세대의 경제적 가능성 Economic Possibilities for Our Grandchildren〉이라는 글에서 후손 세대의 핵심 과제는 넘쳐날 것으로 기대되는 여가와 휴식을 어떻게 의미 있게 활용하느냐 하는 물음에 달려 있다고 예언했다. 1964년에 〈라이프Life〉에도 비슷한 글이 실렸다.

"미국인들은 이제 차고 넘치는 휴식 앞에 서 있다. 남은 과제는 어떻게 하면 인생을 쉽게 살 수 있는가 하는 것이다."[7]

  몇십 년 전에는 여가 시간이 늘어날 거라고 생각했지만 지금 우리는 시간을 쪼개서 더 많은 일을 해야 하고, 더 많은 일을 하기 위해서 시간 관리법을 배우는 지경이 이르렀다. 교통수단의 발달로 이동속도가 빨라졌다. 논리적으로 따지면 이동속도가 빨라진 것만큼 이동시간이 줄어야 맞다. 하지만 그렇지 않다. 사람들은 그만큼 더 멀리 이동하게 되었다. 결국, 이동시간은 줄지 않았다. 세탁기, 냉장고, 청소기 등 가전제품이 가사 노동 시간을 줄여줬을까? 아니, 미안하지만 더 늘었다. 예를 들어, 예전에는 빗자루와 쓰레받기를 싼 가격에 구입해서, 방을 쓸고 먼지를 쓰레기통에 버렸다. 하지만 이제는 수십 배 이상의 돈을 주고 진공청소기, 스팀청소기 등을 구입해서 방을 청소하고 때로는 필터를 청소해야 한다. 가끔 먼지봉투를 구입하러 할인마트에도 가야 하고, 고장이 나면 수리센터에 맡겨야 한다. 심지어 청소도 더 자주 한다. 진공청소기가 생겨서 청소가 더 쉬워졌다고 생각하기 때문에 이런 활동들이 아무렇지 않아 보인다. 결국 실질적인 가사 노동 시간은 줄지 않았다.[8]

  오스트리아 출신의 사상가 이반 일리치는 겉으로 드러나지 않지만 새롭게 생겨난 일들을 가리켜 숨어있는 노동이라는 의미에서 '그림자 노동Shadow work'이라고 했다. 기술의 발전으로 사람들의 생활은 편리해졌지만 그만큼 더 복잡해졌다.

  하루는 예나 지금이나 똑같이 24시간이지만 과거와 비교해서 우리의 하루 일과는 너무 바쁘다. 시간이 줄어들었다는 느낌이 들 때도 있다.

장거리 통근자들의 통근 시간과 통근 비용도 그림자 노동에 포함된다. 2005년 ABC 뉴스는 미국인들이 통근하는 거리가 25.7킬로미터이고 52분을 통근하는데 쓴다고 보도했다. 출퇴근할 때 왕복 51킬로미터를 이동하고 약 1시간 40분을 소비한다.[9]

많은 시간과 비용을 그림자 노동에 사용하는 이유는 소비가 행복을 만들어준다는 믿음 때문이다. 영국의 사회학자 지그문트 바우만은 "행복을 줄 거라고 기대되는 상품을 구매하고 소비하는 것이 근대사회의 행복의 기본"이라고 말했다. 이것이 '소비가 안겨주는 행복'이다. 이것이 많은 사람들이 추구하는 행복 시스템이다. 지그문트 바우만의 주장에 따르면 빈곤은 '계속 구입할 수 없게 된 상태'다. 행복을 줄 거라고 기대하는 상품을 구매할 수 없게 되는 것이 곧 빈곤이자 불행이다. 우리는 행복을 줄 거라고 기대하는 상품을 내 것으로 만들기 위해서 쉬지 않고 일한다.[10]

1980년대 거품경제 시대에는 더 오랫동안 일해서 더 많은 소득으로 더 많이 소비하면 행복을 얻는다는 공식이 통했다. 하지만 2000년 이후 가정경제의 가처분소득이 거의 증가하지 않는 성장이 멈춘 시대에는 소비하면 행복을 얻는다는 공식은 더 이상 통하지 않는다. 롤러코스터를 타면서 느끼는 짜릿함도 언젠가는 질린다.

경제학에 심리학적인 사고방식을 적용해서 노벨 경제학상을 수상한 대니얼 카너먼 교수는 행복을 플로flow 행복과 스톡stock 행복으로 구분했다. 플로 행복은 원하는 것을 얻었을 때 순간적으로 느끼는 행복이다.

복권에 당첨된 순간, 맛있는 음식을 먹는 순간, 경기에서 1등 한 순간 느끼는 행복, 롤러코스터를 탔을 때 느끼는 짜릿함은 플로 행복이다. 스톡 행복은 어느 정도 기간을 두고 느끼는 행복이다. 플로 행복은 물질적, 금전적으로 풍요로울 때, 순간적으로 느끼는 행복이고 스톡 행복은 행복한 순간이 많을수록 더 많은 행복을 느끼는 것이다.[11]

스톡 행복에는 '시간'이라는 요소가 매우 크게 작용한다. 좋아하는 일을 할 수 있는 시간을 자유롭게 선택할 수 있는가는 행복과 삶의 만족감에 큰 영향을 준다. 여행을 좋아하는 사람이 시간이 없어서 여행을 할 수 없다면 행복감은 낮아진다. 은퇴한 후에 사람들이 가장 많이 해보고 싶은 것이 여행이라는 것만 보더라도 자유롭게 사용할 수 있는 시간이 행복을 느끼는 데 얼마나 큰 영향을 주는지 알 수 있다.

휴식을 기회비용으로 계산하지 마라

모든 선택에는 대가가 따른다. 일과 휴식 사이에서 어떤 것을 선택하느냐에 따라 우리 생활은 여러 가지가 달라진다. 일하는 시간이 늘어나면 휴식 시간은 줄어든다. 휴식 시간이 줄어들면 친구와 저녁을 먹거나, 취미활동을 즐길 수 있는 기회도 줄어든다. 일과 여가의 선택을 경제학으로 설명한 것이 노동공급 곡선이다.

선택한 것을 얻기 위해서 무언가를 포기하는 것은 경제학의 기본원리 중 하나다. 휴식을 위해서 포기해야 하는 것은 무엇일까? 1시간 동안 휴식을 한다면 1시간 동안 일을 하지 않겠다는 뜻이고, 1시간 동안 일해서 벌 수 있는 임금을 포기한다는 의미다. 시간당 임금이 10,000원이라면 1시간 동안 휴식의 기회비용은 10,000원이다. 시간당 임금이 두 배로 늘어나면 기회비용도 두 배로 늘어난다. 대부분의 근로자들은 기회비용에 따라 일을 할지, 휴식을 취할지 결정한다. 일반적으로 임금이 올라갈수록 휴식은 줄어들고 더 많은 일을 하게 된다. 그래서 노동 공급곡선은 오른쪽으로 갈수록 위로 향한다. 임금이 증가하면 기회비용이 늘어나기 때문에 여가를 즐기는 시간은 줄어든다. 하지만 일정 수준 이상 임금이 증가하면 늘어난 소득으로 여가를 더 즐길 수 있는 여유도 생긴다. 즉, 임금 상승의 결과로 근로시간이 줄어들 수도 있다.[12]

휴가 철마다 뉴스에는 개업하고 수십 년 동안 한 번도 휴가를 가본 적이 없다는 자영업자의 인터뷰가 나온다. 하루를 쉬면 하루만큼의 매출을 올리지 못하게 된다. 휴가를 떠난 며칠 동안 매출이 줄기 때문에 사업장의 문을 닫지 못한다. 마음 놓고 휴가를 떠나지 못하는 것은 직장인도 마찬가지다. 진행하고 있는 프로젝트가 끝나지 않아서, 윗사람 눈치를 보느라 제대로 휴가를 즐기지 못하는 직장인들이 많다. 법적으로 정해진 휴가를 다 쓰지 못하면 수당을 주는 회사도 있다. 이런 경우 휴가를 사용하지 못해서 받는 수당이 휴가를 사용하지 못한 데 대한 최소한의 기회비용이다. 휴가를 다녀와서 즐거움과 건강을 얻었다고 생각한다면 매출과 휴가에 대한 인식도 바뀐다.

휴가를 기회비용으로 계산하는 것이 경제학적으로는 타당할지 몰라도 정신적으로, 육체적으로 풍요로운 삶을 산다는 관점에서는 휴식을 단순하게 비용으로 계산할 수는 없다. 충분한 휴식과 여가 생활은 경제적으로 풍요로운 삶 못지않게 중요하다. 휴식의 궁극적인 목적은 능률과 생산성 향상이다. 휴식도 일하는 데 필요한 과정이다. 휴식에 대한 기회비용을 고민하고, 업무의 단절이라는 생각은 잘못됐다. 생산성과 휴식은 동전의 양면과 같다. 일주일에 5~6일을 일하고 하루를 쉬는 것은 휴식을 통해서 생산성을 향상하기 위해서다.

휴식은 '발전을 위한 기회'다. 다른 업종과 비교해서 IT기업에서는 휴식을 더 중요하게 생각한다. 휴식을 통해서 창의적인 사고가 탄생하고 창의적인 사고가 기업을 발전시키는 원동력이 되기 때문이다. 드림웍스, 구글 등의 글로벌 기업에서는 직원들에게 쉴 수 있는 환경을 만들어준다. 휴식이 생산성을 높이기 때문이다. 드림웍스에서는 직원들이 원할 때, 여러 가지 방법으로 쉴 수 있는 환경을 갖춰놓았다. 음악을 듣고 만화를 보고 스포츠를 즐기며 쉴 수 있는 환경을 제공한다. 구글은 놀이터 같은 기업 문화를 추구하는 것으로 유명하다. 구글 본사에는 게임기, 피아노, 장난감 등 직원들이 재미있게 놀 수 있는 환경이 갖춰져 있다. 하키, 롤러블레이드처럼 스포츠도 즐길 수 있고 샤워 시설과 마사지실까지 갖추고 있다. 이런 시설은 휴식이 필요한 직원들에게 좋은 안식처가 된다. 직원들이 창의적인 아이디어를 낼 수 있도록 하기 위해서 구글은 7:2:1 정책도 만들었다. 7:2:1 정책은 근무 시간의 70퍼센트는 본업에 충실하고 20퍼센트는 업무와 전혀 상관없지만 회사 일과 관련해서 평소에 관심 있는 분야를 연구하는 시간으로 활용한다. 나머지 10퍼센트는 일과 상관없이 하고 싶은 대로 마음껏 즐길 수 있는 시간이다.[13]

글로벌 기업에서 직원들이 마음 놓고 쉴 수 있는 공간을 제공하는 이유는 사무실에서 똑같은 일을 반복하면 매너리즘에 빠지고 신선하고 독창적인 아이디어가 나올 수 없다고 생각하기 때문이다. 휴식을 취한 뒤에 창의적인 사고가 나온다는 것을 알고 있는 기업에서는 직원이 휴식할 때 발생하는 기회비용을 따지기보다 직원들에게 충분히 쉴 수 있는 공간과 정책을 만들고 활용한다.

Rest & Relaxation

포기할 줄 알아야 즐거운 삶을 살 수 있다

날개에 황금을 매달면 멀리 날아갈 수 없다

우리는 '포기'라는 말을 듣자마자 절대로 하지 말아야 하는 것이라고 생각한다. "포기해도 좋다", "힘들면 그만둬도 좋다"라는 말보다 "끝까지 해봐라", "될 때까지 해봐라"라는 말을 훨씬 더 많이 들었다.

윈스턴 처칠은 신임 총리로서 의회에서 했던 첫 번째 연설에서 "절대로, 절대로, 절대로 포기하지 말라. Never, never, never give up."라고 했다. 포기에 관한 명언은 대부분 포기하지 말라는 내용이다. 동서양을 막론하고 전 세계적으로 포기는 하지 말아야 하는 것으로 통해왔다. 하지만 시대가 바뀌었다. 이제는 과감하게 포기해도 좋다는 목소리가 나온다.

우리가 오래 전부터 생각했던 것처럼 포기는 아주 나쁜 게 아니다. 포기는 오히려 가치 있는 인생을 살기 위해 적절하게 이용해야 하는 사고방식이다.

그동안 포기를 하지 말아야 할 대상으로 생각한 이유는 포기를 실패와 같은 의미로 받아들였기 때문이다. 하지만 포기는 실패가 아니다. 자신의 능력을 최대한 발휘하기 위한 하나의 과정이다. 과감하게 포기하면 자신의 모습이 더욱 선명해진다. 어떤 일이 잘 풀리지 않을 때는 자신의 능력을 깨닫고 인식할 수 있는 기회로 삼아야 한다. 최선을 다했다면 노력이 부족해서가 아니라 과연 이 일이 나에게 맞는지 살펴봐야 한다. 최선을 다하되 에너지 소모가 한계에 이르기 전에 과감하게 포기하는 용기가 필요하다. 포기는 다른 일을 하기 위해 에너지를 비축해두는 에너지 절약 캠페인과 같다. 포기는 실패가 아니다. 나에게 맞지 않는 음식을 먹지 않는 것처럼 가볍게 받아들여야 한다.[14]

포기할 수 없다는 말에는 어떤 대가를 치르고라도 목표에 도달하고 말겠다는 의지가 담겨있다. 그런데 자세히 보면 의지만 있는 게 아니다. 그 이면에는 지금까지 해온 것을 잃어버릴지도 모른다는 두려움과 강박관념이 자리 잡고 있다. 두려움과 강박관념이 인생을 즐기는 시간을 허락하지 않는다. 시간에 쫓기듯 살지 않고 인생을 즐길 시간을 가지려면 자기 자신에게 큰 의미를 주면서 재미있는 일을 찾아야 한다. 그런 일을 찾았다면 나머지는 과감하게 포기해도 좋다. 진심으로 하고 싶은 일을 하기 위해 시간을 투자해야 한다. 아무것도 포기하지 않고 더 많은 일을

하려고 고집부린다면 형편없는 결과만 초래한다.[15]

현명한 사람은 나쁜 일이 두 가지 생기면 정도를 따져 보아 가벼운 것을 선택하고 좋은 일이 두 가지 생기면 중요한 것을 선택한다. 넓은 시야로 큰 그림을 보면서 필요 없는 것, 덜 중요한 것을 버리는 것이다. 포기는 자기 역량을 고려해서 더 나은 것을 선택하는 과정이다. 선택은 시기적으로 중요한 것, 내가 잘할 수 있는 것을 판단하여 장점을 발휘하고 단점을 보완하면서 더 많은 기회를 내 것으로 만드는 것이다. 나에게 필요 없는 물건은 버리고 소용없는 일은 포기해야 한다. 관점을 바꾸면 포기는 오히려 미덕이고 지혜다. 포기해야 할 때 포기할 수 있는 용기, 과감하게 포기할 줄 아는 것은 패기이고 지혜로운 사람만 할 수 있는 선택이다.[16]

인도의 시인이자 사상가 라빈드라나드 타고르는 "새 날개에 황금을 매달면 멀리 날아갈 수 없다."라고 했다. 포기하는 방법을 배우지 않으면 무거운 짐을 짊어지고 인생을 살아가야 한다. 자기에게 맞지 않는 일을 포기할 줄 아는 사람이 성공할 수 있고 즐거운 삶을 살 수 있다.

공부, 직장, 인간관계 등 모든 일이 나와 맞지 않으면 계속하기가 어렵다. 최선을 다해서 노력했음에도 불구하고 안 되는 것이 있다. 그런 일들에 계속 시간과 노력을 투자한다면 에너지만 소진할 뿐이다. 최선을 다했음에도 안 되는 일이라면 포기하고 차라리 쉬자. 그래야 다른 기회, 나에게 맞는 일을 찾았을 때 다시 최선을 다할 수 있다.

현명한 포기로 얻을 수 있는 것들

앨빈 토플러는 1970년에 출간한 《미래의 충격》에서 수많은 정보와 콘텐츠, 상품이 넘쳐나는 일상에서 과잉 선택을 예견했다. 지나치게 많은 선택지가 인간이 수용할 수 있는 한계를 넘어서면서 인간은 육체적, 심리적으로 고통을 받는다고 했다. 40여 년 전에 앨빈 토플러가 예견한 대로 지금 우리는 정보가 너무 많아서 어떤 것을 선택할지 고민하고 스트레스를 받는 시대에 살고 있다.

컬럼비아대학의 쉬나 아이엔거 교수와 스탠퍼드대학의 마크 레퍼 교수는 선택 가능한 수가 많을수록 좋다는 기존의 생각에 반문을 제기하며 "선택이 의욕을 저하시킬 때"라는 주제로 연구를 했다. 아이엔거 교수는 부유층 밀집지역의 슈퍼마켓에서 시식용 잼을 진열해서 선택권이 많아지면 고객의 의욕이 저하되는지에 대한 실험을 진행했다.

한 테이블에는 6종류의 잼을, 또 다른 테이블에는 24종류의 잼매장에서 판매하는 모든 잼을 시식해볼 수 있도록 진열했다. 실험 결과 24종류의 잼을 시식해 볼 수 있는 테이블에 더 많은 사람이 몰렸다. 24종류의 잼을 진열한 시식 테이블에는 지나가던 사람의 60퍼센트가 멈춰 선 반면 6종류의 잼을 진열한 시식 테이블에는 40퍼센트가 발길을 멈췄다. 하지만 시식할 수 있는 잼의 종류가 많다고 해서 사람들이 더 많은 잼을 맛본 것은 아니었다. 양쪽 테이블에서 사람들이 시식해 본 잼의 가짓수는 똑같았다. 하지만 시식 후에 구매 결과는 완전히 달랐다. 6종류의 잼을 시식해 볼 수 있는 테이블에서는 시식한 고객의 30퍼센트가 잼을 구입했다. 하지만 24종류의 잼을 시식해 볼 수 있는 테이블에서는 3퍼센트만 잼을 구입했다. 선택의 폭이 4배나 많은 테이블의 판매량은 예상외로 저조했다.[17]

과거에는 선택할 게 많을수록 더 좋다는 가치관이 세상을 지배했다. 많은 학자들이 보다 많은 선택지가 행복을 보장해준다고 믿었다. 하지만 이런 믿음은 '덜 누리면 더 많은 기쁨을 얻는다'는 가치관으로 바뀌었다.

심리학자 베리 슈워츠도 비슷한 실험을 했고 마찬가지의 결과를 확인했다. 새로운 스마트폰을 사기가 무섭게 더 저렴한 가격에 성능이 더 좋은 제품이 나오기 때문에 구입을 결정하지 못하고, 새로운 보험 상품을 소개받으면서 다음 달에 더 좋은 조건의 보험 상품이 나오는 건 아닐까 하는 의구심을 지울 수 없다. 실제로 보험에 가입하고 몇 달 있으면 더 좋은 보험 상품이 나왔으니 또 가입하라는 전화가 온다. 베리 슈워츠는 《선택의 패러독스》에서 비슷한 형태의 연금 보험이 많으면 많을수록 계약을 맺을 확률은 떨어진다는 사실을 설명했다. 부유해지면서 선택지가 많아지면 결국 인간은 행복해지는 게 아니라 오히려 불행에 빠진다고 했다. 광고는 매일 새로운 상품과 서비스를 알려주지만 더 많은 선택의 가능성은 행복감을 키워주는 게 아니라 스트레스만 더해준다. 이해할 수 없을 만큼 다양한 스마트폰 요금 체계를 보면서 어떤 걸 고를지 행복해하는 사람은 없다.[18]

사람은 살아가면서 항상 선택의 기로에 놓인다. 오죽하면 B(Birth)와

D~Death~ 사이에 C~Choice~가 있다는 말까지 생겨났겠는가. 대부분의 사람들은 자기가 가지고 싶은 것만 원하고 가질 것만 선택한다. 버리고 포기해야 하는 것은 생각하지도, 선택하지도 않는다. 포기의 진정한 의미를 이해하는 것, 다시 말해서 잃음으로 인해 얻을 수 있는 것과 소유로 인해서 잃어버리는 것을 고민해야 한다.

한 노인이 달리는 기차에서 새로 산 신발을 실수로 밖에 떨어뜨렸다. 주위의 모든 사람들이 잃어버린 신발을 아까워하고 있을 때, 노인은 다른 쪽 발에 신고 있던 신발까지 벗어서 밖으로 던졌다. 사람들은 놀라서 신발을 던진 이유를 묻자 노인은 "저 신발이 아무리 비싸도 한 짝 만으로는 소용이 없는 것 아니오? 하지만 신발을 두 짝 다 버리면 누군가 주워서 요긴하게 신을 수 있지 않겠소?"라고 대답했다.

노인은 잃어버린 신발 한 짝을 안타까워하느니 과감하게 포기하는 편을 선택한 것이다. 중요한 것을 잃어버리면 누구나 안타까워한다. 상실감이 크면 심리적으로 위축되고 정신적으로 충격을 받기도 한다. 그 이유는 잃어버렸다는 사실을 받아들이지 못하고 자기가 가지고 있었다는 사실에 집착하기 때문이다. 이미 잃어버린 것에 대해서 미련을 버리지 못하면 자기 자신만 힘들어진다. 잃어버린 것 때문에 고민하는 것보다 현실을 냉철하게 바라보고 내가 잃어버림으로써 남이 얻을 것이라고 생각한다면 마음이 편안해진다.

그렇다면 어떤 것을 포기해야 할까? 실연에 뒤따라오는 고통, 굴욕감 뒤에 남는 원한, 다른 사람에게 말하기 힘든 부담감, 정력만 소비하는 무의미한 다툼, 재물에 대한 탐욕, 권력에 대한 욕심, 명리를 위한 경쟁, 이기심에서 나오는 욕망과 고집, 불가능한 일은 반드시 포기해야 한다. 포기는 인생에서 반드시 필요하다. '얻음'과 '잃음'은 늘 동전의 양면처럼 붙어있기 때문에 포기해야 비로소 얻을 수 있다. 사람의 인생은 포기와 획득이 어우러져 있다. 불필요한 것을 버려야 인생의 궁극적인 목표에 도달할 수 있다.[19]

돈과 행복은 전혀 다른 차원의 가치를 갖는다

우리는 완벽함을 강요하는 시대에 살고 있다. 직장인, 학생, 주부, 남녀노소를 막론하고 완벽해 보이는 누군가를 닮고 싶어 한다. 이런 것을 '역할 모델 스트레스role-model stress'라고 한다. 특히 직장에 다니는 여성은 역할 모델 스트레스가 더 심하다. 집안일과 직장일, 엄마로서, 아내로서 역할을 모두 완벽하게 해내려고 하는 데서 스트레스를 받는다. 남자도 마찬가지다. 직장을 그만두거나 사업에서 실패하면 가족의 인생까지 망가진다는 의무감 때문에 쉬지 않고 일하려고 한다. 역할 모델 스트레스로 고민하는 사람들에게 많은 비즈니스 전문가는 이런 조언을 한다.

"매일 8시간을 일한 후 남는 시간 동안 일에서 벗어나는 편이 매일 12시간 일하는 것보다 더 많은 일을 할 수 있다. 항상 일만 한다는 말에는 언제나 지쳐있다, 능률이 낮은 상태로 일한다는 뜻이 담겨있다. 필요한 것은 한 번에 확실하게 불을 붙일 수 있는 기름이지 그저 오래 타기만 하는 숯이 아니다."[20]

쉴 때는 편하게 쉬어야 한다. 소파에서 TV를 보거나 해변에 누워서도 일에 대한 걱정으로 긴장을 풀지 못하는 사람들은 주변 사람들까지 긴장하게 만든다. 사람을 긴장하게 만드는 것은 일에 대한 스트레스가 아니라 일이 잘 못 되거나 실패할 것을 걱정하는 마음이다. 이럴 때는 마크 트웨인이 했던 말을 기억하자.

"온갖 걱정이란 걱정은 다 해본 노장이지만 그 걱정 중의 대부분은 실제로 일어나지 않았다."

우리가 걱정하는 것은 대부분 아직 일어나지도 않은 일이다. 일어나지도 않은 일을 일어날지도 모르기 때문에 걱정하는 건 어리석은 짓이다. 그리고 걱정했던 일이 막상 일어나더라도 생각했던 것처럼 나쁘지 않은 경우가 많다.

우리는 어려서부터 시간은 돈이라고 배웠다. 돈을 벌어야 하는 시간에 쉬고 있으면 손해라고 생각하는 사람들이 많다. 사람들이 바쁘게 일하는 시간에 아무 일도 하지 않고 쉬면 영원히 뒤처질 것 같은 불안감에 휩싸인다. 급기야 일하지 않는 시간을 두려워하게 된다. 이런 생각은 외환위기 이후 더 심해졌다. 생존 경쟁에서 살아남아야 한다는 강박 때문에 휴식을 사치라고 여긴다.[21]

휴식에 대한 생각을 바꿀 필요가 있다. 김정운 교수는《휴테크 성공학》에서 "일하는 시간이 돈이라면 휴식하는 시간은 행복이다. 돈과 행복은 전혀 다른 차원의 가치"라고 했다.[22]

Rest & Relaxation

일에 대한 의무감에서 벗어나기

다이어리에 일정이 빼곡해야 마음이 놓이는 사람들

시간은 세상 모든 사람에게 공평하게 주어진다고 생각하고 하루하루를 열심히 산다. 세상 만물에 같은 시간이 주어진다는 생각이 상식이다. 하지만 상식과 달리 동물마다 생체 시간은 다르다. 동물 생리학자 모토카와 다쓰오는 코끼리에게는 코끼리의 시간, 개에게는 개의 시간, 쥐에게는 쥐의 시간이 있다고 했다. 몸의 크기와 심장 박동 수에 따라서 생체 시간은 다르다. 동물의 심장 박동 수를 비교해보면 인간은 심장 박동 수 한 번에 1초, 생쥐는 0.1초, 코끼리는 3초가 걸린다. 몸이 클수록 심장이 뛰는 속도는 더 늦어진다. 모토가와 다쓰오는 에너지를 쓸수록 시간은 빠르게 간다고 했다. 쥐는 코끼리보다 더 많은 에너지를 사용하고 시간도 빠르게 흐른다. 코끼리는 에너지를 적게 사용하고 시간도 천천히 흐른다. 그렇다면 인간은 어떨까? 현대인들은 점점 더 많은 에너지를 소비한다. 그럴수록 시간은 더 빨리 흐른다. 동물의 생물학적 시간과 에너지를 소비하는 양을 인간에게 똑같이 적용할 수는 없지만 바쁠수록 시간이 빨리 흐르는 것은 사실이다.[23]

사업은 영어로 'business'다. 사업이라는 말이 busy를 어원으로 하기 때문에 사업은 본질적으로 바쁜 일이다. 만약 사업이 느리다면 사업이 잘 안 된다는 뜻이다. 정해진 시간에 얼마나 많은 이익을 남기느냐가 사업가의 가장 큰 관심사다. 바쁘게 살아야 성공한 삶을 사는 듯하다. 늘 바쁘고 시간에 쫓기듯 살아야 잘 살고 있는 것처럼 느껴진다.

항상 바쁘게 사는 사람들 중에는 여유로운 시간을 두려워하는 사람이 있다. 이런 사람들을 '여백 증후군'에 걸렸다고 말한다. 여백 증후군은 다이어리에 일정이 빼곡히 적혀있지 않으면 불안해서 못 견디는 증상이다. 하지만 다이어리에 일정이 빼곡하면 정작 아무 일에도 집중할 수 없다. 단순히 여러 가지 일을 옮겨 다니면서 바쁘기만 할 뿐이다.

노벨문학상을 수상한 영국의 철학자 버트런드 러셀은 《게으름에 대한 찬양》에서 노동이 사회에 커다란 해악을 끼친다고 했다. 노동의 가치에 대해서 무비판적으로 열광하는 문화는 산업사회 이전부터 있었다. 고대 로마의 철학자이자 극작가 루시우스 세네카는 "끊임없이 사람들을 바쁘게 만드는 것을 제한해야 한다. 그래야 많은 사람들이 마음을 졸이지

않고 살 수 있다."라고 했다.[24]

사업에서, 직장에서 중요한 것은 능력을 보여주기 위해서 역량을 초과해서 최선을 다하는 게 아니라 일을 해야 한다는 의무감에서 벗어나는 것이다. 이것을 '거리 두기 능력'이라고 한다. 과부하가 걸린 업무량을 줄이고 개인적인 시간을 지키기 위해서 거절하는 방법을 반드시 배워야 한다. 거절을 받아들이는 현명한 상사와 직장 분위기가 전제조건이다. 업무 중에는 완전히 몰입하고 과도한 업무 부담을 떠안지 않고 필요하다면 거부 의사를 밝히고 퇴근 이후에는 온전히 자기 생활과 휴식을 즐겨야 한다. 이것이 오래 일할 수 있는 유일한 방법이다.

일에 지나치게 집착해서 자신과 일을 동일시하면 인생에서 중요한 것을 잃어버리게 된다. 평생 동안 일에 파묻혀 지낸 사람들이 은퇴 후에 일을 하지 않으면 한가로운 일상에 적응하지 못한다. 여가를 즐기는 능력을 키우지 못했기 때문이다.

무엇을 하겠다는 계획 없이 하던 일을 잠시 멈추고 어떤 목적도 없이 자유로운 시간을 즐기고 일 외에도 만족을 얻을 수 있는 취미나 좋아서 몰입할 수 있는 일을 만들어야 한다.

노력과 결과는 정비례하지 않는다

항상 의욕적으로 노력할 수는 없다. 의욕적으로 일을 했다면 적극적인 휴식도 필요하다. 근면과 성실을 강조한 벤저민 프랭클린은 일찍 자고 일찍 일어나야 건강하고 부유한 삶을 살 수 있다고 했다. 하지만 열심히 일하는 것과 건강하고 부유한 삶을 사는 것은 전혀 별개다. '근면과 성실'이 인생을 풍요롭게 사는 금언이라고 절대적으로 신봉하면서 많은 사람들은 더 오랫동안 더 열심히 일한다.

야근과 철야가 일상이 된 직장인들은 "이번 주 내내 야근했다.", "집에 다녀오겠습니다."라는 말을 입에 달고 산다. 해야 할 일이 많은 게 잘못된 건 아니지만 일을 한 시간과 노력한 만큼 좋은 결과가 나오는 건 아니다. 더 오래, 더 열심히 일하는 이유가 돈 때문이라면 심각하게 다시 생각해봐야 한다.

열심히 일하는 것과 돈 사이의 관계를 그래프로 그려보면 알 수 있다. 경영자들은 생산성과 효율을 확인하기 위해서 투입된 자본과 시간, 결과물을 항상 숫자와 그래프로 그려본다. 일이 고되고 힘들수록, 더 오래 일할수록 급여는 오히려 줄어든다. 성공을 돈으로 평가하는 세상에서는 일을 적게 할수록 보상은 늘어난다.

어떤 일을 달성하는데 필요한 일의 양에 따라서 보수를 받는다면 가장 부자가 되어야 할 사람이 누구인지 생각해보자. 생산성을 높이려면, 돈을 더 많이 벌려면 머리를 써서 일을 적게 하면서 좋은 결과를 만들어야 한다. 다시 말해서 효율을 높여야 한다. 그렇지 않으면 일을 많이, 오래 할수록 효율은 떨어지고 급여가 줄어드는 상황을 막을 수 없다.

오래 일 한다고 돈을 많이 벌 수 있는 건 아니다. 일을 하지 말아야 한다는 뜻은 아니다. 조금 더 효율적으로 일하고 즐겁게 일하는 방법, 덜 피곤하게 일하는 요령을 터득해야 한다. 노력하는데도 좋은 결과가 나오지 않거나 성취감을 느낄 수 없다면 무언가 잘못됐다고 느껴야 한다. 열심히 일 해도 성과가 나오지 않는다고 지금 하고 있는 일을 당장 그만두거나 사업을 정리하고 직장을 떠나야 하는 것은 아니다. 돈을 벌기 위해서, 성공하기 위해서 하는 일이 아니라 보람 있는 일을 해야 한다.

일을 하는 동안 행복해야 진정한 일이라고 할 수 있다. 일에서 행복을 느낀다면 그 일은 계속할 수 있지만 단지 돈을 벌기 위해서 일한다면 오래 지속하기 어렵다. 일을 하는 과정에서 느끼는 즐거움은 성장의 원동력이 된다. 재미가 없으면 일을 하는 사람과 조직이 병에 걸린다. 즐겁게 일하는 것을 목표로 해야 한다. 즐겁게 일해야 더 나은 결과를 만들 수 있다.

휴식을 대하는 태도가 문제다

휴식을 시간낭비라고 생각하는 사람들이 많다. 상당수의 경영자와 직장인은 휴식과 게으름을 같다고 생각한다. 직장에서 쉴 새 없이 일을 하고 그것도 모자라서 집에 와서도 일을 한다. 잠을 자는 시간이 아깝다고 생각해서 잠을 줄여가며 일을 한다. 직장에서는 휴식 시간도 없이 일하고 밤늦은 시간까지 잠을 안 자고 일을 하면 생물학적으로 우리 몸이 피로를 회복할 시간은 줄어든다.

상당히 많은 사람들은 휴식을 잠과 TV 시청이라고 생각한다. 수면은 인간이 생활의 3분의 1을 차지하는 필수적인 휴식이고 TV 시청은 매우 소극적인 휴식이다. 잠자는 시간과 일하는 시간 다음으로 TV를 시청하는 시간이 많다. 특별히 노력하지 않아도 즐겁게 시간을 보낼 수 있게 해주는 TV는 사전 준비 없이도 우리를 쉴 수 있게 해준다. 휴식의 방법이 어떻든지 진정한 휴식은 우리 몸을 회복하게 해준다. 인간의 몸은 젊은 시절 절정에 이르고 그 후에는 삐거덕거리는 기계가 아니다. 인간의 몸은 살아 있는 유기체로 매일 다시 만들어진다. 휴식은 우리 몸을 다시 만드는 시간이다.[25]

학생과 직장인을 비롯해서 일과에 쫓기며 사는 많은 사람들은 휴식할 시간이 없다고 말한다. 더 이상 일할 수 없을 정도로 지쳤을 때만 휴식을 취해야 하는 게 아니다. 휴식은 매우 중요하지만 사람들이 관심을 기울이지 않기 때문에 제대로 쉬지 못하고 우리 몸은 지쳐간다.

'바쁜 여가'라는 말이 생길 정도로 제대로 쉬지 못하는 게 현실이다. 휴가 기간에도 이후의 삶을 더 잘 살아내기 위해서, 스펙을 더 높이기 위해서 평소보다 더 바쁘게 보낸다. 휴식을 취하는 기간인 휴가 기간에 해야 할 일 목록에 여행이 아니라 자격증 취득, 해외연수, 성형, 자원봉사 등 스스로 발전하기 위한 목표로 가득하다. 휴가철이 다가오면 어떻게 하면 제대로 쉴 수 있는지가 중요한 이슈로 떠오른다.[26]

아이비리그 의과대학의 매튜 에들런드 박사는 《휴식 The Power of Rest》에서 적극적인 휴식을 정신적 휴식 mental rest, 사회적 휴식 social rest, 영적 휴식 spiritual rest, 육체적 휴식 physical rest 네 가지로 구분했다. 정신적 휴식은 집중하는 능력을 회복해서 더 많은 성취를 가능하게 해준다. 사회적 휴식은 소속감과 단란한 감정을 느끼게 해서 심장병과 암을 예방해준다. 세계적으로 장수하는 사람들을 대상으로 진행한 연구를 보면 사회적 유대가 강한 사람들은 평균 수명이 90세 이상으로 나타났다. 인간의 생존에 사회적 휴식이 얼마나 중요한지 알려주는 연구 결과다. 영적 휴식은 삶의 의미와 유대감을 느끼게 해주며 내면의 균형을 잡아주는 역할을 한다. 육체적 휴식이 우리가 일반적으로 알고 있는 휴식이다. 잠을 잘 자면 체중도 조절되고 기억력도 개선되어 깨어있는 동안 더 효과적으로 일하고 배울 수 있다.

오늘의 휴식을 내일로 미루지 말라

욜로YOLO는 '인생은 한 번뿐이다'를 뜻하는 You Only Live Once의 앞 글자를 딴 말이다. 캐나다 출신의 래퍼 드레이크가 2011년에 발표한 노래 '더 모토The Motto'에 'You only live once: that's the motto nigga, YOLO'라는 가사로 소개되면서 사람들의 관심을 받고 유행어가 됐다. 뒤이어 미국의 버락 오바마 전 대통령이 건강보험 개혁안 '오바마 케어' 발표에서 "YOLO, man."이라고 말하면서 많은 사람들에게 알려졌고 옥스퍼드 사전에 신조어로 등재됐다.

《트렌드 코리아 2017》를 쓴 김난도 교수는 불확실한 미래에 투자하기보다 현재에 집중하는 것은 필연적인 결과라고 했다. '현재에 집중하고 현재를 즐기자'라는 가치관으로 인생을 사는 사람들을 욜로족이라고 한다. 이들은 지금 자신의 모습과 행복을 중시하고 당장의 생활과 소비에 집중한다. 하지만 욜로족은 단순히 물질적인 욕구를 채우기 위해서가 아니라 소비를 통해서 자신의 이상을 실현하는 과정을 즐긴다. 이런 특징이 충동적으로 구매하는 사람들의 소비와 다른 점이다.

욜로족은 쉴 때도 자신에게 집중하는 모습을 보인다. 온전히 혼자 보내는 휴식을 원하고 편안하게 늘어질 수 있는 공간을 찾아 떠난다. '호캉스(호텔에서 즐기는 바캉스)'라는 신조어만 봐도 욜로족의 휴식 스타일을 알 수 있다. 해외로 여행을 떠나지 않고 혼자만의 휴식을 원하는 욜로족은 호텔에서 휴가를 즐긴다. 서울에 집이 있어도 편안한 휴가를 보내기 위해서 돈을 지불하고 서울의 유명 호텔을 찾는다. 휴가 기간이 아니라도 연휴나 주말에 호텔에 머물면서 휴식을 즐기고 평소에 하고 싶었던 취미생활이나 운동을 하며 자기만의 시간을 보낸다. 불확실한 미래에 저당 잡혀 현재를 희생하지 않지만 대책 없이 막살지는 않는다. 오늘 누릴 행복을 내일로 미루지 않는 것이 욜로족이 쉬는 방식이다.

14세기 영국의 시인 제프리 초서(Geoffrey Chaucer)는 《캔터베리 이야기》에 이런 글을 썼다.

"오늘 할 일을 내일로 미루지 말라."

이 글귀는 21세기를 살고 있는 우리에게까지 영향을 주고 있다. 발전이 미덕이었던 시절에는 말 그대로 오늘 할 일을 내일로 미루지 말아야 한다는 생각이 지배했다. 하지만 지금은 "오늘의 휴식을 내일로 미루지 말라."로 바꿔도 전혀 이상하지 않다. 사람들은 해야 할 일에 우선순위를 매긴다. 우선순위를 매기면서 어떤 일이 더 중요한지 고민하다가 정작 중요한 일을 하지 못하는 웃지 못할 상황을 경험하기도 한다.

많은 사람들이 '일을 한다'라는 결정은 중요하게 생각하고 '쉰다'라는 결정은 생각조차 하지 않는다. 정말 중요한 일이라면 푹 쉬고 맑은 정신에 제대로 마무리하는 편이 낫다. 쉬는 동안 문제를 해결할 기막힌 생각이 떠오르기도 한다. 중요하지만 급하지 않은 일이라면 빨리 끝내야 한다는 생각보다 당장 하지 않아도 된다고 생각해보자. 쉬지 않고 일해야 한다는 생각에서 '쉬는 것도 삶의 일부분'이라는 생각이 여유 있는 인생을 만들어준다.

2장
잠은 최고의 휴식이다

Rest & Relaxation

잠은 최고의 휴식이다

"알람이 울리는 순간, 도끼를 내려찍듯 잠에서 의식을 분리해서 잠과 연결을 차단한 후에 깨어나는 것은 스스로를 황폐화시킨다." 앤 패러디

Rest & Relaxation

1만 시간의 법칙에 가려진 휴식과 수면의 효과

수면과 휴식이 영감을 만든다

위대한 업적을 남긴 과학자들에게는 공통점이 있다. 유명한 과학자들은 오랜 시간 동안 일하지 않았다. 작가도 마찬가지다. 창의적인 인물과 새로운 것을 발견한 과학자들은 연구에 몰입하는 시간이 길지 않았다. 중요한 일을 하는 시간은 하루에 서너 시간에 불과했다. 연구를 하지 않는 시간에는 산책을 하거나 잠을 잤다. 사람들과 이야기를 나누기도 하고 혼자서 생각하는 시간을 가졌다. 유명한 과학자들이 남긴 위대한 업적은 끊임없는 노력, 산책과 생각, 그리고 휴식이 만들었다.

찰스 다윈은 남아메리카에서 지형과 지질을 연구할 때 열대 우림을 관찰하기 위해서 우림지대를 천천히 걸었다. 영국에 돌아온 후에도 다윈은 집 앞에서 시작하는 샌드워크다윈의 집 정원에 수풀을 둘러 나 있는 모랫길를 천천히 걸으며 시간을 보냈다. 다윈은 아침에 일어나서 샌드워크를 걸어서 연구실로 간다. 연구실에서 1시간 반 정도 연구하고 9시 30분부터 1시간 동안 받은 편지에 답장을 한다. 10시 30분부터 실험실과 온실에서 연구를 하고 다시 샌드워크를 걸어서 집으로 온다. 집에서 점심을 먹고 편지에 답장을 쓰고 3시에는 낮잠을 잔다. 낮잠에서 깨면 샌드워크를 걸어서 다시 연구실에 간다. 5시 30분까지 연구에 몰입한다. 다윈은 이런 일과로 식물과 조류에 관해서 19권의 책을 썼다.

다윈은 런던에서 다운 하우스로 이사한 이후에 수집과 탐사한 자료를 이론으로 만드는 작업에 몰두했다. 다윈의 일과에서 연구를 한 시간은 오전에 1시간 반, 오후에 1시간 반, 낮잠을 잔 후에 1시간 반 정도다. 아마 지금 다윈이 대학에서 학생을 가르치거나 회사에서 일했다면 일주일 만에 그만뒀을지도 모른다.

많은 과학자들은 휴식이 영감을 떠올리는데 얼마나 큰 영향을 주는지 관심을 가지고 있다. 프랑스의 수학자이자 철학자 앙리 푸앵카레는 천문학, 천체 역학, 응용 물리학, 철학 분야에 30여 권의 책과 500편이 넘는 논문을 썼다. 프랑스의 정신과 의사 에두아흐 뚜루즈는 푸앵카레가 규칙적인 시간을 보냈다는 점에 주목했다. 푸앵카레는 오전 10시부터 12시까지, 오후 5시부터 7시까지 연구에 집중했다. 하루에 연구한 시간은 4시간 정도다. 다른 유명한 수학자들도 비슷한 패턴으로 일했다.

1950년대 초에 과학자들의 일생에 대해서 연구한 자료의 결과도 비슷하다. 일리노이즈 주립대학 심리학과 레이몬드 반 젤스트와 윌러드 커는 과학자들의 일과에 대해서 조사했다. 일주일에 10시간에서 20시간 정도 연구한 과학자들의 실적이 가장 높게 나타났고 25시간 이상 연구한 교수의 실적은 오히려 낮았다. 놀라운 사실은 일주일에 35시간 이상 연구하는 과학자들은 20시간 정도 연구한 과학자와 비교해서 절반 정도의 생산성을 보였다.

　　유명한 작가들의 일과도 위대한 업적을 남긴 과학자들과 비슷하다. 《부덴브로크 가의 사람들Buddenbrooks》로 노벨문학상을 수상한 독일의 작가 토마스 만은 오전 9시부터 2시간 동안 집필한 후 점심 식사를 하고 오후에는 편지를 읽고 답장을 하고 산책과 독서를 즐겼다. 낮잠을 자고 차를 마신 다음 2시간 정도 편집에 몰두하는 일과로 소설을 썼다. 100여 편의 소설을 쓴 영국의 소설가 안소니 트롤로프는 글을 쓰는 시간을 철저하게 지켰다. 아침 5시에 커피를 마시며 전날 쓴 원고를 읽고 5시 30분부터 글쓰기를 시작해서 우체국에 출근하기 전까지 한 시간에 1,000 단어씩 하루에 40페이지를 완성했다. 찰스 디킨스도 안소니 트롤로프처럼 직장에 다니면서 소설을 썼다. 찰스 디킨스는 신문사에서 속기 기사로 일하며 하루에 4~5시간 정도 글을 썼다. 2013년 노벨문학상을 수상한 캐나다 출신 작가 앨리스 먼로도 오전 8시부터 11시까지 글을 썼고 부커상을 수상한 호주의 소설가 피터 캐리는 소설을 쓰는 데 하루에 3시간이 적당하다고 했다. 서머셋 모먼, 어니스트 헤밍웨이, 에드나 오브라이언, 스티븐 킹도 4시간 이상 글을 쓰지 않았다.

　말콤 글래드웰이 쓴 《아웃라이어》는 1만 시간의 법칙으로 화제가 되었다. 세계 최고가 되려면 1만 시간의 연습이 필요하다는 내용이 이 책의 핵심이다. 바비 피셔, 빌 게이츠, 비틀즈 등 최고가 된 사람들의 사례에서 1만 시간의 연습에 초점을 맞추면서 시야에서 벗어난 것이 있다. 바로 휴식이다. 1만 시간의 법칙의 모태가 된 연구를 한 안데르스 에릭슨은 하루에 제한된 시간 동안 연습을 지속해야 한다고 했다. 연습을 너무 적게 하면 세계적인 수준이 되지 못한다. 하지만 너무 많이 연습하면 빨리 질리거나 정신적으로 충격을 받을 수 있다. 세계적인 수준으로 성장하려면 매일 또는 매주 회복할 수 있는 양으로 연습을 제한해야 한다. 에릭슨의 연구결과에도 연습 시간을 제한한 학생들의 실력이 가장 좋았다. 실력이 좋은 학생들은 충분히 잠을 잤고 연습에 몰입한 후에 낮잠도 잤다.

　《아웃라이어》에는 세계적인 수준으로 성장한 사람들이 충분한 휴식을 취했다는 내용이 있지만 '1만 시간의 연습'이라는 핵심 메시지에만 집중한 나머지 평균적으로 더 많이 잠을 자고 긴 휴식시간을 가졌다는 사실은 묻혀버렸다. 최고 수준으로 성장하려면 1만 시간의 연습과 함께 휴식도 필요하다. 1만 시간의 연습 뒤에는 1만2천5백 시간의 휴식과 3만 시간의 수면이 있다는 사실을 기억해야 한다.[1]

잠을 잘 때 우리 몸은 회복된다

우리 몸이 잠을 자게 하는 수면 스위치가 켜지면, 뇌는 대부분의 감각이 전달되는 것을 막고 움직이게 하는 동력을 떨어뜨려서 외부 세계에 관여하지 못하도록 한다. 또한 단기 기억과 자기 성찰을 촉진하는 뇌 화학물질의 공급을 차단해서 잠을 잘 때 일어나는 일을 관찰하거나 기억하기 어렵게 만든다. 충분히 잠을 잔 후에는 수면 스위치가 꺼져서 우리 몸은 다시 작동을 시작하고 눈이 떠진다.

잠을 자는 동안에는 깨어 있을 때와 확연히 다른 뇌파 패턴이 나타난다. 이 뇌파 패턴을 기준으로 잠을 자는 단계를 구분한다. 음악을 전주와 후주로 구분하는 것처럼 잠도 급속안구운동을 하는 렘REM, rapid eye movement 수면과 서파徐波, Slow wave 수면으로 나눈다. 렘 수면이 아닌 상태를 논렘 수면이라고 한다. 8시간 정도 잠을 잘 경우, 두 종류의 수면은 보통 90분 주기로 4~5번 번갈아 발생한다.[2]

일반적인 성인의 수면은 4단계를 거친다. 1단계는 꾸벅꾸벅 조는 상태다. 조는 상태로 10분 정도 지나면 2단계인 조금 더 얕은 수면 상태가 된다. 얕은 수면 상태에서는 규칙적인 호흡을 한다. 잠든 지 20분 정도 지나면 3단계 깊은 수면 상태가 된다. 30분 이상 잠을 자면 가장 깊은 수면의 4단계에 이른다. 깊이 잠드는 3, 4단계에서 뇌파는 진폭이 크고 주파수가 느린 서파델타파가 나온다. 깊이 잠드는 수면을 서파 수면이라고 한다. 서파 수면 중에는 성장 호르몬이 활발하게 분비되고 낮 시간에 소모된 세포가 되살아나고 재생된다. 근육과 몸속의 기관도 서파 수면

중에 회복된다.[3]

렘 수면은 Rapid Eye Movement급속안구운동의 약자로 잠을 자는 동안 눈꺼풀 아래에서 안구가 활발하게 움직이는 상태를 말한다. 렘 수면은 나다니엘 클라이트먼 교수가 이름을 붙였다. 렘 수면 단계에서 몸은 움직이지 않지만 닫혀있는 눈꺼풀 아래에서 눈동자가 빠르게 움직이고 뇌파가 빨라지는 현상이 나타난다. 렘 수면 단계에서는 손과 발도 이따금 움찔거린다. 근육이 완전히 이완된 상태이기 때문에 움직일 수 없지만 뇌는 각성에 가까운 상태를 유지하고 있으며 생리적으로는 흥분 상태이기 때문에 호흡과 혈압은 불규칙하고 심장박동 수도 증가한다.

간단히 말해서 렘 수면은 얕은 잠이고 논렘 수면은 깊은 잠이다. 잠을 잘 때는 렘 수면과 논렘 수면이 반복된다. 급속안구운동이 일어나는 렘 수면은 20분 정도 지속되고 논렘 수면은 70분 정도 지속된다. 렘 수면과 논렘 수면은 90분 주기로 반복된다.

얕은 잠에 드는 렘 수면은 신체의 잠이고 깊은 잠에 드는 논렘 수면은 뇌의 잠이다. 렘 수면기에는 몸의 근육과 기관이 이완돼서 긴장이 풀어지고 논렘 수면기에 뇌는 신체를 지탱하기 위한 최소한의 활동만 한다. 두 가지 수면이 하룻밤에 4~5회 반복되면서 신체와 뇌의 피로가 풀린다. 논렘 수면, 즉 서파 수면 중에 몸의 재생 활동이 이루어진다. 서파 수면 중에 조직을 재생하고 뼈와 근육을 생성하는 성장 호르몬이 나오고 면역력도 강화된다. 반면에 스트레스에 저항하는 호르몬코르티솔의 분비는 줄어든다. 깊은 잠에 들었을 때 지방을 연소하고 심장 혈관의 건강 유지에도 관여한다. 수면 부족은 체력 감소, 체지방 증가, 피부 노화, 피로, 기억력 저하, 비만과 심장 질환 발생과 관련이 있다. 잠이 약보다 낫다는 옛말은 맞는 말이다. 서파 수면 중에 우리 몸이 회복되기 때문이다.

19세기 말에는 누워서 쉬는 휴식 요법이 인기를 누렸다. 휴식 요법은 요즘으로 말하면 요양원의 휴식 치료다. 당시에 휴식 요법은 신경쇠약, 히스테리, 일반적인 신체 피로에 효과를 발휘한다고 알고 있었다. 뮌헨에서 최면 요법을 치료에 적용한 신경외과 의사 레오폴트 뢰벤펠트는 "신경계의 회복을 위해 휴식을 선사해야 하는데 그러려면 가능한 한 감각적 자극, 의지적 노력, 힘든 사고 과정을 모두 배제해야 한다."라고 했다. 뢰벤펠트는 휴식 요법을 '미첼-플레이페어의 비만 요법Mitchell-Playfair milk cure'과 결합해서 적용했다. 휴식 요법은 탈진한 느낌을 받는 번아웃 증후군 환자들에게 지금도 처방되고 있다.[4]

잠을 자는 이유와 목적

1964년에 랜디 가드너라는 열일곱 살 소년은 11일 동안 잠을 자지 않으면 어떻게 되는지 알아보는 실험에 참여했다. 놀랍게도 이 소년은 11일264시간 동안 잠을 자지 않는 데 성공했다. 그리고 그 해에 가장 오랫동안 잠을 자지 않은 기록으로 기네스북에 올랐다. 이 실험을 지켜본 과학자 윌리엄 데먼트는 랜디 가드너가 잠을 자지 않고 깨어 있는 동안 신체와 정신에서 어떤 현상이 일어나는지 연구했다. 그 결과 그는 성질이 급해졌고 민감해졌으며 건망증이 심해졌다. 속은 메스꺼웠다. 실험을 시작한 지 5일째 되는 날 정신분열증, 환각증세를 일으켰고 방향감각도 잃었다. 편집증과 피해망상에도 시달렸다. 마지막 4일 동안은 운동 기능을 잃었고 손가락을 떨었다. 하지만 마지막 날까지 핀볼 경기에서 데먼트 박사를 이겼다.[5]

잠을 자지 않으면 인간은 정상적인 생활을 할 수 없다. 인간만 그런 게 아니라 세상에 모든 생물이 마찬가지다. 사람이 잠을 자는 시간은 일생의 3분의 1을 차지한다. 이렇게 오랜 시간 잠을 자는데 잠을 자는 이유와 목적을 분명하게 밝혀내지는 못했다. 수면을 과학적으로 연구하던 학자들은 쥐를 이용한 실험에서 낮잠을 잔 쥐들이 미로를 빠져나갈 방법을 금세 배웠다는 정도만 밝혀냈을 뿐이다.

잠을 자는 동안 우리 몸에서는 에너지를 만든다. 밤을 새우거나 잠을 설치면 기운이 없는 이유는 에너지를 만들지 못했기 때문이다. 잠은 생존하기 위해서 꼭 필요한 활동이다. 잠은 휴식과 에너지를 주고 신체와 정신의 스트레스, 피로감을 없애주는 명약이다. 이것이 잠을 자는 목적이다. 단순히 "그냥 잠이 오니까 잔다."라고 말하는 사람에게 에너지를 만드는 잠의 기능은 부수적인 결과에 지나지 않는다. 하지만 "신체와 정신을 회복시키기 위해서 잔다"라고 말하는 사람은 같은 시간을 자더라도 자신을 회복시키는 방법을 찾아내고 다음날 활동할 에너지를 더 많이 만든다.[6]

잠을 자는 가장 명백한 목적은 신체를 쉬게 하고 재충전하기 위해서

다. 잠을 자는 동안 심장 박동수가 떨어지고 혈압과 체온도 낮아진다. 신진대사 활동은 느려지지만 잠을 자는 동안 모든 신체 활동이 쉬는 것은 아니다. 심장, 폐, 간 등 중요한 기관은 잠을 자는 동안에도 활발하게 작동한다. 잠을 자기 전에 먹은 음식물은 자는 동안에 소화되어 영양소는 흡수된다. 손톱과 머리카락도 쉴 새 없이 자란다. 잠을 자는 동안 우리 몸 안에서는 파괴된 세포를 재생하고 새로운 세포를 만들기 위한 작업이 활발하게 일어난다. 세포의 재생과 생성은 건강한 신체를 유지하는데 필수적인 작업이다. 질적으로 충분히 수면을 취하지 못하면 신체의 기관은 기능을 제대로 발휘하지 못한다.[7]

수면에 대해서 연구한 존 비게로 박사는 잠을 자는 동안 신체의 중요한 기능은 쉬지 않고 활동한다는 것에 주목했다. 존 비게로 박사의 연구에 의하면, 인간이 잠을 자지 않으면 안 되는 이유는 인간의 영혼이 신체로부터 이탈해서 신들의 지혜와 예지에 참가하기 때문이라고 했다. 과학적인 연구 결과를 기대했다면 허탈할 수도 있다. 잠을 자는 것은 신체의 휴식, 재생 외에도 잠재의식과 연관되어 있다. 환자가 잠을 잘 때 치유가 빠른 이유는 물리적으로 세포의 치유와 재생 속도가 빨라지기 때문이다. 여기에 의식으로부터 방해를 받지 않기 때문에 잠재의식이 더 활발하게 작동한다. 뇌가 쉬는 동안 단기기억을 장기기억으로 저장해서 필요할 때 떠올릴 수 있도록 기억을 정리하는 과정도 잠재의식이 작동할 때 이루어진다.[8]

Rest & Relaxation

부족한 수면 시간 벌충하기

적은 수면 시간이 사고를 일으킨다

충분한 휴식은 우리 몸의 세포가 정상적인 세포분열을 일으켜서 인체의 항상성을 최적의 상태로 유지할 수 있게 도와준다. 24시간을 3등분해서 8시간 일하고, 8시간 생활하고, 8시간 잠을 자면 우리 몸은 균형을 유지하고 생체리듬도 활성화된다. 수면이 부족해서 생체리듬이 깨지면 인체의 면역력이 떨어지고 질병에 걸리기 쉬운 상태가 된다. 하루, 일주일, 한 달, 일 년 동안 생체리듬을 자연계 리듬과 맞춰서 유지하면 면역력이 정상적으로 작동한다. 자연계 리듬과 생체리듬이 조화를 이룰 때 우리 몸은 균형을 유지하고 최상의 상태를 유지한다.

2012년에 발행한 〈컨슈머 리포트Consumer Reports〉에는 잠자는 시간에 대한 설문조사 결과가 실렸다. 설문조사에 응답한 사람 가운데 약 60퍼센트가 일주일에 적어도 3일 이상 잠을 잘 못 잔다고 답했다. 잠을 잘 못 자는 가장 큰 이유로 직업과 관련된 스트레스를 꼽았다. 수면 장애를 앓고 있는 유럽인과 미국인의 수는 크게 차이가 나지 않지만 유럽인과 비교해서 미국인이 더 오래 일하고 더 적게 쉰다. 미국의 질병통제센터CDC는 개인적인 차이를 감안해서 권장 수면시간을 제시했다. 청소년은 8시간 30분, 성인은 7시간에서 9시간 사이의 수면시간이 필요하다고 했다. 하지만 장기적으로 진행한 연구에서는 7시간 정도 자는 사람들보다 7시간 30분 이상 잠을 자는 사람이 오래 살지 못하는 것으로 드러났다.[9]

충분히 잠을 자면 건강하다는 말에는 동의하지만 바쁜 일정으로 하루를 보내는 학생과 직장인이 충분한 잠을 잔다는 건 쉽지 않다. 그렇다면 수면 시간을 얼마나 줄일 수 있을까? 1965년 미국 플로리다 대학의 와일즈 웹 교수는 공군의 지원을 받아서 '8일 동안 3시간만 잠을 자면 어떻게 되는가'라는 주제로 실험한 내용을 발표했다. 목숨을 걸고 임무를 수행하는 전투기 조종사에게 '인간은 수면 시간을 얼마나 줄일 수 있는가?', '고난도의 임무를 수행하려면 최소한 몇 시간을 자야 하는가?'는 매우 중요한 문제다.

웹 교수의 실험 결과, 수면 시간이 3시간 이하인 상태가 지속되면 깊은 잠을 자는 논렘 수면이 부족하고 얕은 잠을 자는 렘 수면은 현저하게 부족하여 신체가 피로를 회복할 수 없다는 것이 밝혀졌다. 수면 시간이

3시간 이하인 상태가 지속되면 시각 관련 업무운전, 컴퓨터 작업, 모니터링 등에서 실수가 매우 많이 늘어난다. 스리마일 섬과 체르노빌 원전 사고와 우주선 챌린저호 폭발 사건 등도 수면 부족 때문에 일어났다는 연구 보고서도 나왔다.[10]

그렇다면 업무나 공부에 최고의 능률을 발휘할 수 있는 최소한의 수면 시간은 어느 정도일까? 수면학으로 유명한 취리히대학의 알렉산더 보벨리 교수는 최소한의 수면 시간을 알아보기 위해서 규칙적으로 8시간 동안 잠을 자는 사람에게 일주일 중 4일은 4시간만 자고, 3일은 8시간을 자도록 했다. 실험 결과 4일 동안 4시간을 자면 깊은 잠을 자는 논렘 수면은 유지되었지만 뇌가 잠을 자는 렘 수면은 약간 부족하다는 사실이 밝혀졌다. 보벨리 교수는 4일 동안 4시간만 자더라도 하루만 보통 때 자던 만큼 자면 부족한 잠으로 회복되지 않은 신체가 회복된다는 연구결과를 내놓았다.[11]

수면의 질을 보통 수준 이상으로 유지한다면 몸에 부담을 주지 않으면서 업무와 공부에 지장을 주지 않는 수면 시간의 데드라인은 4시간 정도다. 수면시간이 4시간보다 적으면 수면 빚Sleep debt이 생긴다. 수면 빚은 수면 부족 시간이 쌓인 것을 뜻한다. 멜라토닌이 수면과 각성을 조절하는 반면 프로스타글란딘D2호르몬 조절, 위액분비 억제, 혈소판의 응집과 분해 등에 관여하는 체내활성 단백질와 아데노신세포를 쉬게 하는 물질은 수면을 유발한다. 수면물질은 일정한 시간에 뇌를 잠들게 하는 작용을 한다. 사람이 깨어 있는 동안 뇌에 수면물질이 쌓인다. 정상적으로 잠을 자면 수면 빚은 없어지지만 정상적으로 잠을 자지 못하면 수면 빚이 쌓인다. 씰리침대에서 우리나라, 호주, 중국, 영국 등 5개국을 대상으로 수면 현황을 분석한 결과 우리나라가 수면 빚이 가장 많은 나라로 조사됐다. 우리나라는 원하는 만큼 수면을 취하지 못하는 시간이 여자는 연간 약 15일, 남자는 연간 18.5일로 나타났다.

사람마다 적당한 수면시간은 다르지만 적어도 6~8시간은 잠을 자야 한다. 며칠 동안 못 자서 피곤하다면 휴일에는 반드시 8시간 정도 잠을 자서 정상적인 수면리듬을 찾아야 한다. 수면 빚을 보충하려고 적당한 수면시간보다 2시간 이상 더 자면 오히려 신체리듬이 깨져서 다음날 더 피곤하다. 잠은 피곤한 그날 자야 한다. 휴일에 몰아서 잔다고 피곤이 풀리지 않는다. 평소보다 많이 잔다고 수면 빚이 줄어들지도 않는다.

수면의 질을 높이려면 잠을 자기 전에 환기를 시키고 숙면을 위해서 불빛을 차단한다. 가능하면 12시 전에 잠을 자는 것이 좋다. 밤 12시 이전의 잠은 12시 이후의 잠보다 잠의 효과가 2배 정도 높다. 잠을 자는 시간은 사람마다 차이가 있다. 이상적인 수면 시간은 7~8시간 정도다. 6시간 수면을 취하는 사람은 7시간 수면을 취하는 사람보다 사망률이 36% 정도 높고 9시간 이상 잠을 자는 사람들도 규칙적으로 7시간 정도 잠을 자는 사람보다 사망률이 높다. 완전히 소등하고 수면을 방해하는 요인을 차단하고 12시 전에 잠을 청하고 7시간 정도 잠을 자는 것이 건강을 유지하는 지름길이다.[12]

오후 2시에 졸음이 몰려오는 이유

점심을 먹으면 배가 불러서 졸음이 밀려온다고 생각한다. 하지만 점심을 일찍 먹거나 점심을 먹지 않아도 오후 2시쯤 되면 졸리다. 밤에 잠을 제대로 못 자거나 절대적인 수면시간이 부족하면 낮에 졸음이 더 많이 밀려온다. 어쨌든 오후 2시쯤에는 늘 잠이 온다. 이 시간에 졸린 이유는 수면·각성 리듬 작용 때문이다. 인간의 뇌는 뇌의 기능을 유지하기 위해서 하루에 두 번 대뇌를 적극적으로 잠들게 하는 시스템이 가동한다. 잠에서 깨어난 지 8시간 후, 22시간 후에 뇌는 잠이 든다. 아침 6시에 일어났다면 오후 2시에, 그리고 새벽 4시에 잠이 오게 되어 있다. 일이나 공부를 하느라고 밤을 꼴딱 새울 때도 새벽 4시쯤에는 잠이 쏟아진다.[13]

어떤 날은 5시간만 잠을 잤는데도 피곤하지 않고 어떤 날은 10시간을 넘게 잤는데 피곤한 날이 있다. 적당한 수면시간을 7시간이라고 하는데 적당한 수면시간은 사람마다 다르다. 에디슨은 하루에 3시간 정도 잠을 잔 것으로 유명하다. 아인슈타인은 적어도 10시간 정도 잠을 자야 천재성을 발휘할 수 있었다고 한다. 이런 사례를 보면 적당한 수면시간은 의미가 없는 것처럼 보인다. 수면·각성 리듬에 맞춰서 잠을 자면 수면시간이 짧아도 피곤함을 느끼지 않고 수면·각성 리듬에 맞추지 못하면 오래 잠을 자도 피곤하다.

뇌는 수면·각성 리듬에 따라 휴식을 취하고 깨어난다. 밤이 되면 몸도 지치고 뇌도 지친다. 뇌는 새벽 4시와 오후 2시에는 쉬어야 한다. 하루 밤에 잠을 자는 동안 렘 수면과 논렘 수면이 4~5회 정도 반복되는데 밤

11시에 잠자리에 들었다면 새벽 5시 정도에 렘 수면과 논렘 수면이 4~5회 정도 반복된다. 만약 잠을 자는 동안 렘 수면과 논렘 수면이 4~5회 반복되지 않으면 뇌가 충분한 휴식을 취하지 못하기 때문에 다음날 능률적으로 일할 수 없다. 오후 2시쯤에는 안 졸려도 낮잠을 자는 게 좋다. 한참 일해야 하는 시간이라서 잠을 자면 안 된다는 사람도 있다. 잠깐의 낮잠이 오후 시간의 업무를 더 능률적으로 할 수 있게 해주기 때문에 낮잠은 필요하다. 얕은 잠이라도 상관없다. 단, 30분 이내로 자고 늦어도 오후 3시까지만 자야 한다. 뇌가 쉬어야 하는 시간은 오후 2시인데 3시나 4시에 낮잠을 자는 것은 뇌의 휴식과 상관없는 낮잠이다. 낮잠을 자는 시간이 너무 늦으면 오히려 신체 리듬이 흐트러져서 밤에 잠이 오지 않을 수도 있다.

오후 2시쯤 심하게 졸린 이유가 뇌에 휴식이 필요한 시간이라는 것을 알았다면 오후에 집중하기 위해서라도 20분 정도 짧은 낮잠 습관을 들이자.

전 세계로 확산되는 낮잠 문화

시에스타 풍습은 한때 '지중해의 게으름'이라는 모욕을 들었고 폐지해야 하는 과거의 악습으로 치부되었다. 그러나 최근에 시에스타는 스페인에서 '정신적 웰빙'이라는 타이틀을 달고 부활했다. 헝가리에서는 시에스타를 도입하기 위해 국민투표를 하자는 제안도 나왔다. 스페인 세

비야 호텔연합의 마누엘 오테로 회장은 "식사 뒤에는 마땅히 휴식이 있어야 한다. 더운 계절에는 정신을 다시 상쾌하게 만드는 시간이 필요하다."라고 하면서 시에스타의 효과를 강조했다. 점심식사 후에 커피를 마시며 억지로 잠을 쫓는 것보다 20분 동안 낮잠을 청해보자. 잠깐의 낮잠이 더 열심히 일할 수 있도록 에너지를 줄 것이다.[14]

일본을 찾은 외국인들은 일본 사람들의 아무데서나 수시로 조는 모습을 보고 놀란다. 부지런하다고 소문이 자자한 일본 사람들이 전철에서, 수업 중에, 심지어는 회의를 하는 중에도 꾸벅꾸벅 졸고 있다. 일본에서는 조는 것을 습관으로 받아들인다. 이것을 '이네무라말뚝잠'라고 한다. 캠브리지대학의 문화인류학자 브리짓 스테거는 일본 사람들의 이네무라에 대해서 책을 썼다. 이 책에서 잠을 자는 문화를 세 가지로 구분했다. 밤에만 잠을 자는 단상수면 문화, 낮잠이 제도화된 이상수면 문화, 사람마다 제멋대로 선잠을 자는 선잠 문화가 잠을 자는 세 가지 문화다. 일본 사람들의 이네무라는 대표적인 선잠 문화다. 일본 사람들은 주위에 사람들이 있든 없든 태연하게 잠을 잔다. 일본은 세계에서 가장 잠을 적게 자는 나라다. 적은 수면 시간을 이네무라로 보충하는 것이다. 잠을 자고 있지만 다른 사람이 볼 때는 일을 하는 것처럼 보인다는 점이 이네무라의 특징이다. 회의 중에도, 전철에서도 조는 것 같지 않은데 졸고 있다는 점이 독특하다. 일본 후생노동성에서는 수면 지침을 통해서 근로자들에게 30분 이내의 짧은 낮잠을 권장하고 젊은 세대에게는 게임을 하며 밤을 새지 말 것을 권하고 노인 세대에게는 잠자리에서 너무 오랜 시간을 보내지 말라고 조언한다.

잠이 부족한 직장인들은 점심시간에 20분 정도 잠을 자고 일어나면 오후에 집중력이 향상된다. 낮잠 시간이 20~30분을 넘어가면 깊은 수면 단계로 접어들고 잠에서 깬 후에 한동안 집중하기가 어렵다. 1997년 영국에서는 20분 동안 잠을 자고 일어나서 빠르게 잠을 날려버리는 방법을 테스트했다. 그 결과 낮잠을 자기 전에 진한 커피를 한두 잔 마시면 효과가 있는 것으로 나타났다. 커피를 마시고 20분 정도 지나면 신체에 각성 효과가 나타난다. 따라서 커피를 마신 직후에 낮잠을 자면 20분 정도 지난 후에 카페인이 우리 몸을 깨워준다는 논리다.[15]

커피를 마시지 않는 사람들에게 아인슈타인의 열쇠를 추천한다. 아인슈타인은 하루에도 여러 번 꾸벅꾸벅 졸았다. 아인슈타인은 졸릴 때마다 열쇠 꾸러미를 손에 들고 잠깐 눈을 붙였다. 깊은 잠이 들면 열쇠 꾸러미를 떨어뜨린다. 열쇠가 떨어져서 소리가 나면 그 소리를 듣고 일어나기 위해서다. 정말 천재적인 발상이다. 스마트폰 알람을 설정하고 잠깐 동안 잠을 잘 수도 있다. 가장 좋은 방법은 알람 없이 깨는 것이다.

낮잠은 20분 정도가 적당하다. 30분 이상 낮잠을 자면 깊은 잠에 빠진다. 깊은 잠에 빠지면 서파 수면 상태가 된다. 그러면 밤에 잠이 오지 않고 제대로 잠을 자야 하는 밤에 서파 수면 상태가 되지 않으면 피로를 회복하는 시간도 짧아져서 다음날 개운하지 않고 피로한 상태가 된다. 낮잠을 길게 자면 신체리듬도 흐트러진다.

자연스럽게 잠들고 알람 없이 일어나기

충분한 수면 시간은 사람마다 다르다. 어떤 사람은 5시간만 잠을 자도 생활하는데 지장이 없고 어떤 사람은 10시간 정도는 잠을 자야 머리가 맑다고 한다. 평소에 수면 시간이 부족한 사람은 휴일에 못 잔 잠을 벌충해야 한다고 믿는다. 부족한 수면 시간이 수면 빚이다. 충분한 수면 시간이 8시간인데 월요일부터 금요일까지 5시간만 잠을 갔다면 5일 동안 3시간의 잠이 부족하다고 해서 총 15시간의 수면 빚이 생겼다고 말한다. 하지만 15시간의 부족한 잠을 15시간 동안 잔다고 벌충되는 것은 아니다. 취리히대학의 알렉산더 보첼리 교수의 실험 결과처럼 4일 동안 4시간만 자고 하루만 보통 때 자던 것처럼 잠을 자면 우리 몸은 회복된다. 평일에는 4~5시간을 잠을 자도 주말에 8시간 정도 수면 시간을 확보하면 우리 몸은 회복된다.

사람마다 충분한 수면 시간은 다르기 때문에 몇 시간을 자는 것보다 잠의 질이 중요하다. 일부 학자들은 자명종 없이 일어날 수 있다면 충분히 잠을 잔 것이라고 주장한다. 또 어떤 학자들은 낮에 졸리지 않으면 충분한 수면을 취했다고 말하지만 북미, 유럽 사람들 그리고 우리나라 사람들은 엄청난 양의 카페인이 들어있는 음료를 수시로 마시기 때문에 자연적으로 졸음이 오는지는 알기 어렵다. 사람들은 직장과 학교에 가는 시간에 맞추려고 자명종을 사용한다. 갑작스럽게 울리는 자명종의 청각 자극은 한순간에 잠든 세계에서 깨어있는 세계로 끌어낸다. 스마트폰 알람도 마찬가지다. 인간의 몸은 청각 자극보다 빛에 의해서 깨어나는 데 익숙하기 때문에 가능하면 햇볕이 잘 드는 곳에 침대를 배치해서 몸이 자연스럽게 깨어나게 하는 게 바람직하다. 해가 뜨기 전에 일어나야 한다면 자명종보다는 밝은 조명을 설정한 시간에 저절로 켜지는 조명 장치의 도움을 받는 게 바람직하다.

사람의 몸 안에서 작동하는 생체 시계를 이용해서 정해진 시간에 깨어나려면 5,000룩스 구름이 낀 날의 밝기 정도의 빛을 쪼이는 것이 좋다. 그러면 생체 시계가 잠에서 깨어나는 데 필요한 호르몬을 작동시킨다. 원하는 시간에 자연스럽게 일어나려면 자명종보다는 형광등이 더 효과적이다. 밝은 조명을 정해진 시간에 켜지게 할 수 없다면 조용한 음악으로 아침을 시작하는 것도 좋다.

잠을 자는 기쁨을 만끽하려고 잠에서 깨지 않은 채로 아침 시간을 즐기는 사람도 있다. 이런 사람들은 잠이 들었다 깼다 하는 상태를 내버려둔다. 이런 행동을 잠 서핑 sleep-surfing 또는 뭉그적거리기 zauzzling 라고 한다. 일반적으로 잠이 들기까지 20~30분 정도 시간이 필요한 만큼 깨어날 때도 시간이 필요하다. 빨리 잠들기 위해서 술이나 약을 먹고 빨리 깨어나기 위해서 카페인 음료를 마시면서 수면 효율성을 따지는 사람들도 있다.

심리학자 앤 패러디 Ann Faraday 는 알람 소리에 의지해 일어나는 것을 다음과 같이 표현했다. "알람이 울리는 순간, 도끼를 내려찍듯 잠에서 의식을 분리해서 잠과 연결을 차단한 후에 깨어나는 것은 스스로를 황폐화시킨다."[16]

알람이 필요하다면 자명종 시계의 기계음이나 휴대폰의 알람 소리보다 라디오나 오디오의 타이머 기능을 이용해서 기상 시간에 맞춰 잔잔한 음악이 들리도록 설정하자. 잔잔한 음악이라서 듣지 못한다면 볼륨을 약간 높이고 일어나야 하는 시간보다 10~20분 전에 음악이 들리게 한다. 일어나서 몸을 움직이는 것도 중요하다. 눈만 뜨고 침대에 누워 있지 말고 차가운 물을 마시고 창문을 열어서 바깥공기를 느끼며 자율신경계가 원활하게 아침을 맞이할 수 있도록 해야 한다. 무엇보다 생체 시계가 일어날 시간이라는 것을 알려줘서 자연스럽게 잠에서 깨어나는 게 건강에 좋다.

Rest & Relaxation

생체 시계에 맞추면 능률이 오른다

양적으로 질적으로 적절한 휴식 취하기

수면의 질을 높이려면 밤을 어떻게 보내는가보다 낮 시간의 생활습관이 중요하다. 밤의 수면 습관을 바꾸려면 아침과 낮의 생활을 바꿔야 한다.

아침에 태양빛을 듬뿍 받으면 밤에 수면호르몬 멜라토닌이 분비된다. 멜라토닌은 깊은 잠이 들게 해주는 호르몬으로 저녁 시간에 많은 양이 분비된다. 잠을 잘 들게 해주는 멜라토닌은 잠을 자는 곳이 밝은 지 어두운지에 따라 분비되는 양이 다르다. 잠자는 곳을 어둡게 하지 않거나 외국에 여행을 가서 시차가 생기면 멜라토닌 생성에 지장이 생길 수 있다. 낮 시간에 걷기나 신체 활동을 통해서 적당한 피로를 주면 저녁때 멜라토닌 분비가 촉진된다. 멜라토닌이 분비되기 위한 필요조건은 '어둠'이다. 우리 몸은 어두워진 것에 반응해서 멜라토닌을 분비한다. 밤늦은 시간까지 불을 밝히고 일 또는 공부를 하면 멜라토닌은 적절하게 분비되지 않는다.

모든 사람에게는 생체 시계가 있다. 생체 시계에 따라서 24시간을 주기로 잠을 자고 일어난다. 호르몬 분비와 체온의 변화도 생체시계에 맞춰져 있다. 밤이 되면 졸리고 아침에 깨는 것은 생체 시계가 우리 몸을 관리하기 때문이다.

수면장애 전문가 진 매트슨 박사는 인간의 선천적이 생체 리듬은 현대인의 일과와 어울리지 않는 경우가 많다고 했다. 생체 시계와 생활패턴이 일치하지 않는 현상을 '수면위상지연증후군DSPS'이라고 한다.[17]

수면위상은 하루 중 잠을 자는 시간이다. 사람의 생체 시계가 밤 11시경에 잠자리에 들어서 다음날 아침 7시경에 일어난다고 하면 수면위상지연증후군은 밤 1~2시경에 잠에 든다. 충분한 수면을 취하지 못해서 아침에 일어날 때 매우 힘들어한다. 밤 1~2시경에 잠자리에 들어서 오전 9~10시에 일어난다면 수면 시간은 8시간이지만 아침에 햇빛이 숙면을 방해해서 잠의 질은 떨어진다. 그래서 양질의 수면은 4~5시간에 불과하다. 수면시간을 8시간 정도 확보하더라도 취침 시간이 늦어지면 생체 시계와 생활패턴은 어긋난다.

전등이 발명되기 이전에는 인간의 생체 시계와 자연의 리듬이 완전하게 동조했다. 등유로 켜는 램프가 있었지만 램프의 오렌지색 불빛은 태양빛과 파장이 전혀 다르고 그다지 밝지 않아서 등유 램프 때문에 인간의 생체 시계가 어긋나는 일은 거의 없었다. 하지만 에디슨이 발명한 전구는 태양처럼 하얗고 밝은 빛을 낸다. 등유 램프의 밝기와 비교할 수 없을 정도로 밝다. 에디슨이 전구를 발명한 뒤로 인간의 생체 시계가 균형을 잃어버렸다고 해도 과언이 아니다.[18]

낮의 빛, 밤의 어둠은 수십억 년 전부터 지구에서 살고 있는 생명체의 생존에 큰 영향을 주고 있다. 그러나 현대인들은 낮에 햇빛을 보는 시간이 줄어들었고 밤에 깜깜한 어둠에 있는 시간도 줄어들었다. 오늘날의 밤은 너무나 밝아서 생체 리듬은 균형을 잃어버렸다.

생체 리듬의 중요성을 알려주는 실험이 있다. 쥐를 대상으로 12시간 동안 자연의 리듬이 아닌 3시간 반을 주기로 빛과 어두운 환경을 만들었다. 그랬더니 전체적인 수면의 양은 줄어들지 않았고 쥐들의 생체 시계는 3시간 반 주기의 빛과 어두운 환경에 적응하는 듯했다. 하지만 생체 시계가 바뀐 쥐들은 우울증과 비슷한 증상을 보였고 호르몬 수치도 만성 스트레스 상태로 나타났다. 실험 쥐와 마찬가지로 낮에 빛을 보지 못하고 밤에 밝은 빛에 노출된 사람도 생체리듬은 흐트러진다. 그 결과 능률이 떨어지고 집중력도 흐트러지며 체력과 에너지가 고갈되어 살이 찌고 질병에 걸리기 쉬운 상태가 된다.[19]

자연을 거스르지 않는 시간 관리가 중요하다. 수면 시간도 중요하고 수면의 질도 중요하다. 양적으로 질적으로 적당한 휴식을 취해야 다시 능률적으로 일할 수 있다. 언제든지 전등을 켜고 일할 수 있어도 밤늦은 시간까지 일하는 것은 생체 시계의 균형을 깨기 때문에 삼가야 한다. 부담이 되는 일은 낮에 집중해서 처리하고 밤에는 확실하게 쉬어야 한다.

눈만 감고 있어도 워킹 메모리는 회복된다

인간이 현재 의식 속에 떠올릴 수 있는 기억을 작업 기억, 즉 워킹 메모리라고 한다. 워킹 메모리는 한 번에 7가지 밖에 기억하지 못한다. 이 사실을 밝혀낸 미국의 심리학자 조지 밀러는 이것을 '마법의 숫자 7'이라고 했다. 우리 주변에 7개로 끝나는 것은 많다. 일주일도 7일이고 1옥타브도 7개의 음계로 이루어져 있다. 소설이나 드라마에서 스토리를 이끌어가는 주요 등장인물도 7명을 넘지 않는다. 소설이나 드라마의 주요 등장인물이 너무 많으면 줄거리를 기억하기 어렵다.[20]

장기를 둘 때 판이나 말을 쓰지 않고 대화로 말을 움직여서 대국을 이끌어가는 것을 장님 장기라고 한다. 말의 움직임을 기억에만 의존해서 장기를 두기 때문에 말을 옮기는 수가 늘어나면 기억이 흐려진다. 장님 장기를 두려면 적어도 아마 3단 정도 돼야 끝까지 대국을 진행할 수 있다. 말의 움직임을 기억해야 하기 때문에 판세를 기억하고 다음 수, 다음 다음 수까지 생각하기 위해서 워킹 메모리가 사용된다. 말의 움직임을 기억하고 수를 읽어야 해서 피로감이 심하다. 이렇게 장님 장기를 두면 어느 순간부터 장기판을 보면서 하는 대국은 매우 쉽게 느껴진다.[21]

워킹 메모리는 단순히 몇 가지를 기억하는 역할만 하지 않는다. 머릿속에 저장된 지식을 상황에 맞게 끌어내서 새로운 것을 창조하는 능력도 가지고 있다. 뇌의 여러 부분에 저장된 지식을 상황에 맞게 연결하고 조합하는 일도 워킹 메모리가 한다. 예를 들면, 세 개의 정보가 필요할 때 기억하고 있는 수많은 지식 가운데 상황에 맞는 정보 세 가지만 워킹 메모리를 통해서 연결하는 것이다. 이때 세 가지 지식을 잇는 회로가 만들어진다. 또 다른 상황에서 다섯 개의 정보를 연결해야 한다면 워킹 메모리는 다섯 개의 지식을 찾아서 각각의 정보를 잇는 회로를 만든다.[22]

워킹 메모리는 알고 있는 지식을 연결하면서 계획을 세우고 일을 진행한다. 이런 워킹 메모리가 제대로 동작하지 않을 때가 있다. 워킹 메모리가 제 기능을 못하는 이유는 두 가지다. 나이를 먹으면 선택한 지식 사이를 잇는 연결이 원활하지 않고 연결하더라도 기억들이 적절한 반응을 하지 않는다. 피곤할 때도 지식은 정상적으로 연결되지 않는다.

육체적인 피로가 쌓이면 체력, 사고력 등이 저하되어 일의 효율이 떨어진다. 하지만 정신적으로 피곤할 때는 집중력이 떨어지고 하고 있는 일이 제대로 안 되고 있다는 느낌이 들고 걱정이 많아진다. 이런 상태는 워킹 메모리가 원활하게 동작하지 않을 때 나타난다. 업무량이 지나치게 많을 때 사고가 정지된 듯한 느낌을 받는다. 동료와 대화를 하다가도 앞서 말한 내용이 기억나지 않는다. 바로 앞에 했던 말이 기억나지 않으면 다음에 무엇을 해야 하는지, 어떻게 해야 하는지 결정할 수 없게 된다. 워킹 메모리의 기능이 마비되면 기억력과 판단력이 떨어지고 감정을 조절하는 능력도 상실해서 아무것도 하기 싫은 상태가 된다.

일을 계획하고 진행하는 워킹 메모리가 정상적인 역할을 하지 않아서 사고가 정지됐을 때 해결책은 휴식뿐이다. 과중한 업무로 인해서 생각이 멈추었을 때 명약은 잠을 자는 것이다. 워킹 메모리를 쉬게 한다는 의미는 뇌를 쉬게 하는 것이다. 뇌를 쉬게 하려면 눈을 감으면 된다. 눈의 휴식과 뇌의 휴식은 연결되어 있기 때문에 시각 정보를 차단하면 뇌는 휴식을 취하게 된다.

수면과 휴식의 효용성에 관한 연구는 여러 나라에서 이루어지고 있다. 독일 뤼베크 대학 연구팀은 실험을 통해서 적당히 잠을 잔 그룹이 잠이 부족한 그룹과 비교해서 수학적인 영감을 필요로 하는 퍼즐을 3배 가까이 더 잘 풀었다는 연구를 토대로 〈네이처〉에 '충분한 수면이 뇌에 영감을 가져다준다'는 논문을 발표했다. 일본 이화학연구소에서는 '일하는 중간에 적당히 휴식을 취해야 기억 효율을 높일 수 있다'는 연구 결과를 내놓았다. 플로리다 대학의 심리학과 교수인 트레이시 앨러웨이는 《파워풀 워킹 메모리》에서 생산성을 높이려면 스마트폰과 컴퓨터를 끄고 휴식을 취하라고 권한다. 수시로 SNS와 이메일을 확인하는 습관은 워킹 메모리의 작동을 저해한다. 집중력을 높이는 손쉬운 방법으로 스마트폰 끄기가 소개될 정도로 스마트폰은 워킹 메모리의 기능을 저해한다.

스마트폰을 오랫동안 사용하면 머리가 멈춘 것처럼 아무 생각도 들지 않을 때가 있다. 이때 기분전환을 하려고 영화를 보거나 게임을 하는 것은 금물이다. 인간에게 전달되는 전체 자극의 80퍼센트 이상이 눈을 통해서 들어온다. 눈을 감으면 적어도 80퍼센트의 자극이 차단된다. 눈을 감으면 잠을 자는 것과 비슷한 효과를 얻을 수 있다. 밤을 새워서 일 또는 공부를 하면 다음날 머리가 무겁고 눈도 흐릿하다. 머리가 개운하지 않을 때는 글자도 흐려 보인다. 이럴 때 잠을 자면 우리 몸은 정상적인 기능을 회복한다. 하지만 잠을 잘 수 없다면 5~10분 정도 눈을 감고 편한 자세로 있으면 피로가 회복된다. 눈을 감고 있으면 가수면 상태가 된다. 잠을 자지 않더라도 눈을 감고 있는 것만으로도 눈과 뇌는 휴식을 취한다. 눈과 뇌를 제외한 다른 기관이 회복하는 데에는 가수면이 필요하지 않을 수도 있다. 그냥 앉아서 쉬기만 해도 다른 기관들은 회복되지만 눈과 뇌는 잠을 자야 정상적인 기능을 회복한다.[23]

아침형 인간과 저녁형 인간의 휴식은 다르다

일하는 환경이 아무리 좋아도 하루 종일 최고의 생산성을 유지할 수는 없다. 좋은 생각이 샘솟을 것 같은 공간에서도 창의적인 아이디어가 끊임없이 나오지는 않는다. 모든 사람은 하루 동안 컨디션이 오르내림을 반복한다. 사람마다 집중이 잘 되는 시간, 일이 잘 되는 시간은 정해져 있다.

아침형 인간은 이른 아침에 에너지가 상승하고 올빼미형 인간은 밤늦은 시간에 더 많은 에너지가 나온다. 샤워를 하면 머리가 맑아진다는 사람이 있고 커피를 마시면 머리가 맑아진다는 사람도 있다. 샤워와 커피는 많은 사람들이 사용하는 머리를 맑게 만드는 자극제다.

《시스템의 힘 Work the System》을 쓴 샘 카펜터는 '생물학적 황금시간 Biological Prime Time'을 창안했다. 생물학적 황금시간은 집중이 특별히 잘 되는 시간을 말한다. 생물학적 황금시간을 이용하면 최고의 에너지와 집중력을 발휘할 수 있는 시간대에 중요한 일을 처리할 수 있다. 최고의 에너지가 나오는 시간에 집중력을 발휘해서 일하고 에너지가 최저로 떨어지는 시간에는 쉬면서 앞으로 해야 할 일에 대한 계획을 세우는 것이 좋다. 아침형 인간 중에 성공한 사람이 많다고 해서 억지로 아침형 인간이 되려고 하거나 저녁형 인간 중에서 창의적인 일을 하는 사람이 많다고 밤늦게까지 깨어 있는 건 좋지 않다.

아침형 인간은 아침시간에 최대치의 에너지가 나오고, 저녁형 인간은 해가 진 뒤에 눈이 반짝거린다. 한의학에서는 생체리듬이 체질의 영향을 받는다고 조언한다. 소양인이나 태양인처럼 양인의 체질을 가진 사람은 아침에 일어나기가 비교적 쉽다. 몸 안에 양기가 많은 사람들은 햇빛의 기운에 잘 부응하기 때문에 해가 뜨는 새벽부터 활력이 넘친다. 반면에 저녁에는 양기가 급격히 떨어진다. 이런 체질은 저녁에 모임이나 야근은 피하고 충분한 휴식을 취해야 한다. 소음인이나 태음인처럼 음기가 강한 사람들은 아침에는 힘이 없다. 이런 체질은 아침잠이 많고 오전에는 좀처럼 집중하지 못한다. 이런 사람들이 아침 일찍부터 활동하면 금세 피로해져서 오후 내내 축 처진 채로 하루를 보내게 된다.[24]

코끼리, 쥐, 인간 등 모든 동물의 심장 박동 수가 다른 것처럼 모든 생물은 자기에게 맞는 생체 리듬이 있다. 생체 리듬은 자율적인 생물활동을 하기 위해 생체에서 나타나는 일정한 주기를 가진 변화다. 생체 리듬은 단절된 환경에서도 유지된다. 인간의 생체 리듬은 24.3시간으로 자연의 변동주기인 24시간에 가깝다. 인간의 생체 리듬은 24.3시간이지만 사람마다 약간씩 차이가 있다. 생체 리듬에 따라 일반형, 저녁형, 아침형 세 가지로 구분한다. 일반형은 11시쯤 잠자리에 들어서 다음날 6~7시 사이에 자연적으로 일어나서 활동하는 사람들이다. 저녁형은 새벽 2~3시에 잠자리에 들고 아침에 늦게 일어난다. 저녁형은 야행성, 올빼미족이라고 한다. 우리나라 청소년들 가운데 30퍼센트가 저녁형에 해당한다. 아침형은 저녁 10시 이전에 잠에 들어서 다음날 4시쯤 일어난다. 일반적으로 노인들이 아침형에 해당한다.[25]

생체 리듬이 다른 이유는 24시간 동안 신체의 여러 기능을 조절하는 시신경 교차 상부핵_{밤낮의 길이를 측정하고 수면과 관련한 호르몬을 분비하는 기관}이 유전자에 따라 사람마다 다르게 조절되기 때문이다. 생체 리듬은 태어날 때부터 정해져 있어서 강제로 바꾸기는 어렵다. 불가능한 것은 아니지만 생체 리듬을 무시하고 아침형 인간이 대세라고 무작정 따라 하다가는 오히려 능률도 오르지 않고 계속 피로감을 느낄 수도 있다. 심각한 경우에는 사망에 이를 수도 있다.

아침형 인간이 아닌데도 불구하고 아침형으로 살기 위해 애쓰다가 부작용을 겪은 사례는 많다. "나는 생각한다. 고로 나는 존재한다."라는 말을 남긴 철학자 데카르트는 늦잠으로 유명하다. 데카르트 전기를 처음 쓴 바이예는 데카르트의 좋지 못한 건강 상태가 "천성이 사색하게 되어 있는 정신" 때문이었다고 했다. 데카르트는 라 플래슈 학교에 있을 때도 여러 특혜 조치와 함께 일어나고 싶을 때까지 오래 자도 괜찮다는 허가를 받았다. 늦게까지 잠을 자면 그의 정신이 힘을 얻고 또 모든 감각이 밤의 휴식으로 싱싱하게 되기 때문이었다. 데카르트는 늦게 일어나는 것이 습관이 되었고 이런 습관은 그의 공부에 도움이 되었다.[26]

데카르트는 극단적인 저녁형 인간이었고 늦잠 자는 습관을 가지고 있었는데, 당시 여왕이었던 크리스티나의 부름으로 새벽마다 찬 공기를 마시며 여왕에게 철학을 가르치러 가야 했다. 호기심 많은 크리스티나 여왕에게 철학을 가르치는 것은 매우 역사적인 일이었지만 저녁형 인간이었던 데카르트에게 새벽에 일찍 일어나는 것은 무척 고됐다. 데카르트는 새벽에 일찍 일어나 크리스티나 여왕을 가르치다가 감기와 폐렴을 앓게 되었고 결국 목숨을 잃었다.[27]

생체 리듬을 무시하고 아침형 인간이 밤늦게까지 일을 하거나 저녁형 인간이 아침 일찍 깨서 하루를 시작하면 피로를 회복하고 체력을 보충하는 시간이 부족해서 빨리 지친다. 부족한 잠을 낮에 자거나 틈틈이 쉬면서 일하면 된다고 말하는 사람도 있다. 일반적으로 몸이 집중적으로 체력을 회복하는 시간은 밤 10시부터 새벽 2시 사이다. 저녁형 인간은 체력을 회복하는 시간이 이보다 한두 시간 정도 늦고 아침형 인간은 한두 시간 정도 빠르다. 생체 리듬을 거슬러서 잠을 자고 깨면 오래 자도 피로가 풀리지 않는다. 생체 리듬에 반해서 10시간을 자는 것보다 생체 리듬에 맞춰서 6시간을 자는 것이 더 낫다. 매일 정해진 시간에 잠을 자는 것도 중요하다. 언제 쉬느냐, 언제 잠을 자느냐는 생체 리듬에 달려 있다. 생체 리듬에 맞춰야 제대로 쉴 수 있다.

기상시간은 체질과 생활방식에 맞춘다

일찍 일어나는 것은 부지런함의 상징이고 늦게 일어나는 것은 게으름의 상징이라고 믿는 사람들이 많다. 요즘은 그런 인식이 줄었지만 과거에는 회사에 가장 일찍 출근하는 직원이 일을 열심히 한다는 평가를 받았다. 일찍 일어나는 사람이 모두 부지런하고 일을 열심히 하는 것은 아니지만 일찍 일어나는 사람 중에서 성공한 사람이 많다고 알려져 있다.

대한상공회의소가 국내 기업 최고 경영자 200명을 대상으로 실시한 조사에서 오전 6시 이전에 일어나는 사람이 전체의 70퍼센트가량을 차지했다. 단정할 수는 없지만 일찍 일어나서 활동하는 사람들이 더 많은 일을 생산적으로 한다. 전 세계적으로 성공한 사업가 100명을 대상으로 기상 시간을 조사한 결과 그들은 보통 사람보다 무려 3시간이나 일찍 일어나는 것으로 밝혀졌다.[28]

일찍 일어나면 성공한다는 것을 진리처럼 여기는 사람들은 아침형 인간을 넘어 새벽형 인간이 되기 위해 노력한다. 일찍 일어나면 성공한다는 보장은 없지만 일찍 일어나면 활용할 수 있는 시간이 늘어난다. 감리

교를 창시한 존 웨슬리는 매일 오후 10시에 잠자리에 들어서 오전 4시에 일어났다. 6시간의 취침시간을 지켰고 70세부터 82세까지 12년 동안 하루도 아파 본 적이 없고 여름과 겨울에 말을 타고, 혹은 차를 타고 수천 마일을 여행하면서 매년 수백 번의 설교를 했다. 하지만 조금도 피로하지 않았다. 그는 매일 일정한 시간에 잠이 들고 일정한 시간에 일어나는 것이 건강을 지키는 비결이라는 사실을 입증했다.

일찍 자고 일찍 일어나지 않았지만 많은 업적을 남긴 사례도 있다. 영국의 철학자 버트런드 러셀은 어린 시절부터 일찍 잠자리에 들지 않았다. 지적인 탐구욕이 강해서 밤늦은 시간까지 책을 읽고 공부하느라 여념이 없었다. 버트런드 러셀은 어린 시절 할머니와 할아버지가 돌봐주었다. 할머니는 그에게 일찍 잠자리에 들라고 했지만 집안에 다른 사람들이 잠든 시간에 몰래 촛불을 켜놓고 공부를 했다. 버트런드 러셀은 일찍 자고 일찍 일어나지 않았지만 98세까지 수학과 철학 분야에서 많은 저술 활동을 할 정도로 건강한 인생을 살았다.

아침에 일찍 일어나면 맑은 정신에 더 많은 일을 할 수 있고 건강에도 좋다는 주장은 여러 가지 사례를 통해서 증명되었다. 하지만 모두에게 일찍 일어나라고 강요할 수는 없다. 사상의학에서 말하는 소음인은 생체 리듬이 새벽과 오전에 떨어지기 때문에 아침에 일찍 일어나도 머리가 맑지 않다. 이런 사람들은 체질적으로 아침에 잠을 푹 자고 저녁 시간을 활용해야 한다. 미국수면재단에서 발표한 〈2001 미국인 수면 보고서〉에는 권장 수면 시간인 8시간을 지키는 사람은 전체 응답자의 30퍼센트 정도에 그쳤다. 40퍼센트 정도는 수면 부족으로 낮 시간 업무에 지장을 받는다고 답했다. 수면 부족에 시달리는 사람의 77퍼센트는 결혼 생활 만족도도 떨어진다고 응답했다. 아시아 지역 사람들도 비슷한 양상을 보인다. 아시아 수면 연구학회에서 대만, 필리핀, 태국인 3,668명을 대상으로 조사한 결과 44퍼센트는 아침에 잠자리에서 일어난 후에도 졸리다고 응답했다.[29]

야근이 잦은 직장인들은 퇴근 후에 비로소 자기만의 시간을 갖는다. 밤을 낮처럼 활용하는 사람들을 일컬어 '호모 나이트쿠스homo nightcus'라고 한다. 블로그, 트위터, 커뮤니티 등의 콘텐츠를 빅데이터 기술로 분석한 결과 '호모 나이트쿠스'가 언급된 것은 2013년 6만2,800여 건에서 2015년 10만3,100여 건으로 늘었다. 야식, 야시장, 새벽 등 호모 나이트쿠스와 관련된 검색어도 2년 사이에 41만6,000건에서 69만4,000건으로 66퍼센트가량 증가했다. 늦은 시간까지 공부하는 학생과 야근이 잦은 직장인들은 늦은 밤에 자기만의 시간을 갖는다. 과거에는 저녁에 술자리나 모임에 가는 사람이 많았지만 요즘은 운동이나 자기계발을 하는 사람들이 많다. 체질이나 생활 패턴에 따라 일찍 일어나는 게 편하면 아침형 인간으로 살고 밤늦게까지 해야 할 일이 있다면 아침에 늦게 일어나는 것이다. 아침형과 올빼미형은 각자의 생활 방식과 상황에 따라 선택하는 것이고 모두가 일찍 일어나는 삶을 살 필요는 없다. 직장인이라면 출근하기 위해서 일찍 일어나야 하지만 오히려 밤에 일하는 게 효율적이라면 늦게까지 일하고 아침에 조금 늦게 일어나는 것도 괜찮다.

Rest & Relaxation

바쁠수록 쉬어가기

머릿속을 청소하는 시간

에이브러햄 링컨은 "내게 나무를 벨 시간이 여덟 시간 주어진다면 그 중 여섯 시간은 도끼를 가는 데 쓰겠다."라고 했다. 빨리 나무를 베야 한다는 생각으로 날이 무딘 도끼로 나무를 베면 힘만 들고 정작 나무는 많이 베지 못한다.

나무꾼에게 도끼는 매우 중요한 도구다. 도끼날이 무디면 나무를 베기가 힘들다. 무딘 날을 날카롭게 갈면 힘은 덜 들이면서 더 많은 나무를 벨 수 있다. 도끼의 무딘 날을 가는 것이 시간 낭비처럼 보일 수 있지만 날이 선 도끼를 손에 들었을 때는 이야기가 달라진다. 날이 선 도끼는 아름드리나무도 몇 번 만에 찍어서 넘어뜨린다. 무딘 도끼날로 나무를 벨 때보다 적은 힘을 들이고 더 많은 나무를 얻는 방법은 도끼날을 가는 것이다.[30]

'망중한忙中閑'은 바쁜 가운데에서도 한가로운 때를 말한다. 바쁜 일상 속에서 잠깐 동안의 휴식은 중요한 기능을 한다. 바쁠수록 쉬어가라는 말처럼 아무리 바빠도 쉬어가면서 일을 해야 능률이 오른다는 뜻이다. 여기서 '바쁘다'라는 의미의 '망忙'은 마음 심心과 없앤다는 뜻의 망亡이 합쳐져 있다. 바쁘면 마음을 잃어버린다. 즉 뇌를 잃는다는 의미로 생각할 수 있다. 한꺼번에 많은 일을 해야 하거나 과도한 업무가 계속되면 실수가 잦아진다. 해야 할 일을 깜빡 잊어버리는 일도 잦아지고 쉽게 짜증을 내는 이유는 뇌의 기능이 일시적으로 마비되기 때문이다.[31]

뇌의 기능이 일시적으로 마비된다는 것은 워킹 메모리가 순간적으로 작동하지 않는 상태를 의미한다. 워킹 메모리는 작업 기억이라고 하며 뇌에 저장된 단순한 정보를 생각해 내는 일차원적인 '기억'과는 다르다. 기억은 '이전의 인상이나 경험을 의식 속에 간직하고 있다가 생각해내는 것'이고 워킹 메모리는 '정보를 의식적으로 처리하는 능력'이다. 여기서 의식적이라는 의미는 해당 정보가 내 머릿속에 들어 있음을 인식한다는 뜻이다. 워킹 메모리는 처리해야 하는 정보에 주목하고 정신적으로 스포트라이트를 비추고 집중하면서 그에 관한 결정을 내리는 일에 관여한다.[32]

워킹 메모리의 기능이 제 기능을 하지 못하면 주의력과 집중력이 떨어져서 실수가 늘어난다. 이런 상태가 계속되는 데도 쉬지 않고 계속 일을 하면 피로에서 회복하는 데도 오랜 시간이 걸린다. 피로가 누적돼서 실수가 계속되면 정신력으로 집중력과 주의력을 높이려고 하지만 그런 방법으로 회복할 수 있다고 단정하기 어렵다. 일이나 공부를 할 때는 감각 기억, 단기 기억, 장기 기억 등이 서로 연결되어 작동한다. 이때 워킹 메모리作業 記憶가 제대로 작동하지 않으면 여러 가지 기억의 연결에서 정보가 매끄럽게 이동하지 못해서 실수가 반복되고 조금 전에 했던 일도 기억하지 못하는 현상이 발생한다.[33]

2012년에 미국 캘리포니아대학의 연구에 따르면 하룻밤을 샌 그룹과 4일 동안 4시간밖에 잠을 자지 못한 그룹은 둘 다 워킹 메모리의 기능이 현저히 저하되었다. 이 연구에서는 화면에 보이는 물건을 기억하게 하는 등 시각을 이용한 실험을 했다. 연구 결과 "계속해서 무언가를 지켜봐야 하는 직업에 종사하는 사람들은 수면부족이 되지 않도록 배려할 필요가 있다."라고 했다. 모니터 화면에서 눈을 뗄 수 없는 보안직원, 아이들을 항상 지켜봐야 하는 유치원 선생님과 학교 선생님, 야간에도 환자를 돌보는 간호사, 공항에서 일하는 관제사 등 주의력과 집중력이 필요한 일을 하는 사람들에게 뇌의 휴식은 절대적으로 필요하다.[34]

바쁠수록 쉬어가는 여유가 필요하다. 휴식은 여행을 떠나거나 며칠 동안 휴가를 내서 푹 쉬는 것이 아니다. 일상 속에서 짧은 휴식이나 낮잠으로도 일시적으로 마비된 뇌의 기능을 회복할 수 있다.

아침 식사가 두뇌를 깨운다

잠에서 깬 뒤, 긴 휴식 뒤에는 힘을 내서 활기차게 일을 할 수 있을 것 같지만 오히려 능률이 오르지 않는다. 수면이나 휴식의 타성이 몸에 남아 있기 때문이다. 휴가 기간이 끝나고 업무에 복귀해도 한 동안 어수선한 상태로 일을 하는 것도 이런 이유 때문이다. 성격이 전혀 다른 일로 옮길 때도 마찬가지다. 이때 필요한 것이 워밍업이다.

워밍업은 말 그대로 온도를 올리는 과정이다. 운동선수들의 준비운동을 워밍업이라고 하고 하는데 본격적으로 운동을 시작하기 전에 근육을 풀어주면 온도가 올라가고 반응속도도 빨라진다. 실제로 운동을 하지 않더라도 따뜻한 물에 몸을 담그면 비슷한 효과를 볼 수 있다.

새로운 일을 시작하거나 어떤 행동에서 다른 행동으로 넘어갈 때도 워밍업이 필요하다. 운동선수는 스트레칭을 하면서 근육을 풀어주고 학생은 공부하기 전에 책상을 정리한다. 직장인은 일을 시작하기 전에 서류를 정돈하고 차를 마신다. 이런 활동이 모두 워밍업이다.

이른 아침에는 두뇌 회전도 원활하지 않다. 잠에서 덜 깨서 그런 것도 있고 잠을 자는 동안 차가워진 머리가 아직 따뜻해지지 않았기 때문이다. 잠을 잘 때는 체온이 떨어지고 뇌의 활동도 줄어들기 때문에 잠자리에서 일어나면 멍한 상태가 된다. 차가워진 머리를 따뜻하게 만들려면 식사를 하면 된다. 아침 식사를 제대로 한 사람은 두뇌에 충분한 영양이 공급되기 때문에 멍한 상태가 끝나고 집중력이 생긴다. 두뇌 회전율은 식사를 하고 한 시간 정도 지나서 빨라지고 4시간 정도 지나면 느려진다. 두뇌 회전이 가장 느릴 때는 절정기와 비교해서 1,000분의 1 이하로 떨어진다. 아침 식사를 거르면 두뇌는 영양실조 상태에 빠진다.[35]

뇌는 포도당을 주 에너지원으로 이용하는데 잠을 자는 동안 음식을 섭취할 수 없어서 아침에 일어나면 반드시 뇌에 포도당을 공급해주어야 한다. 아침식사를 하면 뇌는 포도당을 공급받고 활동하기 시작한다. 캘리포니아 주립대학에서 아침식사가 정신에 미치는 영향에 대해서 실험한 결과 아침식사는 어른과 아이 모두에게 지식 습득력, 기억력, 신체의 성장을 촉진시키는 데 매우 중요한 역할을 하는 것으로 나타났다. 아침식사가 두뇌 활동에 미치는 영향은 한두 가지가 아니다.[36]

동양과 서양에서는 오래전부터 아침에 일어나자마자 밥을 먹었다. 조선시대에는 아침밥과 저녁밥 두 끼를 먹는다고 해서 조석朝夕이라고 하는데 아침식사 전에 '이른 밥'을 챙겨 먹었다. 새벽 4시쯤 일어나서 흰죽이나 율무로 만든 죽을 먹었다. 서양의 'Breakfast'는 긴 밤의 단식fast을 깨트린다break는 의미다. 단식을 깨트리면서 긴 시간 비어있는 속을 채우고 몸에 시동을 건다.

아침식사는 휴식 상태인 몸에 활력을 불어넣는 작용을 한다. 식사를 하고 30분~1시간 정도 지나면 두뇌와 몸으로 영양이 공급되어 활동할 수 있는 상태가 된다. 아침식사를 하지 않으면 멍한 상태가 오래 지속되고 활동하는 것도 자연스럽지 않다. 아침식사를 하면 음식을 씹는 행위에 의해서 교감신경계가 흥분하고 동시에 에너지 대사도 활발해져서 정신도 맑아진다.

적당한 양의 음식 섭취는 중요한 회복 활동이다. 스포츠 과학 분야의 권위자 잭 그로펠 박사는 "세 끼 중 아침이 가장 중요하다. 적은 양의 영양가 높은 아침 식사가 스트레스를 줄이고 신체의 회복에서 긍정적인 효과를 볼 수 있다."라고 했다.

머리와 몸을 깨어나게 하려면 아침식사를 제대로 먹어야 한다. 음식이 주는 휴식의 효과는 매우 크다. "잘 먹고 잘 쉬어야 한다"는 말을 자주 한다. 많이 먹어야 한다는 뜻이 아니다. 우유, 빵, 싱싱한 채소와 과일 또는 잡곡밥과 된장국 어떤 아침식사라도 적당한 양을 천천히 꼭꼭 씹어 먹는 식사 습관을 들이면 두뇌와 몸의 건강뿐만 아니라 정신적인 안정감까지 얻을 수 있다.

Rest & Relaxation

잠들기 전에 해야 할 것과 하지 말아야 할 것

잠이 잘 오는 환경을 만드는 수면 의식

잠은 인간에게 꼭 필요한 휴식이다. 잠을 빼놓고 휴식을 말할 수 없다. 잠을 적게 자고 더 많은 일을 해서 성공한 사람들은 짧은 시간을 자되 깊게 잠드는 자기만의 노하우를 가지고 있다. 수면 전문가들은 잠을 잘 자려면 침구, 베개, 침실의 환경 등을 쾌적하게 만들라고 권한다.

수면의 질을 높이려면 우선 잠이 잘 오는 환경을 만들어야 한다. 외부에서 오는 빛, 소리 등의 자극을 최소화해야 한다. 하지만 인간은 생리적인 특성에 의해서 자극이 전혀 없으면 오히려 자극이 없는 게 자극이 되기도 한다. 침실은 어둡게 하고 해가 뜨는 동쪽으로 난 창문은 가리지 않는다. 시끄러운 소음도 차단해야 한다. 같은 소음이라도 사람의 말소리처럼 의미 있는 소음과 의미 없는 소음이 있다. 의미 있는 소음은 차단해야 한다. 의미 없는 소음은 익숙해지면 잠을 자는 데 도움이 되기도 한다. 이불은 촉감이 부드러운 재질이 좋고 두꺼운 이불보다는 가벼운 이불이 좋다.

사용하던 베개와 이불을 고집하는 사람이 있고 좋아하는 인형을 안고 있어야 잠이 드는 아이도 있다. 옆에서 책을 읽어줘야 잠이 드는 아이도 있다. 이런 것은 일종의 조건 반사에 의한 '수면 의식'이다. 물리적인 수면 의식은 잠자는 환경을 만들 때 중요하다. 수면의 질을 높이기 위해서 더 중요한 것은 마음의 상태. 사람들은 잠자리에 들 때 자기만의 의식을 행한다. 가장 흔한 수면 의식은 양치질을 하고 TV를 보는 것이다. TV를 보면서 잠을 청하는 사람들을 위해서 TV에는 꺼지는 시간을 예약하는 기능이 있다. 어떤 수면 의식이라도 잠을 청하는 데 도움이 된다면 다소 엉뚱하더라도 실행하자.

찰스 디킨스는 잠을 자는 곳은 어디든 상관없는데 머리는 반드시 북쪽을 향하게 하고 잠을 잤다. 그렇게 해야 지구의 자기장이 그의 몸을 올바른 방향으로 통과할 수 있다고 믿었기 때문이다. 머리를 북쪽으로 향하는 것이 지구의 자기장과 무슨 관계가 있는지, 과학적으로 맞는지 틀리는지는 중요하지 않다. 이런 습관이나 의식으로 숙면을 취할 수 있다면 침대의 방향을 바꾸는 수고는 할만한 가치가 있다.[37]

해야 할 일을 마치지 못했거나 인간관계나 경제적인 문제 등으로 인해서 스트레스를 받으면 수면의 질은 악화된다. 휴가를 내서 여행을 즐길 때는 평상시보다 눈이 일찍 떠지고 기분도 상쾌하다. 출근해서 해야 할 일에 대한 책임감을 느끼지 않아서 그렇다. 중요한 일을 눈앞에 두고 있어도 노력하면 충분히 해결할 수 있다고 믿으면 잠을 설치지 않는다. 정신적으로 느끼는 스트레스의 정도에 따라서 수면의 질은 달라진다.[38]

수면의 질에 관한 문제에서 스트레스는 굉장히 중요한 요인이다. 스트레스는 육체적인 피로와 다르다. 어느 정도 스트레스를 받으면 피로가 얼마만큼 쌓인다는 식으로 설명할 수 없다. 스트레스가 심하면 깊은 잠을 잘 수 없다. 하지만 스트레스를 받는 일이 있으면 어떻게든 깊은 잠을 자야 한다. 왜냐하면 수면이 스트레스와 불안을 해소하기 때문이다.

만성 스트레스 환자들은 대부분 스트레스로 인한 불면증에 시달린다. 잠을 자야 스트레스가 해소되는데 잠을 못 자기 때문에 스트레스는 더 심해진다. 아침에 일찍 일어나는 사람들, 즉 수면이 부족한 사람들이 스트레스를 더 많이 받는다는 조사 결과도 있다. 영국 웨스트민스터대학 연구팀은 일찍 일어나는 사람들이 스트레스 외에도 근육통, 감기, 두통, 불쾌감을 더 많이 느낄 수 있다고 발표했다. 실험에 참가한 42명의 타액을 이틀 동안 8번 추출하여 분석한 결과, 일찍 일어난 사람에게 스트레스에 저항하는 호르몬인 코르티솔cortisol이 더 많이 분비되었고 하루 종일 분비되는 코르티솔의 양도 더 많았다.[39]

수면 부족과 스트레스 해소는 닭이 먼저냐 달걀이 먼저냐는 말과 같다. 수면의 질을 높이려면 스트레스를 받는 상황에서 벗어나든지 스트레스를 느끼지 않는 사고방식으로 바꿔야 한다. 일 또는 공부에서 받는 스트레스, 인간관계에서 생기는 스트레스 등 수면을 방해하는 스트레스는 여러 가지다. 스트레스 유발하는 요인은 사람마다 다르다. 불안 때문에 잠이 오지 않으면 잠자기 전에 불안을 유발하는 문제를 해결해야 한다. 하지만 해결할 수 있는 문제보다 해결할 수 없는 문제가 더 많다. 이럴 때는 긍정적으로 생각해야 한다. 고민을 대화로 푸는 것도 좋다. 마음에 담고 있는 생각을 다른 사람에게 얘기하면 불안감과 우울증이 해소된다. 자신의 감정을 말로 표현하면 불안감과 스트레스가 어느 정도 해소된다. 기혼자라면 배우자에게 푸념을 늘어놓고 독신이라면 애인이나 친구에게 고민을 이야기하자. 잠이 더 잘 올 것이다.

TV가 수면보조제 역할을 한다

사람마다 편안한 잠을 자는 환경은 다르다. 인형을 안고 잠이 드는 아이도 있고 늘 사용하던 베개를 베야 잠을 푹 자는 사람도 있다. 여행을 갈 때도 사용하던 베개를 챙겨가는 사람이 있다. 인형을 안고 잠을 자거나 자기에게 맞는 베개를 베야 깊은 잠을 잘 수 있는 것처럼 누구나 잠을 자기 위해서 물리적인 환경을 만드는 수면 의식을 치른다.

성인 중에는 TV를 보면서 잠이 드는 사람이 많다. 잠자리에서 TV를 시청하면 수면의 질을 떨어트린다는 것이 상식이지만 TV가 없으면 잠이 안 오는 사람들에게 TV는 수면제 역할을 한다. 잠자리에서 TV를 보지 말라고 권하는 이유는 화면에서 나오는 블루라이트전자기기에서 나오는 푸른빛 때문이다. 블루라이트는 잠을 잘 때 분비되는 멜라토닌 수치를 떨어트려서 깊은 잠이 들지 못하게 한다.

잠을 자는 공간에서 철저하게 배제해야 하는 것이 빛이다. 잠자리에 들기 전에 모든 불을 끄고 어둡게 만들어야 한다. 미국 국립수면재단에서는 침실에 조명이 필요하다면 낮은 밝기의 백열전구를 켤 것을 권한다. 잠자리에서 스마트폰이나 전자책 단말기를 보는 것도 가능하면 금해야 한다. 전구를 만드는 라이팅사이언스그룹에서는 24시간 주기와 조화를 이루는 전구를 생산하고 있다. 주간과 야간에 사용하는 전구를 따로 제조하는 업체도 있다.[40]

라이팅사이언스그룹에서 개발한 전구는 멜라토닌 분비가 억제되는 것을 최소화하고 24시간 주기에 따라 전구의 빛은 흰색에서 하늘색으로 바뀐다. 나사NASA에서는 이 전구를 우주정거장에서 돌아온 우주비행사의 시차 적응을 위해서 사용했다. 2014년 소치 동계올림픽에 출전했던 미국 스키, 스노우보드 대표팀도 이 전구를 사용해서 현지 시간에 적응했다.

TV를 보면서 잠을 자야 잠이 더 잘 오고 깊은 잠을 잘 수 있다면 잠자리에서 TV 시청을 금할 필요는 없다. 잠을 자기 위해서 꼭 TV를 봐야 한다면 TV가 자동으로 꺼지도록 취침 예약을 하고 TV를 켜놓되 화면의 밝기를 낮추고 TV로부터 멀리 떨어져서 잠을 자면 된다. TV 시청 시간이 늘어날수록 비만과 당뇨병 발생 위험이 커지고 어린이의 정신건강과 성장발달에 나쁜 영향을 미친다는 사실은 기억해야 한다.

잠들기 전에 하지 말아야 할 것

우리가 먹는 음식은 대부분 수면에 영향을 주지 않는다. 하지만 카페인이 들어있는 커피나 차, 술, 수면제 같은 약물은 수면에 영향을 준다. 특히 커피는 각성 효과 때문에 수면을 방해한다고 알려져 있지만 우리나라의 커피 소비량은 세계 2위를 기록할 정도로 커피를 마시는 사람이 많다. 커피전문점은 저녁 9시 이후에도 사람들의 발길이 끊이지 않는다.

한국무역협회 2016년 자료에 따르면 국가별 1인당 연평균 커피 소비량은 일본이 383잔으로 세계 1위를 차지했고 우리나라는 338잔으로 세계 2위다. 친구를 만날 때, 회의를 할 때, 식사 후에 으레 커피를 마신다.

카페인이 들어있는 커피나 차, 초콜릿은 30분이 지나면 뇌에 각성 효과가 나타나고 1시간 후에 혈중 농도는 최고치에 도달한다. 이후 간의 효소에 의해서 분해되면서 혈중 농도는 점차 감소하여 3~7시간이 지나면 혈중 카페인은 반으로 줄어든다. 보통 커피 한 잔에 들어있는 카페인은 100밀리그램이다. 나이, 활동량, 신진대사에 따라 다르지만 5시간 정도 지나면 50밀리그램만 몸 안에 남는다. 카페인의 효과가 지속되는 시간은 카페인을 섭취한 시간대와 수면 빚, 나이, 내성에 따라 다르다.[41]

커피나 차, 초콜릿을 통해서 섭취한 카페인은 즉시 효과를 나타내지 않는다. 카페인의 각성 효과가 나타나려면 시간이 필요하다. 그렇기 때문에 커피를 마시고 바로 일을 시작하려고 해서는 안 된다. 카페인 성분이 몸 안에서 분해되는데 시간이 걸리기 때문에 수면의 질을 생각한다면 저녁 6시 이후에는 커피나 홍차를 마시지 않는 게 바람직하다.

술은 마시는 양에 따라서 수면을 방해할 수도 있고 수면에 도움을 주기도 한다. 수면의 질과 술의 관계에는 '골디락스의 원칙'이 적용된다. 골디락스의 원칙은 영국의 동화 '골디락스와 곰 세 마리'에서 유래되었다. 너무 많지도 적지도 않은 적당한 양의 술은 수면의 질을 높여준다. 와인이나 맥주 한두 잔은 수면을 도와준다. 약간의 술은 그동안 쌓인 수면 빚이 발현되도록 해서 깊은 잠이 들도록 도와준다. 하지만 저녁에 3~5잔 이상 술을 마시면 오히려 각성 효과가 나타난다. 늦은 밤에 마시는 술도 수면을 방해한다. 잠을 자야 하는 시간에 술을 마시면 몸에서 알콜을 분해하면서 불면증을 일으키기도 한다. 잠자리에 들기 전에 술을 마셔야 잠을 잘 잔다는 사람이 있다. 잠들기 전에 마시는 술은 빨리 잠드는 효과가 있을지는 몰라도 술로 잠을 청하면 뇌의 일부가 쉬지 못하게 된다. 이런 상태로 잠을 자면 일어날 때 머리가 아프고 상쾌한 기분도 들지 않는다. 술을 마시고 잠을 자는 습관을 가진 사람이 술을 마시지 않으면 수면 만족도는 떨어진다. 수면의 질을 높이기 위해서 술을 마신다면 이른 저녁에 한두 잔 정도가 적당하다.[42]

치료 목적으로 먹는 약에도 수면에 영향을 주는 성분이 있는지 확인해야 한다. 교대 근무를 하는 직업을 가진 사람들은 근무 일정이 바뀔 때 낮과 밤이 바뀌어 숙면을 취하지 못하게 된다. 이럴 때 수면제를 복용하는 사람들이 있다. 대부분의 수면제는 병적으로 잠을 잘 수 없을 때는 효과가 있지만 수면의 질을 높여주거나 수면 부족 문제를 해결하는 효과는 없다. 수면제가 자연적으로 수면을 유발하기보다는 왜곡된 형태의 수면, 즉 얕은 잠이 지속되는 수면을 발생시키기 때문이다. 수면제는 일시적으로 잠이 들게 할 뿐이다.

TV 시청도 수면을 방해하는 요소로 지목된다. 의사들은 현대인들의 수면장애 원인을 TV 시청과 연관이 있다고 말한다. TV 시청이 직접적으로 수면에 어떤 영향을 미치는지에 대해서 명확하게 밝혀지지 않았지만 세 가지 이론이 제기되고 있다. 첫 번째는 생리학적인 면에서 TV가 사람들의 생리 주기에 영향을 미친다는 이론이다. 잠들기 전에 TV를 시청하면 화면에서 나오는 빛블루라이트이 멜라토닌 분비를 억제해서 깨어있는 시간과 잠을 자는 시간의 주기에 영향을 준다. 두 번째는 폭력적인 프로그램을 시청할 경우 심리적인 면에 영향을 미친다는 이론이다. 특히 어린이와 청소년이 나이에 맞지 않는 프로그램을 시청하면 잠을 자면서 몸과 마음의 긴장을 풀지 못해서 숙면을 취하지 못한다. 세 번째는 TV 시청 시간을 조절하지 못해서 잠드는 시간이 늦어지고 그로 인해서 생체 리듬이 깨진다는 것이다.

TV 시청을 휴식이라고 생각하는 사람들이 많다. 몸을 쉬게 하는 데는 TV 시청이 효과가 있지만 뇌가 휴식을 취하는 데는 나쁜 영향을 준다. 화면에서 계속 뇌에 정보를 보내기 때문에 오히려 더 잠이 안 온다. 잠이 오지 않아서 TV나 책을 보는 사람도 있다. 잠이 오지 않더라도 불을 끄고 뇌가 쉴 수 있게 해야 한다. 잠이 오지 않아도 괜찮다고 생각하고 불을 끈 방에서 눈을 감고 있으면 잠을 자는 것처럼 뇌가 휴식을 취하는 효과를 얻을 수 있다.[43]

쿨리지 효과

미국 30대 대통령 캘빈 쿨리지는 하루에 11시간 이상 잠을 잔 것으로 유명하다. 캘빈 쿨리지 대통령이 영부인과 함께 농장을 방문했을 때의 일화는 유명하다. 농장에서 하루에 8~12번 짝짓기를 할 수 있는 수탉을 보여주자 영부인은 감탄하며 이렇게 말했다. "남편한테 저 수탉 이야기를 꼭 해주세요." 그 말을 전해 들은 대통령이 이렇게 물었다. "항상 같은 암탉과 그렇게 하는 거요?" 매번 다른 암탉과 짝짓기를 한다는 설명에 대통령은 이렇게 말했다. "가능하다면 아내에게 그 말을 꼭 전해주시오!"

농담 삼아 회자되는 이야기다. 이 이야기가 역사적으로 사실이든, 사실이 아니든 여러 명의 섹스 파트너가 기운이 나게 한다는 것은 '쿨리지 효과Coolidge effect'로 불린다. 일부 영장류 종의 암컷들 역시 성적인 새로움에 아주 흥미롭게 반응한다는 사실과 함께 쿨리지 효과는 일반적으로 수컷 포유류들과 관련이 있는 것으로 입증되었다.[44]

휴식을 동적 휴식과 정적 휴식으로 구분하는데 섹스는 대표적인 동적 휴식이다. 신체 동작을 수반하는 동적 휴식은 신체적, 이성적, 감정적인 회복이다. 섹스를 포함해서 요가, 태권도, 걷기, 자전거, 조깅, 골프, 수영, 정원 가꾸기 등이 동적 휴식이다. 정적 휴식은 신체 동작 없이 신체와 이성, 감정이 회복된다. 낮잠, 독서, 영화 감상, TV 시청이 대표적인 정적 휴식이며 기도와 마사지, 명상도 포함된다.[45]

남성들은 스트레스를 받으면 정력에 문제가 생기고 음경을 발기시키는 것도 평소보다 힘들어진다. 의학적으로 스트레스를 받으면 남성 호르몬인 테스토스테론의 분출이 줄어든다는 게 이유 중 하나다. 큰 상처가 나거나 병에 걸렸을 때도 남자들의 테스토스테론 수치는 정상 수치 이하로 떨어진다. 어려운 과제를 해결해야 할 때도 마찬가지다.[46]

직장에서 어려운 프로젝트를 진행할 때 또는 잦은 야근과 음주로 몸에 무리가 오면 동적 휴식보다 얼른 잠을 자는 편이 낫다고 생각한다. 절대적으로 수면시간이 부족하고 완전히 지친 상태라면 아무것도 안 하고 쉬고 싶은 마음이 든다. 이럴 때는 잠이 최고의 휴식이다. 하지만 섹스는 피로도 풀고 스트레스도 풀 수 있는 최상의 피로회복제라는 사실을 기억해야 한다.

생체 시계·수면분야 전문가 메튜 에들런드 박사는 잘 쉬는 법을 설명한 《휴식》에서 섹스는 편안함과 육체적·정신적인 휴식을 준다고 했다. 섹스를 하는 동안 완전히 흥분했을 때, 전적으로 만족했을 때 사람들은 정신적으로 자유롭고 개운한 기분, 행복감을 느낀다. 섹스는 육체적·정신적 휴식인 동시에 사회적인 휴식이기도 하다. 사회적 휴식의 힘은 강력하다. 작고 하찮은 것이라도 아내와 남편에게 하루 동안 있었던 일,

힘들었던 일, 즐거웠던 일 등을 이야기하면 사랑받고 서로 원하는 마음, 아끼는 마음, 위하는 마음을 느낄 수 있다. 배우자와 커뮤니케이션하면서 사회적인 휴식을 취하면 자존감이 높아지고 심장마비, 뇌졸중, 암을 예방하고 생존율도 높아진다.[47]

3장
명상으로 휴식하기

Rest & Relaxation

명상으로 휴식하기

"긴장을 풀고 파도소리를 들으세요. 마우스나 키보드는 건드리지 마세요." donothingfor2minutes.com
열심히 일하는데 창의적인 성과가 나오지 않는 것은 뇌가 휴식 없이 필요 이상으로 움직이기 때문이다.

Rest & Relaxation

명상은 그냥 눈을 감고 앉아있는 상태

눈을 감고 앉아 있는 동안 마음이 편해지면 그걸로 된 거다

일하는 것도, 쉬는 것도 기술이 필요하다. '잘 놀아야 일도 잘 한다'는 말 때문에 휴일에는 여기저기 여행을 다녀야 한다고 생각하는 사람들이 많다. 가장 잘 노는 방법 중 하나가 여행이다. 휴가 기간을 정하면 으레 "어디 갈 거야?"라고 묻는다. 많은 사람들이 휴가라는 말에서 여행을 떠올린다. 하지만 휴식을 위해서 필요한 건 몸과 마음을 재충전하는 시간이다.

명상에는 성공도 없고 실패도 없다. '그냥 앉아있는 상태'가 명상이다. 헤매는 것, 집착하는 것, 갈망하는 것. 마음을 혼란스럽게 하는 기운을 직접 대면하고 그 생각들이 사라질 때까지 아무것도 하지 않는다. 잡념을 가라앉게 하려면 '그냥 앉아있기'에 충분한 시간을 들여야 한다. 치열하게 노력할 필요도 없다.

글쓰기를 독려하는 시인이자 소설가 나탈리 골드버그는 《인생을 쓰는 법》에서 잡념이 가라앉게 하려면 마음이 저절로 고요해질 때까지 그대로 내버려 두라고 했다. 좌선은 마음에 가까이 다가가는 방법이다. 좌선을 하는 동안 아무런 방해 없이 머릿속의 생각과 만날 수 있다. 의자나 방석에 가부좌를 틀고 앉아서 편한 자세로 자신을 느낀다. 코로 숨을 들이마시고 입으로 내쉬면서 배와 가슴이 오르락내리락하는 것을 느끼면서 마음을 고정시킨다. 자신을 붙들어 매고 마음이 돌아올 곳을 마련해 놓지 않으면 산만한 생각에 휘둘려 길을 잃을지도 모른다.

좌선에 몰두하고 있을 때 너무 깊게 빠져들면 말이나 소리가 방해가 될 때가 있다. 고요하고 편안할수록 의식은 더 뚜렷해진다. 이런 상태를 지관타좌只管打坐라고 한다. 한자대로 풀이하면 잡념이 섞이지 않고 오로지 좌선에 집중하는 상태를 뜻한다. 지관타좌는 어떤 계획이나 대상에 이끌리는 일이 없이 생각을 비우고 완전히 깨어있는 상태다.[1]

지관타좌는 쉽게 말해서 그냥 앉아 있는 상태다. 앉아 있는 동안 마음이 편해지면 그걸로 끝이다. 좌선을 행하면 깨달음을 얻는다는 사람도 있지만 수도승들도 마음의 안정은 쉽게 얻지 못한다. 좌선을 할 때 뇌파의 변화를 알아보기 위해서 승려들을 대상으로 실험을 했다. 조금이라도 흐트러진 상태의 뇌파에서는 딩동댕 소리가 나는 모자처럼 생긴

측정기를 승려들에게 씌웠다. 그 결과 명승이라고 알려진 승려가 좌선을 하고 있을 때만 한참이 지나도록 소리가 나지 않았고 젊은 승려들은 좌선을 시작한 지 얼마 안 가서 딩동댕 소리가 났다.[2]

좌선을 해서 모두가 깨달음을 얻는 것은 아니지만 좌선을 하고 있을 때 뇌파가 극히 안정되는 것은 과학적으로 입증되었다. 독일의 신경정신학자 한스 베르거가 발견한 뇌파는 네 종류다. 눈을 감으면 알파파$_\alpha$가 나타나고 깨어 있을 때는 베타파$_\beta$가, 어린아이들에게는 세타파$_\theta$가 나타난다. 깊은 수면 시에는 델타파$_\delta$가 나타난다. 어린아이들에게 나타나는 세타파가 성인에게 나타날 때도 있다. 마음이 편안할 때 성인에게도 세타파가 나타난다.

눈을 감고 좌선을 하면 명상을 시작한 지 1분 정도 뒤에 알파파가 나타나고 알파파의 진폭이 점점 커지고 주기가 길어지면서 세타파가 나타나기 시작한다. 그리고 눈을 뜨면 알파파는 사라진다. 이렇게 좌선은 심리적인 안정을 찾는데 도움이 된다.[3]

명상이 몸과 마음에 미치는 긍정적인 효과는 과학적으로, 의학적으로 입증되었다. 명상을 하면 안정 상태의 뇌파가 나타나고 자율신경계에 속하는 교감 신경_{에너지를 소비할 때 작용하는 신경으로 우리 몸을 활동적으로 만든다}과 부교감 신경_{휴식을 취하거나 잠을 잘 때 활성화되며 심장 운동과 호흡을 진정시킨다}이 조화를 이룬다. 눈을 감고 그냥 앉아 있는 것만으로도 자율신경계의 조화가 이루어지고 근육이 이완되는 효과가 있다.

깊은 호흡만으로도 마음이 차분해진다

규칙적인 명상이 스트레스를 완화시키는 데 효과가 뛰어나다는 사실은 다양한 연구를 통해서 입증되고 있다. 명상에 익숙하지 않은 사람도 명상을 하면 마음이 편안해지는 것을 느낀다. 작은 일에도 지나치게 당황하고 흥분하던 사람도 명상을 하면 평온하게 하루를 보낼 수 있게 된다. 명상은 우리 뇌를 최상의 상태로 바꿔놓는다. 명상을 하기 위해서 개량 한복을 입고 수행에 들어갈 필요는 없다. 뇌의 화학 작용을 바꿔서 스트레스를 더 잘 관리하는 장소만 확보하면 된다.[4]

가장 유명한 명상은 '마음 챙김 명상Mindfulness meditation'이다. '마음 충만 명상'이라고도 한다. 마음 챙김 명상은 말 그대로 마음을 챙기는 명상으로, 집중력을 향상하고 스트레스와 통증을 해소하는 데 도움을 준다. 마음 챙김 명상은 베트남의 승려 틱 낫한Thich Nhat Hanh이 쓴 《Living Buddha, Living Christ》에 자세하게 설명되어 있다. 명상하는 방법은 간단하다. 45분 동안 조용히 앉아서 숨을 들이마시고 내쉬는 행위, 즉 호흡에만 집중한다. 잡념이 생기면 다시 정신을 가다듬고 호흡에 집중한다. 이렇게 해서 잡념을 떨친다.[5]

명상에서 중요한 것은 호흡이다. 깊은숨을 쉬기만 해도 마음이 차분해진다. 숨을 깊게 들이마시면서 숫자를 열까지 세는 방법은 몸의 생리적인 기능과 뇌의 화학작용에 관여한다. 깊은 숨쉬기를 하면 더 많은 산소를 뇌에 공급할 수 있다. 명상을 꾸준히 실천하면 마음이 차분해질 뿐만 아니라 뇌에 산소가 공급되어 뇌기능도 향상된다. 숨을 깊게 들이 마시고 내쉬기만 해도 머리가 맑아지고 학습효과, 판단력, 사고력 등이 좋아진다.

하버드대학 의과대학 허버트 벤슨 교수는 명상을 통해서 스트레스를 해소하고 심신의 건강을 회복하는 방법을 《이완반응The Relaxation Response》과 《심신효과The Mind/Body Effect》에 소개했다. 허버트 벤슨 교수는 1967년 초월명상Transcendental meditation 수행자 36명을 대상으로 연구한 결과, 명상 전후에 혈압, 심장박동수, 체온 등 생리현상이 뚜렷하게 변하는 것을 밝혀냈다.[6]

초월명상 수행자들은 명상을 하는 동안 평소에 호흡할 때보다 [17]퍼센트 정도 산소를 덜 쓰고, 1분당 심장 박동 수가 3회 떨어지고, 잠잘 때 나타나는 뇌파인 세타파가 증가했다. 허버트 벤슨 박사는 명상이 이완반응을 일으키기 때문에 스트레스 완화에 도움이 된다고 주장했다. 초월명상은 마하리시 요기가 창시한 명상법이다. 초월명상 수행자들은 만트라깨달음을 얻기 위해서 외우는 주문를 반복해서 되뇌면서 상념과 근심을 떨쳐버리면 잠에 빠지기 직전처럼 의식이 몸에서 분리된 듯한, 초월의식 상태에 도달한다고 믿는다. 초월명상은 종교적인 색채가 강해서 미국에서는 신비주의 요소가 없는 지각명상Mindfulness meditation을 하는 사람들이 많다.[7]

지각명상은 메사추세츠대학의 존 카밧 진 교수가 창시했다. 초월명상은 잡념을 무시하고 만트라에 집중하지만 지각명상은 명상하는 도중 딴생각이 나면 오히려 그 생각에 주의를 기울인다.

명상을 하는 사진에는 숲 속에 양반다리로 앉아서 눈을 감고 있는 모습이 많다. 명상은 어디서나 할 수 있지만 호흡이 중요하기 때문에 산소 공급을 원활하게 받을 수 있는 숲 속이 좋다. 한의학에서는 호흡을 단순히 공기의 유입으로 보지 않는다. 호흡을 할 때 기운이 함께 들어온다고 생각한다. 공기空氣에서 '공空'은 폐에서 거두어들이고, 에너지인 '기氣'는 단전에 쌓인다고 본다. 어린아이처럼 깊고 편안한 호흡을 할 때 몸에 필요한 기운이 아랫배 깊은 곳에 쌓인다고 여긴다. 어린아이들의 숨은 깊고 부드럽고 풍부하다. 근심 걱정이 적기 때문이다. 생각이 많고 복잡하면 호흡이 점점 위로 뜬다. 아랫배로 숨을 쉬던 호흡이 가슴으로 올라오고 나중에는 목으로 올라온다. 그러면 호흡이 가빠진다. 명상은 호흡을 아래로 내려준다. 호흡과 함께 마음도 내려가고 근심, 걱정, 스트레스도 줄어든다.[8]

시험을 앞두고 긴장될 때, 생각과 걱정이 많을 때 깊은 숨을 여러 번 쉬면 진정되는 효과가 있다. 호흡은 마음을 다스리는 도구이고 호흡을 다스리는 수행이 명상이다. 천천히 코로 숨을 들이마시고 입으로 내뱉는 깊은 호흡은 몸과 마음을 이완 상태로 만든다. 명상을 하면 근육의 긴장도 풀리고 마음도 편해진다. 스트레스가 쌓인다고 느낄 때면 언제 어디서나 명상을 실천하자. 명상을 한 후에는 기분이 전환되고 자신감도 생긴다.

Rest & Relaxation

현재에 집중했을 때 일어나는 일들

현재에 집중하면 과거의 후회와 미래의 걱정이 사라진다

명상의 종류는 매우 많다. 호흡에 집중하는 명상이 가장 일반적이고 차 명상, 걷기 명상, 웃음 명상, 청소 명상, 지하철 명상, 화장실 명상 등 매우 다양하다. 차 명상은 차의 향과 맛을 음미하면서 차에 집중하는 명상이고 걷기 명상은 걷는 행위에 집중하는 명상이다. 한적한 숲길을 걸으면 걷기에만 집중하게 되고 아무 생각도 나지 않는다. 음악을 들으면서, 지하철에서, 화장실에서 장소를 가리지 않고 명상을 할 수 있다. 이런 명상은 현재 상태에 집중하는 명상법이다.

따로 명상할 시간을 내기 어려운 직장인이라면 쉬는 시간에 산책하며 즐기는 걷기 명상이나 소리 내어 웃어보는 웃음 명상을 하는 것도 좋다. 사무실이 조용하다면 차 명상이나 음악 명상도 좋다.

관찰 명상은 사물이나 현상을 있는 그대로 관찰하는 명상으로 호흡에만 집중하지 않는다. 호흡에 집중하는 명상은 일상생활을 방해하기 때문에 따로 시간을 내야 실천할 수 있다. 관찰 명상은 주위에서 일어나는 현상을 있는 그대로 주시하는 명상이다. 방법이 간단하고 쉽게 실천할 수 있다. '비파샤나vipasyana'는 대표적인 관찰 명상이다. 비파샤나는 산스크리트어로 '사물을 분별하여 집착하지 않는다'는 뜻이다. 자신에게 일어나는 현상에 대해서 관찰하면서 집착하지 않는 것이 비파샤나 명상이다.[9]

자기 본성을 관찰하고 마음속의 속박에서 벗어나 자유를 얻는다고 해서 스트레스가 심한 사람들에게 권하는 명상이다. 관찰 명상은 스티브 잡스의 독창성이 명상에서 나왔다고 해서 직장인들의 관심을 끌었다. 명상의 본질이 알려지기 전에는 명상을 신비한 것으로 생각하는 사람들이 많았지만 명상의 효과가 과학적으로 입증되면서 명상을 실천하는 사람들이 늘어났다. 명상의 효과는 사람에 따라서 다르다. 명상의 종류와 실행하는 방법은 달라도 현재에 집중하는 본질은 똑같다.

관찰 명상은 실제로 벌어지는 일을 그대로 보는 훈련이다. 실제를 그대로 보는 것이 명상이 가지고 있는 힘이다. 실제를 정확하게 보고 실제에 맞게 실행하면 일이 잘 풀린다. 실제를 제대로 보지 못하고 실제와 다른 생각을 하면 일이 잘 되지 않는다. 모든 일은 실제에서 따라 일어나기 때문이다.

생각은 생각일 뿐이다. 생각은 과거와 미래로 마음이 간 것이다. 명상을 통해서 현재의 모습, 즉 본질에 집중하는 훈련을 하면 마음이 항상 지금 이 자리에 있게 되고 생각이 과거나 미래로 갔을 때 바로 알아차릴 수 있다. 지나간 일에 대해서는 후회를 하고 앞으로 다가올 미래에 대해서는 걱정을 한다. 모든 근심과 걱정은 생각에서 비롯된다. 과거와 미래에 대해서 생각을 하고 있는지도 모르는 사이에 하지 않아도 될 생각을 하고 그 생각은 후회와 걱정으로 이어진다. 그래서 생각을 다스리는 방법을 배워야 한다.[10]

현재에 집중하는 관찰 명상은 과거의 후회나 아직 일어나지도 않은 일에 대한 걱정을 없애기 때문에 자연스럽게 긴장이 풀리고 마음이 차분하게 가라앉는다. 머릿속에 복잡한 생각이 많으면 몸도 긴장한다. 이럴 때 현재에 집중해서 본질을 관찰하면서 과거와 미래에 대한 생각을 멈추면 몸이 이완되고 마음도 차분해진다.[11]

명상을 하면 지금 이 순간에 충실하게 된다

명상은 여행처럼 날을 잡거나 하루 또는 며칠 동안 시간을 내지 않아도 실천할 수 있다. 짧게 해도 좋고 30분 정도 길게 해도 좋다. 일본의 명상 강사 와타나베 아이코는 《세계의 엘리트는 왜 명상을 하는가》에서 사람들이 생활방식에 맞게 명상을 유연하게 활용할 수 있도록 1분 코스,

5분 코스, 10분 코스, 20분 코스로 나눠서 명상법을 소개했다. 시간에 쫓기는 직장인들을 위해서 짧은 시간 동안 명상을 실천할 수 있게 다양한 코스를 만들었다.

가장 짧게 하는 1분 명상은 감사의 마음을 갖게 해준다. 1분 명상은 눈을 감고 편안한 자세로 의자에 앉아서 양손을 무릎 위에 올리고 손바닥은 천장을 향하게 한다. 가슴 한가운데 의식을 집중하면서 감사할만한 일을 떠올리고 감사하는 마음이 천천히 온몸으로 퍼지는 것을 음미한다. 감사하는 마음을 가지면 긍정적인 감정으로 바뀐다. 5분 명상은 같은 자세로 심장박동에 감각을 집중한다. 심장박동을 소리로, 감각으로 느끼면서 몸이 이완된다. 10분 명상도 자세는 똑같고 호흡에 집중한다. 숨을 크게 들여 마시고 천천히 내쉬기를 반복하면서 공기의 흐름을 느낀다. 숨을 마시고 내쉬는 데 집중하면 생각이 멈추면서 고요함을 느낄 수 있다. 비교적 긴 시간을 할애하는 20분 명상에서는 주문 같은 만트라를 마음속으로 반복해서 되뇌면서 잡념을 없앤다. 숨을 들이쉬면서 '소' 내쉬면서 '함'을 반복하면 잡념이 사라진다.

명상할 수 있는 시간이 더 있다면 오래 할 수도 있지만 하루에 두세 번 정도 짧게 반복하는 것도 좋다.

구글은 직원 교육에 마음챙김 명상을 도입했다. 2007년부터 '내면 검색Search Inside Yourself, SIY'이라는 이름의 마인드풀니스 프로그램을 시작했다. 이 프로그램은 구글에서 가장 인기가 높다. 구글의 내면 검색 프로그램 참가자들은 다른 사람의 말에 귀를 기울이게 되었고 에너지가 높아져 깨달음을 얻게 되었다. 마인드풀니스는 우리말로 '마음 챙김'이다. '지금 이 순간에, 평가나 판단과는 무관한 형태로 주의를 의도적으로 집중함으로써 떠오르는 의식 상태'를 말한다.[12]

일을 완료해야 하고 반드시 성공해야 한다는 강박을 가진 사람들은 앞만 보고 달리는 경주마처럼 하루하루를 산다. 명상을 실천하면 모든 것을 내려놓는 방법을 배울 수 있다. 구글에서 도입한 마음 챙김 명상은 규칙적이고 반복적으로 해야 효과가 있다. 운동도 꾸준히 해야 효과가 있는 것처럼 정신적인 유연성과 회복성을 높이려면 아침과 점심에 10분 정도 시간을 내서 명상을 실천해보자.

명상을 하면 마음이 차분해진다고 하는 이유는 현재, 지금 이 순간에 충실할 수 있기 때문이다. "그때 그랬더라면", "예전엔 좋았는데..." 이런 말을 하면서 과거에 얽매여 산다고 바뀌는 건 없다. '10년 후에 부자가 돼야지', '이렇게 살면 편안한 노후를 보낼 수 없어'라고 생각하며 막연한 미래를 걱정하는 사람도 있다. 이런 생각도 아무 소용없다. 과거가 아무리 좋았더라도 돌아갈 수 없고 미래는 아직 오지 않았다. 때문에 현재에 충실한 삶을 사는 게 최선이다. 다람쥐 쳇바퀴 돌 듯 쉴 틈 없는 일상이지만 명상으로 하루에 두 번 생각을 멈추면, 현재에 집중하는 능력이 생긴다. 명상으로 현재에 집중하는 능력을 키우면 직장에서 집안일을 걱정하고 퇴근 후에 직장에서 하던 일을 걱정하는 모습은 사라진다.

Rest & Relaxation

월요병, 세계인이 모두 겪는 증상

주말 우울증과 월요병을 고치는 방법

학교와 기업에서는 주5일 근무를 한다. 토요일에 오전 근무를 하던 때보다 휴일이 늘어났다. 직장과 학교에 가는 평일에는 오늘 해야 할 일과 목표에 대한 부담 때문에 피곤해도, 몸 상태가 좋지 않아도 일을 하고 공부를 한다. 하지만 주말이 되면 급격하게 무력감에 빠진다. 몇 주 전에 친구와 주말에 놀러 가기로 약속을 하고도 당일이 되면 취소하고 싶을 정도로 육체적인 휴식이 필요할 때도 있다.

평일에는 아무렇지도 않다가 주말만 되면 열이 나고 급격하게 몸 상태가 나빠지기도 한다. 때로는 휴가 계획을 다 세워놓고 휴가가 시작하는 날 몸살에 걸려서 휴가를 망치는 일도 벌어진다. 휴일이 시작되기 전 날이나 금요일 저녁에는 내일은 출근하지 않는다는 안도감과 일에 대한 해방감 때문에 기쁘다. 이런 기분은 휴일이 시작되는 토요일 아침까지만 유지된다. 일요일 오후가 되면 휴일이 끝나고 월요일에 출근해야 한다는 생각으로 마음이 무겁다. 휴일이나 휴가, 방학의 공통점은 시작하기 전이 가장 즐겁다는 것이다.

일요일 밤에 방송하는 '개그 콘서트'의 엔딩을 알리는 밴드 음악을 학생, 직장인, 주부 모두 좋아하지 않는다. 휴일의 끝과 월요일의 시작을 알리는 소리로 들리기 때문이다. 일본의 정신신경과 고가 요시히코 교수는 《주말 우울증》에서 평일에는 아침에 일찍 일어나지만 주말에는 늦잠을 자는 사람, 주말마다 컨디션이 좋지 않은 사람, 휴일에 기분이 상쾌하지 않은 사람, 휴일에도 회사 일에 신경 쓰는 사람은 주말 우울증에 걸리지 않았는지 의심해봐야 한다고 했다.

주말 우울증은 사람마다 증상이 다르지만 공통적으로 월요병이라고 부른다. 휴일이 끝나는 일요일 밤에는 잠도 오지 않아서 월요일 아침에는 다른 날보다 더 피곤하다. 주말 우울증과 월요병은 피곤함, 무기력, 우울증을 유발하지만 정식 질병은 아니다. 단순히 부정적인 심리상태의 한 종류로 분류된다. 영어로 표현할 때도 병처럼 '질환', '증후군'이라는 말을 붙이지 않는다. 우울하다는 뜻을 가진 블루스를 넣어서 '먼데이 블루스Monday blues'라고 한다.[13]

2004년 영국 유니버시티칼리지 보건역학과 연구진은 월요병의 단서가 될 만한 사실을 찾았다. 우리 몸에서 분비되는 호르몬 중에서 코르티솔은 스트레스에 저항하는 에너지를 만든다. 코르티솔은 잠에서 깬 직후에 신체를 활성화하는 역할을 한다. 코르티솔은 눈을 뜬 후에 20분이 지나면 최대치에 도달한다. 연구진은 평일과 주말의 차이점을 알아내기 위해서 47~59세 남녀 196명을 대상으로 코르티솔 수치를 측정했다. 그 결과 일터로 출근하는 평일에 주말보다 훨씬 높은 수치의 코르티솔이 분비되는 것을 확인했다. 2009년 일본 쇼와대학교 연구진은 3만2천 명의 기록을 분석해서 월요일에 자살할 확률이 휴일보다 1.5배 이상 높다는 사실을 발견했다. 2011년에는 월요일 아침에 일어난 후 오전 11시가 지날 때까지 직장인 대부분이 웃음을 보이지 않는다는 조사가 발표되기도 했다.[14]

심각한 경우 자살로도 이어지는 주말 우울증과 월요병을 어떻게 하면 극복할 수 있을까? 주말에 늦게까지 잠을 자는 습관부터 고쳐야 한다. 늦잠을 즐기는 것도 좋지만 평일과 주말의 일과에서 차이가 심하면 신체 리듬이 깨진다. 주말에 더 피곤하다고 느끼는 이유도 리듬이 깨지기 때문이다.

조금 더 잠을 자는 건 좋지만 휴일에도 규칙적인 생활을 해야 한다. 그래야 몸의 균형이 깨지지 않는다. 주말에도 업무에 대한 고민 때문에 스트레스를 받는다면 친구나 가족에게 이야기하는 것도 좋다. 고민을 털어놓는 것만으로도 기분이 좋아지는 효과를 볼 수 있다. 주말에 잘 쉬어야 더 열심히 일할 수 있기 때문에 주말은 오로지 나를 위한 시간으로 보내야 한다. 평소에 보지 못했던 방송, 영화를 보는 것도 좋고 취미 생활이나 가벼운 운동을 하는 것도 좋다.

금요일 밤부터 일요일 밤까지 휴일이라는 생각을 버려야 한다. 금요일 밤은 주말을 만끽하기 위한 도움닫기의 시간이고 토요일은 몸을 움직이는 시간으로 정한다. 몸을 혹사하는 운동이나 쇼핑, 여행, 모임도 토요일에 하는 것이 좋다. 일요일은 몸과 마음을 편안하게 하는 시간, 일요일 저녁은 월요일부터 활기차게 일하기 위해서 준비하는 시간으로 정해두면 주말 우울증이 한결 줄어든다.[15]

일본의 정신과 의사 니시다 마사키는 일요일 저녁에 휴일이 끝나는 것 때문에 우울하다면 다음 주말 계획을 세우거나 조만간 여행을 가고 싶은 곳에 대해 알아보면서 기분 좋은 상태를 유지할 것을 권한다. 그러면 '주말이 끝난다'가 아니라 새로운 한 주를 맞이하는 기대감이 기쁨, 즐거움을 느끼게 해주는 신경전달물질 도파민을 분비해서 행복감을 느끼게 된다.

아예 놓아버리는 시간 만들기

주말에 잘 쉬었는데 월요일에 출근하려고 하면 왠지 모르게 무기력하고 피곤하다. 주말 후유증, 월요병은 우리나라 사람들만 겪는 현상이 아니다. 세계적으로 많은 사람들이 주말 후유증과 월요병 증세를 보인다. 월요병, 만성피로라는 말로 증상을 단정하고 마음을 편하게 갖고 스트레스를 받지 말라는 조언을 하지만 편한 마음을 갖기도 어렵고 스트레스를 받는 상황에서 벗어나기도 어렵다.

쉬어도 피곤한 이유는 크게 세 가지다. 첫째, 절대적인 수면시간의 부족이다. 둘째, 일과 가정생활을 완벽하게 하면서 개인적으로 하고 싶은 활동까지 하려고 한다. 셋째, 쉴 때는 으레 TV를 본다. 주말에 쉬는 동안 육체적인 피로는 풀리지만 정신적인 피로는 풀지 못해서 계속 피로가 쌓인 상태로 지낸다.

정신적 휴식은 아무 생각도 안 하는 게 아니라 집중과 밀접한 관련이 있다. 정신적으로 집중력이 높고 주변에 대한 주의는 낮아진 상태를 자기 최면이라고 한다. 자기 최면은 적극적인 휴식의 형태다. 명상에 익숙한 사람들은 15분 정도의 명상으로 정신적으로, 육체적으로 에너지가 솟아오르게 만든다.[16]

육체적으로 에너지가 떨어졌을 때 피로하다고 말한다. 하지만 정신적으로 피곤할 때는 피로감을 느낀다고 말한다. 피로와 피로감은 거의 같은 의미로 사용하지만 둘은 의학적으로는 전혀 다르다. 피로가 쌓이면 신체적인 활동능력이 저하된다. 피로감은 개인이 느끼는 정신적인 활동능력의 저하다. 피로감은 심리적인 것으로 마음가짐에 따라 피로감이 커질 수도 있고 작아질 수도 있다. 보람 있는 일이나 창의성을 고취시키는 일은 육체적인 피로를 주지만 정신적으로 피로감을 주지 않는다. 매일매일 성취감이 피로감을 감춰서 정신적으로 피로한 지 느끼지 못하다가 큰 프로젝트를 끝내고 긴장이 풀리면 몸살을 앓으며 고생하는 사람들이 있다. 피로감을 느끼지 못하는 동안에도 몸에는 피로가 쌓이기 때문이다. 최악의 경우 이런 일이 반복되면 피로감 없는 피로가 쌓여서 과로사에 이르기도 한다.[17]

리더십 분야의 명강사로 꼽히는 로버트 K. 쿠퍼는 《100퍼센트 인생경영》에서 정신적인 휴식 시간을 '아예 놓아버리는 시간'이라는 이름을 붙이고 정신적 휴식을 취하는 방법을 여섯 단계로 나눠서 설명했다.

첫 번째, 시계를 풀고 완전한 휴식을 취한다. 많은 사람들이 시간에 쫓기며 산다. 정신적으로 느끼는 피로감은 대부분 촉박한 시간에서 비롯된다. 휴식을 끝낼 시간을 정한 다음, 시계를 거꾸로 뒤집어 놓고 앞으로 어떤 일이 벌어질지 걱정하지 말고 쉰다.

두 번째, 세상사에 대한 관심을 지운다. 새로운 정보에 빠르게 대처하지 않으면 손해를 본다는 생각을 하면서 산다. 장기적인 관점에서 보면 정보를 흘려보내는 행동은 인간에게 부정적인 영향을 미치지 않는다. 인터넷, TV, 라디오를 통해서 접하는 정보는 대부분 별다른 가치가 없다. 하지만 매체에서 뉴스를 보고 사소한 일에 흥분해서 지적, 정서적 상실감에 휩싸인다. 이런 사실을 인식한 사람들은 너무 많은 정보와 불필요한 정보를 덜어내려고 노력한다.

세 번째, 가장 편한 자세로 휴식을 취한다. 세상사에 대한 관심을 접어두고 편안한 자세로 휴식을 취하면 긴장과 걱정은 저절로 사라진다.

네 번째, 즐거운 생각을 한다. 잘 웃는 사람들이 더 건강하고 활동적이고 스트레스에 대한 회복도 더 빠르다. 유머와 웃음은 스트레스를 해소하고 긴장을 완화한다.

다섯 번째, 자연에서 휴식을 취한다고 상상한다. 실제로 자연에서 휴식을 취하면 좋겠지만 피로감을 느낄 때마다 산으로, 바다로 떠날 수는 없다. '숲', '바다', '평화' 같은 단어를 생각하면서 머릿속으로 자신이 숲이나 해변에 있다고 상상한다. 정신적 휴식을 위해서 자연에서 휴식한다는 상상으로 자기에게 최면을 거는 것이다. 잠깐 동안이지만 이런 상상만으로도 머리가 밝아지는 느낌을 받을 수 있다.

여섯 번째, 삶에 대한 거시적인 안목을 키운다. 우리 몸의 에너지는 팔거나 살 수 없고, 아껴둔다고 쌓이지도 않는다. 자연에서 휴식을 취한다는 상상을 하면서 바쁜 일상에서 한 걸음 물러나면 잠시라도 걱정을 잊을 수 있다. 자기 최면을 통해서 집중력을 회복하고 다시 시작하는 힘이 생긴다.

정신적인 휴식의 효과를 얻으려면 하루에 두세 번 정도 자기 최면을 실천하면 된다. 오전 일과로 피로감을 느끼는 점심 식사 전, 퇴근 후 이른 저녁 시간, 그리고 잠들기 전에 최면을 실천하면 정신이 맑아지고 기분이 좋아진다.

Rest & Relaxation

아무 생각도 하지 않기

생각 멈추기는 집착을 멈추는 행동기술

학교, 직장을 다니는 사람들은 여유를 갖는 시간을 주말로 미룬다. 주말에는 아무 일도 안 하고 편하게 쉬겠다고 생각한다. 그러다가 주말에도 해야 할 일이 생기면 일주일 동안 여유를 갖지 못하고 계속 공부와 일에 끌려 다닌다. 요일에 상관없이 쉬고 싶을 때는 아무 일도 하지 않는 여유를 가져야 한다. 길게는 한나절, 짧게는 한두 시간 당당하게 여유를 즐겨도 아무런 일도 일어나지 않는다.

여유를 즐기려면 연습이 필요하다. 여유를 즐기는 연습은 집에서 해야 한다. 집 안에서 빈둥거리는 연습을 해본다. 어느 순간부터 갑자기

느리게 살려고 하면 여기저기서 빨리 해야 할 일들이 끊이지 않고 튀어나오기 때문에 평소에 여유를 즐기는 연습을 해둬야 한다. 여유를 즐기려면 어떤 일이든지 도중에 그만둘 수 있어야 한다.

집에서 여유를 즐기는 연습을 했다면 자연에서도 연습해야 한다. 진정한 자유를 꿈꾼 데이비드 소로는 "산책을 하러 집을 나서지만 어디로 발걸음을 옮겨야 할지 정해져 있지 않다. 그저 마음 가는 대로 따라간다."라고 했다. 데이비드 소로는 정처 없이 거니는 것을 좋아했다. 사람들이 말하는 걷기와 그가 말하는 걷기는 전혀 다르다. 소로는 두세 시간 정도 걷다 보면 전혀 예기치 않은 낯선 땅에 이르는데 이런 식의 걷기를 '소요'라고 명명했다. 소로는 자진해서 가난한 삶을 택했고 그날 벌어서 그날 먹는 생활을 당연하게 받아들였다.[18]

'여유 있게 산다'는 말에서 여유는 경제적인 여유를 뜻하는 경우가 많다. 많은 사람들이 경제적인 여유를 얻기 위해서 거의 모든 것을 포기하고 '바쁨'을 선택한다. 바쁨을 선택한 사람들은 일을 할 때도 정신없이 바쁘고 바쁜 일이 끝난 후에도 일과 상관없이 계속 바쁘다.

데이비드 소로는 이런 말을 남겼다. "바쁜 것만으로는 충분하지 않다. 개미도 바쁘기는 마찬가지다. 문제는 왜 바쁘냐는 것이다."

분주하게 일하면서도 바쁘지 않을 수는 없을까? 바쁘게 보이지 않으려고 하던 일을 멈추거나 일을 하는 속도를 늦추라는 의미는 아니다. 여유 없이 매일 바쁜 일상을 살고 있다면 지금 필요 없는 일을 하고 있는 건 아닌지 생각해보자. 그리고 걷기처럼 반복적이고 단순한 활동을 찾아서 한 시간 정도 실천해보자. 일하면서 뭉쳤던 어깨 근육도 풀어지고 긴장 상태로 있던 정신도 맑아진다.

노스웨스턴대학의 인지신경과학자 마크 융 비먼 교수는 아르키메데스가 목욕탕에서 부력의 원리를 발견한 것처럼 예상치 못한 순간에 사람들이 통찰력을 발휘할 때 뇌에 생기는 변화를 연구했다. 그 결과 기분 좋은 사람이 통찰력을 이용해서 수수께끼를 더 잘 푸는 이유를 발견했다. 지나치게 집중할 경우 통찰력과 창의력을 활용한 문제해결 능력이 저하되거나 아예 발휘가 안 될 수도 있다. 오히려 집중하지 않으려는 노력이 통찰력을 키운다.[19]

너무 바쁘면 몸과 마음이 긴장한다. 긴장을 푸는 방법은 여유를 갖는 것이다. 아무 일도 안 하고 그저 쉰다고 여유가 생기지는 않는다. 휴식을 통해서 여유를 찾으려면 머릿속에서 들리는 모든 소음을 꺼야 한다. 소음을 끄는 방법은 '생각 멈추기'다. 생각 멈추기는 집착을 멈추게 하는 행동기술이다. 스포츠 경기의 휴식 시간처럼, 짧은 휴식을 규칙적으로 여러 번 가져야 한다. 짧은 휴식을 취하면 맑은 정신으로 집중해서 일할 수 있다.

일이든 공부든 좋은 결과에만 집착하면 스트레스를 받는다. 그러면 긍정적인 결과를 기대하기는 어렵다. 이럴 때 생각 멈추기는 집착하는 생각을 멈추게 해준다. 방법은 간단하다. 결과에 집착해서 스트레스를 받는다면 '그만'이라고 큰 소리로 외치고 아무 생각도 하지 말고 집착을 멈추는 것이다. 이렇게 말하고 잠시 쉬면 마음에 여유가 생긴다.[20]

아무 생각도 하지 않을 때 뇌는 활성화된다

미국 워싱턴대학 의과대학 마커스 라이클~Marcus Raichle~ 교수는 자기공명영상을 연구하다가 놀라운 사실을 발견했다. 실험 참가자들이 테스트 문제를 풀기 위해 집중하면서 생각에 골몰하기 시작하자 두뇌 특정 영역의 활동이 늘어나는 게 아니라 줄어들었다. 집중하면 두뇌 활동이 활발해진다고 생각했던 마커스 라이클 교수는 깜짝 놀랐다. 테스트 문제에 집중할 때 활동이 줄어든 두뇌의 특정 영역은 아무것도 하지 않을 때 본격적으로 활동을 시작했다. 테스트 문제를 푸는 시간이 끝나고 참가자들의 집중이 멈추자 이 영역의 활동은 비약적으로 늘어났다.

예상과 달리 두뇌는 정신적으로 아무것도 하지 않을 때 그 활동이 더 활발해졌다. 이 같은 신경 활동의 기묘한 특성을 디폴트 모드 네트워크~Default mode network~라고 한다. 디폴트 모드 네트워크의 발견은 두뇌 연구가 일구어낸 가장 흥미로운 성과로 여겨지고 있다.[21]

마커스 라이클 교수의 연구는 뇌는 '사용할수록 활성화된다'는 기존 연구를 뒤집고 '인간의 뇌에는 생각에 몰두할 때 활동이 줄어들고 아무것도 하지 않을 때 오히려 활성화되는 영역이 있다'는 사실을 입증했다. 컴퓨터를 리셋하면 초기 설정 상태~default~로 돌아가는 것처럼 아무 생각도 하지 않고 휴식을 취할 때 인간의 뇌는 피로가 쌓이기 전의 초기 상태로 회복한다.

아침에 눈을 뜬 순간부터 스마트폰으로 시간을 확인하고 메시지를 확인한다. 출근길에 뉴스를 본다. 하루 종일 무언가를 본다. 영화를 보거나 게임을 하면서 휴식을 취한다고 생각하지만 그 순간에도 뇌는 쏟아져 들어오는 정보를 계속 받아들인다. 인터넷과 스마트폰 덕분에 검색이 생활화되었고 정보가 유통되는 속도도 매우 빨라졌다. 많은 정보를 수용하기 위해서 우리 뇌는 하루 종일 쉴 틈이 없다. 컴퓨터도 여러 가지 프로그램을 실행하면서 느려지는 것처럼 뇌도 처리할 정보가 너무 많으면 지친다. 정신적으로 피곤하다는 말은 뇌가 지쳤다는 의미다.

스탠퍼드대학 자비·이타심 연구 교육센터 에마 세페라 과학분과장은 '창의성에 가장 큰 걸림돌은 지나치게 바쁜 것'이라고 했다. 열심히 일하는데 창의적인 성과가 나오지 않는 것은 뇌가 휴식 없이 필요 이상으로 움직이기 때문이다.[22]

디폴트 모드 네트워크를 우리말로 하면 '멍때리기'다. 멍때리기에도 좋은 멍때리기와 나쁜 멍때리기가 있다. 정신건강의학과 신동원 교수는 《멍때려라》에서 좋은 멍때리기는 경험과 머릿속의 지식·정보를 편집하고 재구성해서 통찰과 새로운 아이디어를 얻는 효과가 있다고 했다. 반대로 나쁜 멍때리기는 나쁜 생각이 꼬리에 꼬리를 물어 부정적인 감정이 지속되고 우울증과 불안이 심해져서 감정소모로 이어질 수도 있다고 했다.

전설적인 투자자 워렌 버핏은 매일 아침마다 창밖이나 천장을 바라보는 것으로 하루를 시작하고 GE의 전 회장 잭 웰치는 매일 생각을 비우는 시간을 갖는다. 스티브 잡스도 아무 생각 없이 숲길을 걷는 것을 즐겼다.

멍때리는 방법은 다양하다. 향초에 불을 붙이고 바라보거나 어항 속 물고기를 보고 있으면 생각이 없어진다. 인터넷에서 파도치는 소리, 숲에서 새가 지저귀는 소리를 들려주는 동영상을 찾아서 눈을 감고 듣고 있는 것도 효과가 있다.

2분 동안 아무것도 하지 못하게 하는 donothingfor2minutes.com을 즐겨찾기 해놓고 하루에 한두 번 들어가는 것도 좋다. 이 사이트에 접속하면 바다와 수평선이 펼쳐진 화면이 나오고 파도 소리가 들린다. 화면에는 "긴장을 풀고 파도소리를 들으세요. 마우스나 키보드는 건드리지 마세요Just relax and listen to the waves. Don't touch your mouse or keyboard."라는 메시지가 나온다. 잠시 후 2분이 카운트다운 된다. 마우스나 키보드를 건드리면 'Try Again'이 화면에 표시되고 다시 2분이 카운트다운 된다.

혼자만의 공간에서 아무 일도 하지 않는 시간을 갖는다

아무것도 하지 않는 모습에 익숙해질 필요가 있다. 카리브해 사람들은 자신에게 주어진 일을 마친 후에 가족, 친구들과 함께 '라임'할 수 있는 시간을 부여받는다고 믿으며 성장했다. '라임하다liming'라는 말은 아무 일도 하지 않으면서 죄책감 없이 자기가 좋아하는 건전한 일을 하는 것을 뜻한다. 카리브해 사람들은 하루 일과가 끝나는 순간부터 일에 대한 생각을 머릿속에서 지운다.

'라임하다'라는 말은 3백 년 전에 생겨났다. 카리브해에 위치한 트리니다드 섬에 살았던 사람들은 처음으로 건강한 유럽인들이 탄 배가 해안에 도착하는 모습을 보았다. 다른 배들에는 괴혈병을 앓아 죽었거나 죽어가는 유럽인들이 타고 있었지만 마지막으로 도착한 배에는 라임이 실려 있었고 선원들은 건강했다. 선원들은 괴혈병을 예방하기 위해서 항해하는 기간 동안 라임을 먹으며 적당한 휴식을 취했다. 라임이 실려 있던 배를 타고 온 선원들은 건강해 보였다. 이때부터 '라임하다'라는 말이 생겨났다.[23]

계획을 세워서 일하는 사람은 많지만 계획을 세울 때 휴식을 넣는 사람은 거의 없다. 사람들은 주말에 TV를 보거나 잠을 자면서 흘려보낸다. 이렇게 시간을 보내고 주말 내내 아무것도 못했다고 자책한다. 아무 일도 하지 않는 휴식시간을 갖기 위해서 계획을 세우지 않는다.

해야 할 일을 잠시 접어두고 일상을 벗어나는 시간을 갖는 것은 몸과 마음의 건강을 유지하는데 매우 큰 역할을 한다. 중년 남성을 대상으로 한 심장병에 대한 연구에 따르면 5년 동안 자주 휴가를 보냈던 사람들은 이후 9년 동안 심장병을 비롯한 다른 질환으로 사망할 확률이 낮았다. 이런 수치는 소득 수준과 건강한 정도에 관계없이 똑같이 나타났다.[24]

의사를 비롯해서 여러 분야의 전문가들이 스트레스의 긴장으로 발생하는 질환과 휴식의 중요성을 강조하지만 대부분 무시한다. 아무 일도 하지 않으면 성과를 올릴 수 없고 시간만 낭비한다고 생각한다. 지금 하던 일을 끝내고 쉬겠다고 한다. 이렇게 생각하면 절대로 쉴 수 없다. 아무리 열심히 노력해도 해야 할 일은 끝도 없이 나온다.

'오늘 안 해도 되니까 내일 하자'는 생각으로 해야 할 일을 잠시 미루는 것과 열심히 일한 후에 죄책감 없이 쉬는 것은 분명히 다르다. 오늘 해야 할 일을 오늘 끝내는 것이 이상적이지만 매일 밤늦게까지 야근을 해도 끝나지 않는 일이라면 충분히 쉬고 다음날 다시 열심히 일하는 편이 낫다.

죄책감을 느끼는 것과 상관없이 아무 일도 하지 않는 것은 말처럼 쉽지 않다. 아무 일도 하지 않으려면 혼자 있어야 한다. 가족이나 동료와 함께 있는 공간에서 아무 일도 하지 않기는 어렵다. 혼자 조용히 있는 공간에서 TV, 라디오, 컴퓨터, 스마트폰을 모두 끈다. 우편물, 전단지, 신문, 책 아무것도 없어야 한다. 최대한 편한 자세로 앉아서 아무 생각도 하지 않는다. 일어나고 싶은 충동을 억누르고 시간을 낭비하고 있다는 생각도 하지 않는다. 아무 일도 하지 않는 이 시간은 몸과 마음, 영혼을 채우는 생산적인 시간이다.

아무 일도 하지 않는 시간에 익숙해지려면 노력이 필요하다. 할 일이 없을 때 지루하거나 불안감을 느낄 수도 있다. 휴식시간을 더 알차게 보내기 위해서 운동을 해야겠다고 생각하거나 요가나 힐링 프로그램을 찾을 필요는 없다. 아무 일도 하지 않는 시간을 편한 마음으로 보내기만 해도 휴식의 효과는 나타난다.

4장

스트레스 때문에 휴식은 더 절실하다

Rest & Relaxation

스트레스 때문에 휴식은 더 절실하다

"우리를 괴롭히는 피로는 대부분 정신적인 것에서 온다. 단순히 육체적인 원인에서 비롯된 피로는 매우 드물다." J.A 하드필드

Rest & Relaxation

하지 않아도 되는 걱정을 하며 사는 사람들

불안감이 우리를 쉬지 못하게 만든다

　사람들은 휴식이 필요한 순간에 잠깐이라도 쉬면 뒤처질 것 같아서 불안하다고 말한다. 뒤처진다는 생각 때문에 휴식을 뒤로 미룬다. 연인이나 친구들과 여행을 가면 그럭저럭 시간을 보내지만 혼자 있을 때는 쉬면 안 된다고 생각하고 할 일을 찾는다.

　지금 하고 있는 일을 다 끝낸 후에, 목표를 이룬 후에 쉬겠다고 이야기한다. 하지만 지금 하는 일이 끝나면 다른 일이 또 생긴다. 목표를 세우고 지금 하고 있는 일을 성취하면 틀림없이 다음 목표가 기다리고 있다.

　신학박사 안젤름 그륀은 쉬지 않고 계속 일만 하는 사람은 자신을 이

성적으로 관리하지 못한다고 하면서 이렇게 말했다.

"당신은 시대의 불안, 끝없는 소음, 죽음으로 이끄는 조급증에 시달리고 있다. 누구나 휴식을 동경하지만 동시에 휴식 무력증에 걸려있다. 당신은 잠시도 일에서 손을 뗄 수 없다. 당신은 잠시 휴식을 취하는 순간에도 내면의 소음과 복잡한 생각, 근심, 두려움, 죄책감, 자신이 원하는 대로 인생이 흘러가지 않을지도 모른다는 불안감에 시달리고 있다. 그래서 휴식은 불편하기만 하다. 결국 당신은 사방에서 쏟아지는 소음 속에서 자신을 내맡긴다. 당신은 마음을 불편하게 하는 휴식을 피하려고 다시 일로 도망친다."[1]

미래에 대한 불안감, 걱정, 우울한 기분이 들면 기분 전환을 해서 축 처진 기운을 원래 상태로 되돌려놓아야 한다. 일 년에 한 번뿐인 휴가, 며칠 동안 시간을 내서 여행을 떠날 때까지 불안감과 우울한 기분을 방치하면 안 된다. 어떤 방법이든지 상관없다. 우울한 기분을 해소하는 자기만의 방법을 찾아야 한다. 시간을 내서 차분하게 마음을 달래는 휴식이 아니라 기분을 전환하는 방법을 자주 실행해야 한다. 매일 한 시간씩 모든 일을 제쳐놓고 자기만을 위해서 휴식을 취하는 습관을 들여야 한다. 책을 읽고, 산책, 쇼핑을 하는 것도 좋다. 때로는 멍하니 TV를 보는 것도 나쁘지 않다. 온전히 자신을 위한 휴식 시간은 새로운 기분으로 일할 수 있는 힘을 불어넣는다.

여성심리학자 수잔 놀렌 혹스마Susan Nolen Hoeksema는 우울한 기분 때문에 고민하는 대학생들을 두 집단으로 나눠서 실험을 했다. 8분 동안 시간을 주고 한 집단의 학생들에게는 자기 자신에 대해서 생각하라고 했고, 다른 한 집단의 학생에게는 하늘에 떠 있는 구름의 모양에 대해서 생각하라고 했다. 구름의 모양에 대해서 생각하라고 한 이유는 자신에 대한 생각이 아닌 다른 생각을 하게 만들기 위해서였다. 자기 자신에 대해서 생각한 집단은 더 우울하고 심각한 기분에 빠졌다. 오래전에 있었던 나쁜 기억까지 떠올리는 학생도 있었다. 하지만 구름의 모양에 대해서 생각한 집단의 학생들은 상대적으로 좋은 기분을 느꼈고, 심리적으로 안정적인 상태가 되었다.[2]

심신이 지쳐있을 때 자기가 해야 할 일에 계속 집중하면, 좋은 상황에서도 심각해진다. 이럴 때는 자신을 심각하게 만드는 상황에서 벗어나 여유를 주어야 한다. 휴식은 에너지를 만드는 힘을 가지고 있기 때문에 어떤 방식으로든 쉬고 나면 상황은 달라진다.

심리학 박사 수잔 제퍼스는 두려움을 유행병에 비유하면서 사람들은 시작을 두려워하고 끝도 두려워한다고 했다. 두려움을 극복하는 방법은 마음을 바꾸는 것이다. 마음을 바꾸면 두려움은 성공을 가로막는 장애물이 아니라 신경 쓰지 않아도 되는, 하찮은 것이 된다.

쉬면 뒤처질 것 같은 불안감 때문에 휴식을 포기하는 건 나중에 치명적인 독이 된다. 음식에 든 독이나 돌에 걸려 넘어지는 것은 피하려고 하면서 쉬지 않고 일하면서 받는 스트레스를 피하려고 하지 않는다. 개구리를 뜨거운 물에 넣으면 즉시 뛰어나온다. 하지만 차가운 물에 넣고 서서히 가열하면 개구리는 점점 뜨거워지는 물에 아무런 반응도 하지 않다가 결국 죽는다. 잠시라도 쉬면 뒤처진다는 생각으로 계속 일만 하면 온도는 점점 올라가고 그 온도에 익숙해질 무렵 건강은 이미 망가진 상태가 된다.

쉬면 뒤처진다는 생각을 '잃어버릴 게 없다'는 생각으로 바꾸자. 휴식을 선택했을 때 일어날 수 있는 모든 긍정적인 일들을 적어보자. 휴식을 선택한 후에 더 좋은 결과가 나올 수 있다. 집과 사무실에 "어떤 결정을 내리든 잃을 것은 없다."라고 써놓고 불안감을 느낄 때마다 스스로를 환기시켜야 한다. 이런 글도 써두자. "걱정하지 말자! 어떤 일이 일어나도 감당할 수 있다!" 마음먹은 대로 되지 않아도 뭐 어떤가? 그럴 수도 있다고 생각하자. 모든 일은 마음먹기에 따라 달라진다. 결정을 내린 후에 결과가 어떻게 되든 감당할 수 있다는 자신감이 생기면 마음도 편안해진다.[3]

걱정과 불안, 스트레스를 관리하는 능력 키우기

'걱정도 팔자'라는 말이 있다. 모든 사람들은 몇 가지 걱정을 가지고 있다. 아마 이 세상에 걱정이 없는 사람은 없다. 누구나 걱정이 있다. 나만 빼고 모두가 차분하게 해결책을 찾아서 걱정 없이 사는 것처럼 보인다. 누구나 걱정을 하지만 걱정에 반응하는 방식은 사람마다 다르다. 경기가 나쁠 때는 직장을 잃거나 대출금과 이자에 대한 걱정을 한다. 세입자들은 보증금이나 월세가 오르는 걱정, 경제적인 상황이 바뀔 때도 걱정을 한다. 때로는 좋은 일이 생겨도 걱정하는 사람들이 있다. 좋은 일, 나쁜 일을 막론하고 거의 모든 사람이 걱정을 하며 산다.

사람들은 일어날 확률이 매우 낮은 일에 대해서도 걱정한다. 집을 나설 때 전등을 끄는 습관이 있는 사람도 휴가지로 여행을 떠나면서 거실에 전등을 켜고 나온 것 같은 생각에 사로잡힌다. 이것을 '비이성적인' 혹은 '비논리적인' 걱정이라고 부른다. 이런 걱정은 하지 않아도 되는 걱정이다. 예를 들면 이렇다. 가스 불을 켜놓고 집을 나온 게 아닐까? 운전하다가 사람이나 강아지를 치지 않을까? 이렇게 일상적인 상황에서 일어날 확률이 낮은 일까지 걱정하는 것은 어리석다.[4]

걱정이 전혀 없는 것도, 지나치게 걱정이 많은 것도 좋지 않다. 적당한 걱정과 불안은 우리가 최고의 기량을 발휘할 수 있도록 도와준다. 1908년에 미국의 심리학자 로버트 여키스와 존 도슨은 각성과 수행에 관한 논문에서 최상의 효율은 중간 수준의 불안 상태에서 발생한다는 법칙을 소개했다.

여키스와 도슨은 미로 상자에 쥐를 풀어놓고 어느 정도의 전기 자극을 주어야 가장 빨리 출구를 찾는지 알아보는 실험을 했다. 전기 자극이 약하면 쥐들은 출구를 찾아 천천히 돌아다녔고 전기 자극의 강도를 높이면 쥐들은 출구를 찾기 위해 민첩하게 돌아다녔다. 실험을 하면서 전기 자극의 강도를 더 높이자 민첩하게 돌아다니던 쥐들은 미로의 규칙을 기억하지 못하고 출구를 찾는 시간도 오래 걸렸다. 이 실험으로 성취동기가 너무 강하면 과도한 스트레스를 받아서 능력을 충분히 발휘하지 못하고 반대로 성취동기가 너무 약하면 집중력이 떨어지고 능력을 발휘하지 못해서 성과가 낮아진다는 사실을 발견했다. 이것을 '여키스-도슨 법칙Yerkes-Dodson Law'이라고 한다.[5]

중요한 것은 걱정과 불안, 스트레스를 관리하는 능력이다. 이런 능력은 모든 사람에게 있다. 때로는 불안과 걱정의 심리 상태를 활용해서 좋은 결과를 만들기도 한다. 감당할 수 있을 만큼의 걱정거리는 긍정적으로 작용한다. 스트레스를 관리하는 방법은 심상기법coping imagery, 숙련된 이미지 연상법mastery coping, 이완기법relaxation technique 세 가지다.[6]

첫 번째, 심상기법은 스포츠 심리학자들이 중요한 경기를 앞둔 운동선수에게 적용하는 방법이다. 체조선수가 연기할 프로그램의 단계별 자세를 연상하면서 일어날 수 있는 실수를 체크하고 그 실수를 극복하는 방법까지 생각해서 실제로 경기 도중 실수를 하면 신속하게 대처하도록 해주는 기법이다. 두 번째, 숙련된 이미지 연상법은 긍정적인 이미지를 되풀이해서 연상하면 잘할 수 있다는 자신감이 생기고 그 자신감을 이용하는 방법이다. 세 번째, 이완기법은 마음을 진정시켜주는 음악을 듣거나 아주 편안한 자세로 쉬고 있는 자신의 모습을 구체적으로 상상해서 불안한 마음을 다스리는 방법이다.

《느리게 사는 즐거움》을 쓴 어니 젤린스키는 일주일에 나흘 정도만 일을 하고 달 이름에 'R'자가 들어가지 않는 5월May, 6월June, 7월July, 8월August에는 무조건 일을 하지 않는다. 그는 사람들이 걱정하는 일의 40퍼센트는 절대로 일어나지 않을 미래에 관한 일들이라고 했다. 30퍼센트는 이미 일어난 일에 대한 걱정, 22퍼센트는 사소한 일에 대한 걱정, 4퍼센트는 우리가 바꿀 수 없는 일에 대한 걱정이다. 나머지 4퍼센트만이 우리가 대처해야 하는 진짜 일이다. 다시 말하면, 우리가 하는 걱정거리의 96퍼센트는 쓸데없는 것이다.

충분히 일어날 수 있는 나쁜 상황을 걱정하는 것을 나쁘다고 말할 수는 없다. 하지만 안 좋은 일들을 생각하는 데 골몰한 나머지 대처해야 하는 진짜 문제에 대한 해결책을 생각하지 않는다면 그것처럼 어리석은 일은 없다. 최악의 상황을 고민하는 이유는 '어떻게 대처할 것인가'라는 질문에 답을 얻기 위해서다. 걱정만 하고 해결책을 찾지 않는다면 눈앞에 문제는 해결할 수 없다. 우리가 걱정하는 이유는 어떤 상황이 벌어지기 전에, 상황이 더 나빠지기 전에 예측하고 대비하기 위해서다.

멘탈 터프니스 이론

스포츠 심리학자 짐 레이어 박사는 강한 정신력을 뜻하는 '멘탈 터프니스Mental toughness 이론'을 발표해서 스포츠 심리학계의 주목을 받았다. 짐 레이어 박사는 1994년 릴레함메르 동계올림픽 스피드스케팅 남자 1000미터 종목에서 금메달을 딴 댄 잰슨 선수의 심리 카운슬링을 했다.

레이어 박사는 멘탈 터프니스 이론에서 두 가지를 주장했다. 첫 번째는 '하루 단위로 에너지를 완전히 연소할 것'. 최상의 심리상태에서 잠자리에서 일어나 밤에 잠자리에 들 때까지 17~18시간 동안 자신이 갖고 있는 에너지를 완전히 연소해야 잠재력을 온전히 발휘할 수 있다. 두 번째는 '회복'이다. 댄 잭슨 선수가 금메달리스트가 될 수 있었던 결정적인 요인은 '회복'에 있다. 대부분의 코치와 트레이너는 경기장에서 선수가 최고의 기량을 발휘하는데 초점을 맞춘다. 선수가 슬럼프에 빠졌을 때는 트레이닝에 문제가 있거나 경기에 대한 부담감 때문이라고 분석한다. 심리적으로 부정적인 사람은 쉴 때 몸과 마음에 에너지를 제대로 보충하지 못한다.[7]

몸만 쉬게 한다고 체력이 회복되는 것은 아니다. 정신적인 에너지를 보충하지 않으면 부정적인 상태가 되고 노력에 비해서 성과가 오르지 않는다. 단순히 움직이지 않는다고 체력이 회복되지는 않는다. 적극적으로 움직일 때 신체적, 이성적, 감성적인 변화가 일어난다. 그러면 몸과 마음은 재충전되고 피로 상태에서 회복할 수 있다.

LGE 스포츠 과학 연구소의 제임스 E 로어는 테니스 선수들이 경기 사이의 휴식을 취하는 모습을 관찰했다. 테니스 선수들에게 이 시간은 정지한 상태로 근육을 쉬게 하는 시간이 아니라 몸과 마음을 이상적인 상태로 만드는 회복 시간이다.

강하게 단련된 선수들은 휴식 시간에 신체적, 정신적 스트레스에서 회복하지만 단련되지 못한 선수들은 이 시간을 그냥 흘려보낸다. 세계 최고 수준의 남자 선수들과 여자 선수들의 휴식 시간을 비교·조사한 결과는 모두 비슷했다. 사고방식, 호흡방식, 자세, 눈 동작, 얼굴 표정도 비슷했고 라켓을 드는 방식도 닮았다. 세계 최고 수준의 기량을 가진 선수

들은 경쟁에서 오는 신체적·정신적 스트레스 회복의 명수들이었다.[8]

신체적, 정신적으로 완전히 회복하려면 감정을 조절하는 방법을 배워야 한다. 긍정적인 감정이 강한 상태에서 의욕, 활기, 도전 의지, 집중력, 유대감, 소속감 등이 최고조에 이른다. 부정적인 상태에서는 회복하는 속도도 더디다. 부정적인 감정이 에너지 체계를 원활하게 작동하지 못하게 하기 때문이다.

실패에서 빨리 회복하는 사람이 있고, 재기에 어려움을 겪는 사람이 있다. 심리학자 에미 워너와 루스 스미스 교수는 실패에서 빨리 회복하는 사람과 좌절하는 사람에 관해서 연구한 결과 '회복탄력성 지수RQ, Resilience Quotient'라는 개념을 내놓았다. 회복탄력성 지수가 높은 사람은 일곱 가지 특성이 있다. 감정을 통제할 줄 알고, 충동을 잘 참아내고, 문제의 원인을 정확히 진단해서 해결한다. 그리고 공감 능력이 뛰어나고, 적극적인 도전정신과 무슨 일이든 해낼 수 있다는 자신감이 있다. 마지막으로 주어진 상황이 언젠가는 좋아질 것이라고 믿는 낙관성을 가지고 있다.[9]

성공이 보장되어 있지 않더라도 고난은 언젠가 끝이 난다. 그다음에는 찬란한 빛이 있다는 믿음, 즉 긍정적인 태도는 어려운 상황에서도 앞으로 계속 나아가는 힘을 주고 신체와 정신을 빠르게 회복하도록 도와준다.

Rest & Relaxation

정신적인 피로와 스트레스를 푸는 방법

감정노동으로 쌓인 피로는 정신적 휴식으로 푼다

영국의 유명한 정신의학자 하드필드는 《힘의 심리》에서 "우리를 괴롭히는 피로는 대부분 정신적인 것에서 온다. 단순히 육체적인 원인에서 비롯된 피로는 매우 드물다."라고 했다. 미국의 정신의학자 브릴 박사는 "건강한 신체를 가진 감정노동자의 피로는 거의 전부가 심리적 요소, 즉 감정적 요소가 원인이다."라고 주장했다. 감정적 요소는 사람들을 더 지치게 만든다. 정당한 평가를 받지 못하는 데서 오는 부정적인 감정, 헛수고를 했다는 생각, 불안감, 고민 등이 피곤하게 만든다. 이런 것들이 감기의 원인이 되고 두통을 일으키고 생산성의 감소로 이어진다.

부정적인 감정으로 생기는 신경성 긴장 때문에 몸까지 피로해진다.[10]

마음속 깊은 곳에서 즐거움이 생겨나 자연스럽게 표정으로 드러나는 웃음과 사회생활에서 인위적으로 만들어내는 웃음은 다르다.

심리학에서는 진정한 미소를 '뒤센 스마일Duchenne smile', 억지 미소는 '팬 아메리칸 스마일Pan-American smile'이라고 한다. 미소를 최초로 학문적으로 연구한 심리학자 뒤센의 이름을 따서 뒤센 스마일이라고 부르고 팬 아메리칸 항공사의 스튜어디스들이 손님에게 짓는 억지 미소에서 비롯돼서 팬 아메리칸 스마일이라고 부르게 되었다. 진정한 미소와 억지 미소를 구분하는 기준은 무엇일까? 그것은 까마귀 발 모양을 한 눈둘레근이다. 눈둘레근은 안륜근이라도 하며 눈가의 주름을 만드는데 관여한다.

웃을 때 눈둘레근이 움직이면 진정한 웃음이고 이 근육이 움직이지 않으면 억지웃음이다. 일반적으로 사람이 미소를 지을 때 16개의 근육을 움직이는데 눈둘레근은 의도적으로 움직이기 가장 어려운 근육이다. 의도적으로 눈둘레근을 움직여서 웃을 수 있는 사람은 열 명 중 한 명 뿐이다.[11]

육체적인 피로는 충분한 수면과 휴식으로 회복되지만 고민과 긴장, 감정의 혼란에서 오는 피로는 쉽게 풀리지 않는다. 쉬지 않고 노력해야 한다는 생각 때문에 우리는 항상 경직된 상태로 하루를 보낸다. 일을 할 때는 목과 어깨에 힘이 들어가고 집중할 때는 근육에 더 힘이 들어간다. 이렇게 경직된 상태는 우리 몸에 아무런 도움이 되지 않는다. 정신적인 피로를 풀어주는 것은 휴식뿐이다. 항상 긴장하는 것도 습관이다. 휴식도 습관으로 만들 수 있다. 나쁜 습관일수록 익숙해지면 없애기 어렵다. 이럴 때는 좋은 습관을 들여서 나쁜 습관을 밀어내야 한다.

정신적으로 피로가 쌓이면 뇌는 상처받는다. 몸의 상처처럼 뇌의 상처도 잘 치료해서 상처가 커지지 않도록 휴식을 취해야 한다. 뇌는 원래 상태로 돌아가려는 항상성이 있고 자연치료의 힘이 있어서 휴식을 취하면 건강한 상태로 회복된다. 일을 하다가 어떻게 해야 할지 몰라서 숨이 막혀오는 느낌이 들면 우선 생각을 멈춰야 한다. 마음속으로 '그만'이라고 생각하고 깊게 심호흡을 한다. 일 때문에 잠깐 다른 사람이 됐다고 생각하면서 자신과 일을 분리한다. 깊은 심호흡은 분노를 조절하는 효과가 있다.

고객과 상담을 하거나 회의를 할 때 토론이 교착 상태가 되면 회의실에는 산소가 줄어들고 이산화탄소는 급격하게 증가한다. 산소가 줄어든 상태에서는 계속 이야기를 나눠도 뇌가 제대로 움직이지 않는다. 이럴 때는 창문을 열고 환기를 하면서 잠시 쉬어야 한다. 크게 심호흡을 하면 신선한 공기가 뇌로 유입되고 정신이 맑아진다. 책상에서 일이나 공부를 할 때도 산소가 부족하면 뇌가 활발하게 움직이지 않는다. 자주 심호흡을 하면서 뇌에 산소를 보충해야 뇌가 원활하게 작동한다.

일로 스트레스가 쌓인 사람은 일에 관한 뇌가 지쳐있기 때문에 뇌를 쉬게 하기 위해서 다른 부분의 뇌를 사용해야 한다. 뇌는 여러 가지 생각을 동시에 하는 데 서툴기 때문에 노는 것에 몰두하는 '노는 뇌'를 움직이면 '일하는 뇌'는 휴식에 들어간다. 결과적으로 일하면서 쌓인 스트레스가 해소된다. 노는 뇌를 움직이는 활동으로는 영화·연극을 보거나 미술관에 가는 것이다. 예술은 사람을 감동하게 만든다. 영화, 연극, 예술 작품을 보고 감동할 때 뇌는 활발하게 움직인다. 감동은 뇌에 굉장히 좋은 작용을 하고 스트레스도 잊게 해준다.[12]

정신적으로 스트레스를 받을 때는 집에서 조용히 휴식을 취하는 것은 도움이 되지 않는다. 뇌가 감동할만한 대상을 찾아서 적극적으로 움직여야 한다.

인간관계에서 스트레스를 받는다면 일단 피하자

인간관계에도 휴식이 필요하다. 더 열심히 일하고 시간을 관리해서 더 많은 일을 하고 많은 사람을 만나서 인맥을 관리해야 성공할 수 있다는 이야기를 오랫동안 들었다. 시대가 바뀌면서 시각도 조금 바뀌었다는 것만 인정한다면 모두 맞는 말이다. 더 열심히 일하는 것은 일을 효율적으로 잘 하는 것으로 바뀌었고 시간을 쪼개서 더 많은 일을 해야 한다는 지침은 일과를 계획할 때 휴식시간도 포함해야 한다는 것으로 바뀌었다. 인맥을 관리하는 것도 다른 시각으로 바라봐야 한다.

혼자서는 살아갈 수 없기 때문에 인간관계는 중요하다. 필요에 의해서 또는 즐거움을 나누기 위해서 여러 사람들과 원만한 관계를 유지해야 한다. 문제는 인간관계에서 오는 스트레스다. 직장에서 인간관계,

SNS를 통한 인간관계 등 인맥의 역할과 중요성이 부각될수록 스트레스도 늘어난다. 어려운 일, 슬픈 일을 함께 하고 기쁜 일을 진심으로 축하해주는 사람이 필요하지만 사회생활을 하면서 이런 사람을 만나기는 쉽지 않다. 말하지 않아도 내 마음을 이해해주는 사람을 만나지 못한 사람들은 인간관계에서 스트레스를 받는다.

특정 인물과의 인간관계에서 갈등이 있다면 스트레스의 원인으로부터 도망치는 것이 해결책이 될 수 있다. 직장에서 상사나 동료에게 스트레스를 받았다면 잠시 동안 혼자 있는 것이 좋다. 집에서도 마찬가지다. 가족에게 스트레스를 받은 상태에서 같은 공간에 있으면 갈등만 고조된다. 이럴 때는 집에서 나오는 편이 낫다. 가출을 하라는 뜻은 아니다. 스트레스를 주는 사람이 있다고 해서 직장이나 가정에서 뛰쳐나와 먼 곳으로 떠나는 것은 현실적인 해결책이 아니다. 이럴 때는 스트레스를 주는 사람으로부터 일시적으로 탈출하는 '순간 탈출'이 효과가 있다.[13]

순간 탈출은 혼자만의 시간을 갖는 것이다. 인간관계에서 스트레스를 받았다면 잠깐 동안이라도 혼자 있는 시간을 갖자. 혼자만의 시간을 갖는 방법은 화장실에 가거나 혼자서 산책을 하는 것이다. 직장이나 학교, 장소가 어디든지 화장실은 혼자만의 공간이다. 건물 옥상에서도 혼자만의 시간을 보낼 수 있지만 우울증이 심할 때는 사고의 위험이 있기 때문에 옥상보다는 화장실에서 마음을 진정시키는 편이 낫다. 화장실에서 잠시 아무 생각도 하지 않고 있으면 기분전환이 된다. 스트레스의 원인이 되는 사람으로부터 일시적으로 떨어져서 긴장도 해소된다.

운전을 할 때 차간 거리를 지키는 것처럼 인간관계도 거리가 필요하다. 특정 인물 때문에 화장실에서 혼자 있는 이유는 스트레스의 원인이 되는 사람으로부터 스스로를 격리시키기 위해서다. 행동심리학에서는 인관관계의 거리를 '퍼스널 스페이스'라고 한다. 퍼스널 스페이스는 사람과 사람 사이에 거리로 이 거리까지는 다가와도 좋다 또는 이 이상 다가오면 불쾌하다는 신호를 보내는 보이지 않는 벽이다.

퍼스널 스페이스는 직장 동료, 연인, 가족 등 관계에 따라서 달라진다. 3.6미터 이상 떨어진 거리는 강연이나 연설에서 이용하는 거리다. 이 정도 거리에서는 감정을 섞어서 이야기하기 어렵다. 개인적으로 사귀고 싶지 않다고 생각할 때 이 정도 거리를 두면 된다. 1.2~3.6미터는 일을 할 때 적당한 거리다. 서로 커뮤니케이션은 할 수 있지만 몸이 닿지는 않는다. 마음을 허락한 사이에는 75센티미터~1.2미터의 거리를 유지하고 가족이나 연인, 친구 사이에는 45~15센티미터 정도로 가까운 거리를 유지한다. 이 거리는 매우 가까운 사이에만 허락되는 거리다.[14]

마음의 거리와 물리적인 거리는 인간관계에 따라, 상대방이 어떤 사람인가에 따라 달라진다. 물리적인 거리를 유지하는 것으로도 인간관계에서 오는 스트레스를 줄일 수 있다.

심리적 균형을 찾는 방법

"일에 치여 산다"고 말하는 사람들이 많다. 남들은 다 한가해 보이는 데 나만 바쁜 것 같은 기분이 들 때가 있다. 쉴 줄 아는 사람은 바쁜 일상 속에서 적극적으로 한가한 시간을 즐기며 살아간다. 말 그대로 실속 있는 삶을 산다. 이런 삶을 사는 사람은 성공과 실패를 거듭하면서도 차분하다. 심적으로 동요가 없어 보인다.

일이 잘 돼도, 일이 안 돼도 차분한 사람들은 잘 된 일도, 안 된 일도 쉽게 잊는다. 기억에서 지워지지 않더라도 굳이 기억하려고 애쓰지 않는다. '잘 잊으면 건강하고, 건강하면 잘 잊는다.'는 말이 있다. 병적으로 건망증이 있는 게 아니라면 잘 잊어버리는 능력은 몸과 마음을 텅 빈 상태로 만들고 신경을 덜 쓰게 하기 때문에 신진대사도 원활해진다.

기억해야 할 일이 많다면 잊어버리는 일도 많아야 균형을 이룰 수 있다. 과거에 실수했던 일 때문에 괴로워하는 사람은 심리적으로 불안정해서 자신에 대한 원망을 제어하지 못한다. 이런 상태가 지속되면 스트레스가 쌓여서 병에 걸리기 쉽다. 사람들은 스트레스를 받으면 폭식·폭음 등 바람직하지 않은 방법으로 스트레스를 해소한다. 심리적으로 안정을 찾으려면 잠을 자거나 좋아하는 일에 몰두하는 편이 낫다. 스트레스를 해소하는 게 말처럼 쉬운 일은 아니지만 즐거운 일을 하면서 괴로운 생각을 잊는 것이 심리적으로 균형을 찾는 방법이다.

실적을 올리지 못한 직장인, 시험에서 좋은 성적을 거두지 못한 학생은 심리적으로 괴롭다. 심리적인 균형을 찾지 못하는 사람들은 대부분 세 가지 유형의 행동을 한다. 첫째, 자기 자신을 자책한다. 둘째, 실수의 원인을 다른 사람에게서 찾는다. 셋째, 다른 사람의 실수도 자기 탓이라고 생각한다.

　세 가지 행동 모두 정신적으로 좋지 않다. 엎질러진 물은 주워 담을 수 없다. 자기 자신을 자책하는 것처럼 시간을 낭비하는 일도 없다. 실수를 반복하지 않기 위해서 되돌아볼 필요는 있지만 자책은 금물이다. 실수를 반복하지만 않으면 된다. 자책하다가 더 중요한 일을 놓치는 실수를 범할 수 있다.

　실수를 남의 탓으로 돌리는 사람도 있다. 자신의 불편한 심정이나 분노를 다른 사람에게 전가하는 것이다. 실수를 부하직원 탓으로 돌리는 상사들도 있다. 조직이나 시스템의 실수를 사람의 탓으로 돌린다. 이렇게 하면 일시적으로는 기분이 풀릴지도 모르지만 결국은 그 화가 자신에게 돌아온다. 실수를 한 자신을 용서하기 어렵다면 이성적으로 생각하고 심리적인 균형을 찾아야 한다. 괴로운 기억을 잊기 위해서 의식적으로 노력해야 괴로운 감정에서 벗어날 수 있다.

　다른 사람의 잘못까지 자기 탓이라고 생각하는 사람이 있다. 실수한 사람을 탓하지 않고 자신을 탓하는 사람은 인간관계까지 나빠질 것을 걱정한다. 차라리 내가 잘못했다고 생각하는 게 오히려 마음이 편하다고 생각한다. 하지만 그러는 동안 스트레스는 더 쌓인다. 이런 사람들은 대부분 맺고 끊음이 분명하지 않다. 해결할 수 있는 방법은 이성적으로 판단하는 습관을 들이는 것이다.

　자신의 실수, 다른 사람의 실수를 탓하는 것은 잘못된 행동이다. 실수를 했을 때는 같은 실수를 반복하지 않기 위해서 반성하고 나쁜 기억은 빨리 잊어야 한다. 나쁜 기억을 의식적으로 생각하지 않는 것은 어렵다. 생각하지 않으려고 하면 오히려 더 많이, 더 자주 나쁜 기억이 떠오른다. 실수했던 기억이 머릿속에서 지워지지 않으면, 운동을 하거나 눈앞의 일에만 집중하자. 틱 낫한 스님은 잡념을 떨쳐버리기 위해서 프랑스의 플럼 빌리지에서 정원을 가꾸는 노동에 열중했다. 달리기처럼 격렬한 운동을 하면 무아지경에 빠진다. 몸이 힘들면 나쁜 기억을 떨쳐낼 수 있다. 노동과 운동은 육체적인 활동에 집중해서 나쁜 기억을 잊게 해 준다.

나쁜 생각이 떠오를 때마다 정원을 가꾸거나 달리기를 할 수는 없다. 심리학자들은 나쁜 기억을 잊는 방법으로 충격 요법을 권한다. 손목에 고무줄을 끼고 있다가 우울한 생각이나 나쁜 생각이 들 때마다 고무줄을 튕겨서 충격을 주는 방법이다. 나쁜 생각이 들 때마다 고무줄을 튕겨서 반복적으로 충격을 주면 뇌는 기억하지 않는 방법을 학습한다. 이렇게 충격 요법을 사용하면 나쁜 기억을 떠올리는 횟수가 줄어들고 자연스럽게 심리적인 안정을 찾을 수 있다.[15]

Rest & Relaxation

기술이 발전해도 휴식 시간은 늘어나지 않는다

자동 면도기의 악순환

미국의 경제학자 니콜라스 제오르제스쿠뢰겐은 쉴 새 없이 쳇바퀴를 돌리는 현대인의 모습을 '자동 면도기의 악순환'이라고 했다. 빠르게 면도하는 이유는 시간을 절약해서 더 빨리 면도할 수 있는 자동 면도기를 발명하기 위해서인데, 이로써 더 많은 시간이 생기면 더 빨리 면도할 수 있는 자동 면도기를 개발하고…[16]

쉬지 않고 너무 오래 일을 하면 실수할 확률이 높아지고 실수를 하면 잘못된 부분을 고치기 위해서 더 많은 시간을 들여야 하는 악순환이 일어난다. 더 많은 시간을 일한다고 해서 일을 더 잘 한다고 단정할 수는 없다. 건축에서 구조가 단순할수록 더 튼튼하고 뛰어난 건물이 만들어지는 것처럼 일도 덜 하는 게 좋은 결과를 만들 때가 많다.[17]

기술이 발달하는 이유는 어려운 일을, 오래 걸리는 일을 더 쉽고 빠르게 해서 사람들에게 부담을 덜어주고 여가시간을 더 많이 만들어주기 위해서다. 하지만 기술이 발달할수록 여가시간이 늘기는커녕 더 줄어들었다.

기술의 발달로 시간을 절약하는 만큼 우리는 더 많은 것, 더 편리한 것을 원한다. 우편을 이용하던 시절과 비교하면 이메일과 메신저를 이용하는 요즘은 커뮤니케이션 속도가 엄청나게 빨라졌다. 하지만 우리는 과거와는 비교할 수 없을 정도로 많은 커뮤니케이션을 한다. 빠르고 편한 커뮤니케이션을 위해 개발된 이메일은 오늘날 시간을 잡아먹는 도구가 되었다.

기술의 발달로 능률이 오르고 시간을 관리하는데도 불구하고 계속해서 새로운 업무, 새로운 일이 생긴다. 시간 관리를 할수록 오히려 바빠지고 과중한 업무는 더 많아진다. 이것이 '자동 면도기의 악순환'이다.

바빠지는 이유는 간단하다. 해야 할 일을 줄이지 않기 때문이다. 해야 할 일, 주어진 일, 하고 싶은 일을 모두 잘 해내려고 하지만 결국 제대로 하는 일은 하나도 없다. 일의 완성도를 높이고, 여가 시간을 만들려면 해야 할 일을 줄여야 한다. 하고 싶은 일과 잘 하는 일에 집중하고 자신 없는 일은 굳이 맡아서 하지 않으면 된다. 우선, 일주일 단위로 해야 할 일을 정리하는 습관을 들여야 한다. 일요일 저녁이나 월요일 아침에 '이

번 주에 해야 할 일' 목록을 만든다. 해야 할 일 목록을 작성할 때는 하지 않을 일을 결정하는데 초점을 맞춰야 한다. 중요한 것은 주어진 일을 모두 해내는 게 아니라 하고 싶은 일, 잘 하는 일을 완성도 높게 마무리해야 한다는 점이다.[18]

추진력이 뛰어나다고 알려진 제네럴일렉트릭의 잭 웰치 회장은 이런 말을 했다. "일주일에 90시간을 일한다고 말하는 사람이 있다면 나는 이렇게 말할 것입니다. 자네는 무언가 대단히 일을 잘못하고 있군, 주말에 난 스키를 타러 간다네. 금요일 저녁엔 친구들과 밖에 나가서 파티를 즐긴다네. 자네도 그렇게 해야 해. 아니면 무언가 문제가 있는 것이야. 자네를 90시간 동안 일하도록 붙들어 매는 것 20가지를 종이에 적어보게, 그중 10가지는 분명히 아무 쓸모도 없는 일일 거야."[19]

하지 않아도 되는 일, 다른 사람이 해도 되는 일을 명확히 구분해야 자동 면도기의 악순환에서 벗어날 수 있다. 일에 전념하는 시간만큼 자기계발을 하고, 운동을 하고, 사람들과 관계를 유지하는 시간도 중요하다. 여가시간도 일하는 시간에 못지않게 중요하다. '일과 삶의 균형'을 찾으라는 말을 자주 한다. 여가시간을 줄여서 자기계발을 하고 사람들을 만나서 네트워크를 만들면 지금 당장은 더 많은 일을 하고 이익도 늘어난다고 생각하는 사람들이 많다. 하지만 쉬지 않고 일한 결과가 만성피로와 질병이라면 열심히 살았지만 잘 살지 못한 인생이 된다. 시간을 내서 즐기는 여가가 무의미하게 허비하는 시간이 아니라는 것을 기억해야 한다.

편하게 해주는 도구들이 오히려 우리의 시간을 빼앗는다

괴테는 친구인 작곡가 첼터에게 보내는 편지에 이런 내용을 썼다.

"이제 모든 것은 도를 넘었다. …… 아무도 자신이 어디에서 헤매는 지 알지 못한다. …… 젊은이들은 …… 시간의 소용돌이에 휩쓸리고 있다. 세계가 부와 빠름을 찬양하고 모두가 그것을 추구한다. 교양 있는 세계의 목표가 된 물불 가리지 않는 커뮤니케이션의 용이함은 지나칠 정도다."

괴테는 이 편지를 1825년에 썼다. 이 편지를 쓴 지 180여 년이 더 지난 지금 교통은 100배 이상 빨라졌고 통신은 1000만 배 빨라졌다. 1825년에 괴테의 편지가 첼터에게 도착하는데 적어도 일주일이 걸렸지만 이제는 이메일로 보내면 몇 초 만에 받아볼 수 있다.[20]

유럽에서는 빨라진 노동 속도로 인해 힘들어하는 직장인이 10년 사이에 47퍼센트에서 56퍼센트로 증가했다. 1990년에는 응답자의 49퍼센트가 일정이 늘 빠듯하다고 대답했고, 2000년에 이 숫자는 60퍼센트를 넘었다. 응답자들은 바쁜 일상에서 얻는 스트레스가 병을 일으킨다는 데 동의했고 일상이 바쁘다고 대답한 사람들은 여유 있다고 대답한 사람들에 비해 어깨, 목 등의 통증과 스트레스에 더 시달리는 것으로 나타났다.

우리는 과거 세대와 비교해서 더 많은 여유 시간을 누릴 수 있다. 식기세척기, 세탁기, 전자레인지 등의 가전제품이 개발된 이후 집안일은 쉬워졌지만 여유를 누리기는커녕 항상 시간에 쫓긴다.

경제학자 밸러리 레이미와 네빌 프랜시스는 1900년부터 2005년까지 미국의 근무, 수업, 가사 활동, 여가 시간을 조사해서 통계를 냈다. 그 결과 휴식 시간은 결코 늘어나지 않은 것으로 나타났다. 벨러리 레이미와 네빌 프랜시스는 일과 여가 시간이 평균적으로 105년 전과 똑같다고 결론지었다.[21]

1900년대 주부와 비교해서 오늘날 주부의 가사 노동 시간은 줄어들었지만 대신 남자가 가사 노동을 하는 시간은 늘어났다. 결국 가사 노동의 절대 시간은 1900년대나 지금이나 똑같다. 세탁기와 진공청소기, 냉장고, 전자레인지가 없었던 시대와 지금이 어떻게 똑같을 수 있냐고 반문하는 사람이 있을지도 모른다.

가사 노동에도 파킨슨의 법칙이 적용된다. 영국의 경제학자이자 사회학자인 시릴 노트코트 파킨슨은 '어떤 일이든 그것을 처리하는 데 시간이 많이 주어질수록 작업량 또한 그만큼 늘어난다'는 법칙을 만들었다. 이 법칙은 가사 노동에도 적용된다. 기술의 발달로 일을 하는 시간은 단축되었다. 그만큼 욕구 또한 증가해서 시간과 일거리는 그만큼 늘어났다. 100년 전에는 깨끗한 옷, 깨끗한 집, 맛있는 음식이 사치로 여겨졌지만 오늘날 이런 것은 표준이 되었다. 이메일, 팩스, 전화 등 커뮤니케이션 수단은 1900년대 우편과는 비교할 수 없을 만큼 빨라졌지만 우리는 100년 전과 비교할 수 없을 정도로 많은 커뮤니케이션을 한다.[22]

업무를 단순화하기 위해 개발된 이메일은 시간을 잡아먹는 도구가 된지 오래다. 시간 관리 비법을 설명하는 책에서 이메일에 회신을 보내는 효율적인 방법을 설명하는 챕터가 따로 있을 정도다. 자동차, 기차, 비행기 등은 이동하는 시간을 줄여주었지만 이동하는 시간이 줄어든 만큼 더 멀리, 더 자주 여행을 다닌다. 100년 전과 똑같이 생활한다면 시간이 남아 돌 것이다. 하지만 파킨슨 법칙에 따라 우리는 늘 시간이 부족하다. 시간에 쫓기며 시간을 관리하는 비법을 찾아 헤매고 있다.

Rest & Relaxation

전략적으로 일하고 효율적으로 쉰다

오버트레이닝 증후군의 유일한 치료제는 휴식이다

'근면하다', '성실하다'라는 말은 분명히 칭찬이다. 그런데 언제부턴가 '열심히'보다 '잘'하라는 말을 더 많이 한다. 누구보다 일찍 출근해서 늦게까지 일하는 직원이 일을 잘 한다는 말을 듣던 시대는 끝났다.

'열심히'보다 '잘'하라는 말은 2009년 금융위기 직후 동영상 스트리밍 업체 넷플릭스의 CEO 리드 헤이스팅이 작성한 회사 내부문서 '넷플릭스 문화:자유와 책임'에 등장하면서 화제가 됐다. 이 문서에서 눈에 띄는 내용은 '자유와 책임'에 관한 원칙이다. 우수한 직원들에게 최대한 자유를 주고 규율을 최소화하면 뛰어난 성과를 만든다는 것이 이 원칙의 핵심이다. 넷플릭스는 이 원칙을 지키기 위해서 1년 동안 사용할 수 있는 휴가기간을 없앴다. 직원들은 원하는 만큼 휴가를 써도 된다. 단, 훌륭한 성과를 내야 한다. 실제로 충분한 휴식을 취하고 업무에 복귀한 직원들은 멋진 아이디어를 쏟아냈다.[23]

넷플릭스의 사례가 글로벌 기업의 단편적인 이야기일 수도 있지만 열심히 일 하는 것으로 성과를 올리던 시대가 지나간 것은 맞다. 근면하고 성실하게 일하면 피로만 쌓인다. 일하는 척하느라 늦게까지 자리를 지켜야 하고 우수한 인력으로 평가받기 위해서 자기계발도 해야 하고 인맥 관리를 위해서 정기적으로 모임에도 참석해야 한다. 경쟁이 일상이 된 사회에서 더 높은 자리에 오르기 위해서, 뒤처지지 않기 위해서 자기 자신을 계속 채찍질한다.

해야 할 일이 100가지일 때 100가지 일을 모두 잘 해내는 사람은 없다. 어떤 사람은 속도를 우선시하고 어떤 사람은 50가지 일을 확실하게 끝내고 나머지 50가지 일은 결과물의 완성도를 높이기보다 완성하는 것을 목표로 한다. 마라톤이나 장거리 수영처럼 오랜 시간 경기에 참여하는 선수들은 출발점부터 결승점까지 100퍼센트 에너지를 똑같이 낼 수 없다. 구간마다 페이스를 조절하면서 힘을 조금 빼기도 하고 전력을 다하기도 하면서 경기를 운용한다.[24]

전력을 다할 때와 힘을 빼고 쉴 때, 질적인 완성도를 높여야 하는 일과 단순하게 완성만 하면 되는 일을 구분하는 것이 전략이고 효율이다. 전략은 중요한 일과 더 중요한 일 사이에서 더 중요한 일에 집중하고 덜 중요한 일은 버리는 것이다. 효율은 투입량에 대한 산출량의 상대적인 비율이다. 전략적으로 더 중요한 일에 집중하고 불필요한 일을 처리할 시간에 차라리 휴식을 취하는 게 효율적으로 일을 잘 하는 것이다.

무조건 열심히 일하면 회복능력의 한계를 넘어서 버리는 오버트레이닝 상태에 빠질 수 있다. 사람들에게 주목받았던 운동선수 가운데 과도한 연습량을 소화하다가 기량을 발휘해야 할 경기에서 부진한 성적을 내는 경우가 있다. 지나치게 고된 훈련을 오랜 시간 계속하면 피로가 쌓여서 훈련의 효율이 낮아지고 좋은 성적도 낼 수 없다. 오버트레이닝 증후군에 걸린 선수는 경기에서 부진한 성적을 내고 집중력도 저하된다. 심각한 경우 우울증으로 은퇴하기도 한다. 학생이나 직장인도 마찬가지다. 너무 열심히 공부하고 일하다가 탈신해버리는 것이다. 지쳤다는 생각이 들 때는 적절한 휴식을 취해야 한다. 경쟁자들이 열심히 하기 때문에 쉴 수 없다는 생각은 접어두고 페이스를 조절하는 시기라고 생각하고 쉬어야 한다.

잠시 쉰다고 절대로 잘못되지 않는다. 무슨 일을 하든지 손을 놓고 쉬어야 하는 시기가 필요하다. 적당한 휴식을 끝내고 다시 일을 시작하면 더 잘할 수 있다. 지금 하고 있는 일에 너무 집중해서 다른 것이 보이지 않는다면 일에서 잠시 멀어질 필요가 있다. 그래야 객관적인 시각을 가질 수 있다. 너무 집중하면 시야가 좁아질 뿐만 아니라 새로운 아이디어를 낼 수 있는 기회도, 실패에서 배울 수 있는 기회도 잃어버린다.

눈을 감고 늘어진 상태로 긴장 풀기

휴식시간은 회복하는 시간이다. 휴식시간은 정지된 시간이나 낭비하는 시간이 아니다. 이상적인 실행 상태에 들어가기 위한 회복 시간이다. 테니스, 복싱, 축구, 야구 등 경기 중간 휴식시간에 선수들이 휴식하는 모습을 살펴보자. 강하게 단련된 선수들은 짧은 휴식시간 동안 긴장한 근육을 풀어주고 경기에서 쌓인 스트레스에서 신체와 정신의 스트레스에서 회복한다. 하지만 휴식시간에 쉬는 방법을 모르는 선수들은 짧은 휴식시간을 그냥 흘려보낸다.[25]

양궁처럼 집중력이 승패를 좌우하는 종목의 선수들은 휴식시간에 신체적인 휴식뿐만 아니라 감정적, 이성적인 회복을 위해서 자기만의 휴식 노하우를 가지고 있다. 짧은 휴식시간 동안 신체와 정신이 온전히 쉴 수 있는 상태로 만들고 다음 경기에서도 이성적, 감정적, 신체적으로 균형을 유지한다.

사람, 동물, 자연계의 모든 물질은 일과 휴식을 적당히 결합해야 더 효율적으로 오래 일할 수 있는 상태가 된다. 일만 하고 쉴 줄 모르는 사람은 효율의 의미를 모른다. 포유류 중에서 단거리를 가장 빨리 달리는 동물은 치타다. 치타는 순간적으로 110킬로미터의 속도로 달린다. 치타가 먹잇감을 사냥하는 데 걸리는 시간은 10초 정도다. 단거리를 가장 빨리 달리지만 지구력은 없어서 오래 달리지 못하기 때문이다. 치타는 먹잇감을 사냥하기 전에 몇 시간 동안 힘을 비축한다.

많은 사람들이 심장이 멎으면 죽는다고 생각한다. 쉴 새 없이 움직이는 심장도 24시간 중 15시간은 쉰다. 하버드대학 의과대학 월터 캐넌 박사는 심장 박동에 대해서 연구한 결과 심장은 수축한 후에 일정 시간 동안 완전히 정지한다는 사실을 발견했다. 심장은 정상적으로 박동할 때 1분에 70번 이하로 뛰는데 수축과 이완을 반복하면서 완전히 정지한 상태로 일정 시간 동안 휴식을 취한다. 심장이 움직이는 시간을 계산한 결과, 24시간 동안 심장은 몸속에 혈액을 공급하기 위해 7시간만 뛰고 15시간은 심장이 쉬는 것으로 나타났다.[26]

항상 뛴다고 생각했던 심장도 쉬는 시간이 15시간이나 된다. 휴식은 일, 공부의 효율을 높여준다. 피로한 상태에서는 제대로 일을 할 수 없다. 좋은 생각도 할 수 없다. 더 많은 일을 하려면 쉬어야 한다. 피로하기 전에, 피곤을 느끼기 전에 쉬는 것은 일을 하는 능력만큼 중요하다. 휴식시간은 낭비하는 시간이 아니다. 깨어 있을 때 더 많이 효율적으로 일을 하려면 피곤을 느끼기 전에 쉬어야 한다.

일시적으로 휴식을 취하는 방법으로 누워서 눈을 감고 있는 것을 추천한다. 햇볕에서 잠자는 고양이는 온몸이 축 늘어져 있다. 인도의 요가 수행자들은 이완하는 법을 배울 때 고양이를 관찰한다. 햇볕에서 잠자는 고양이처럼 늘어진 상태로 몸의 긴장을 풀고 눈을 감은 채로 1분 동안 누워서 아무 생각도 하지 않는다.

시카고대학 의과대학 정신과 에드먼드 제이콥스 박사는 눈에 있는 근육의 긴장을 완전히 푼다면 머릿속에 있는 모든 문제를 잊어버릴 수 있다고 말했다. 긴장된 신경을 이완시키는데 눈이 이렇게 중요한 이유는 우리 신체가 소모하는 신경 에너지의 25퍼센트를 눈이 소모하기 때문이다. 시력에 문제가 없는 사람들이 '눈의 피로'를 호소하는 이유도 눈은 항상 긴장하고 있기 때문이다.[27]

에드먼드 제이콥스 박사는 점진적 근육이완법을 개발했다. 긴장과 불안으로 얼굴과 근육이 굳어지고 긴장상태가 지속되면 머리가 아프고 목 뒤, 어깨에 통증을 느낀다. 이럴 때 점진적 근육이완법으로 근육을 풀어주면 심리적인 불안도 해소할 수 있다.

근육이완법을 실행하기 전에 자신의 근육 긴장도를 느껴야 한다. 목 뒤가 뻐근하다면 그 감각을 기억한 다음 목 뒤 근육에 힘을 빼면서 편안한 느낌에 집중한다. 의식적으로 근육에 힘을 빼려고 노력하지 말고 자연스럽게 내버려둔다. 꽉 조이는 옷을 벗고 허리띠를 느슨하게 풀고 눈을 감고 눕는 자세가 좋다. 사무실에서 누울 수 없다면 팔걸이가 있는 의자에 몸을 기대고 눈을 감은 상태로 팔, 다리, 복부, 가슴, 어깨, 목, 눈, 이마 순서로 10초 동안 힘을 준 다음 20초에 걸쳐서 아주 천천히 힘을 뺀다. 이런 과정을 반복해서 근육에 힘을 주었다가 빼는 데 익숙해지면 언제 어디서나 근육이 긴장했다고 느끼면 의식적으로 근육을 풀어줄 수 있고 불안도 감소시킬 수 있다.[28]

5장
걷는 동안 뇌는 쉰다

Rest & Relaxation

걷는 동안 뇌는 쉰다

"모든 은둔 장소에는 산책로가 필요하다. 왜냐하면 걸으면서 생각하지 않으면
나는 좋은 생각이 떠오르지 않으며 정신이 활발하게 움직여주지 않기 때문이다." 미셸 드 몽테뉴

Rest & Relaxation

길을 걸으면 좋은 아이디어가 떠오른다

좋은 생각은 걸을 때 떠오른다

걷기는 생각의 실마리를 풀어주고 창의력을 자극하는 촉매제다. 느리게 걷는 산책은 지난 일들을 떠올리게 하고 내가 왜 그때 그런 생각과 행동을 했는지 반성하는 계기를 만들어준다. 18~19세기 철학자들에게는 산책에 관한 에피소드나 명언이 한두 가지씩 있다. 장 자크 루소와 임마누엘 칸트는 매일 규칙적으로 산책을 했다. 칸트는 매일 같은 시간에 걸으면서 생각하는 것을 즐겼고 루소는 걸으면서 세파에 지친 마음을 치유할 힘을 얻었다. 몽테뉴는 《수상록》에 산책이 필요한 이유를 이렇게 썼다.

"모든 은둔 장소에는 산책로가 필요하다. 왜냐하면 걸으면서 생각하지 않으면 나는 좋은 생각이 떠오르지 않으며 정신이 활발하게 움직여주지 않기 때문이다. 실제로, 생각하기를 원하고 정신을 쓰고자 하면서도 책을 읽지 않는다면, 생각도 정신도 원활하게 움직이지 않을 것이다."[1]

키에르 케고르는 '걸을 때 가장 좋은 생각이 떠오른다.'라고 했고 니체는 "정말로 위대한 사상은 모두 걷는 가운데 잉태되었다."라고 했다. 철학자와 산책은 떼려야 뗄 수 없는 관계다.

산책은 생각을 자극한다. 글쓰기, 작곡, 복잡한 계산 등 집중력을 요하는 고된 작업을 할 때, 산책은 머리를 맑게 해준다. 하지만 마음을 완전히 다른 곳으로 돌리지는 않는다. 잠재의식이 딜레마를 다루고 해법을 시험하고 궁지에서 벗어나게 해줄 정도의 자극을 주고 마음 전체를 빼앗지는 않는다. 《걷기의 역사》를 쓴 환경운동가 레베카 솔닛은 산책을 '몸과 마음이 하나로 조율되는 상태'라고 했다. 과학적으로도 산책이 주는 효과는 입증되었다. 감당하기 힘들 정도로 슬픈 일을 겪거나 의학적으로 문제질병가 있는 사람이 자연에 규칙적으로 노출되면 정신적, 감정적 상태가 한결 나아져 회복 속도가 빨라진다. 산책을 해서 기분이 좋아지고 바로 건강을 회복하지는 않더라도 기운을 되찾고 문제에 맞설 수 있는 힘을 얻는다.[2]

종의 기원을 쓴 찰스 다윈은 1842년 런던 남부의 한적한 마을 다운Down으로 이사한 후에 산책로를 조성했다. 다윈이 모래와 자갈로 덮어 만든 산책로를 마을 사람들은 샌드워크Sandwalk라고 불렀고 다윈은 '생각하는 오솔길Thinking Path'라고 이름을 지었다. 샌드워크는 다윈의 집과 연구실을 잇는 400미터 정도의 오솔길이다. 이 길은 다윈이 집중하는 능력을 극대화할 수 있도록 조성했다. 다윈은 40여 년 동안 매일 샌드워크를 걸었다. 과학자들과 이야기할 때도 샌드워크를 걸었다. 다윈은 생각하는 과정에서 산책, 즉 걷는 행위가 차지하는 비중이 컸기 때문에 문제를 해결하는 방법을 설명할 때 오솔길에 있는 자갈이나 흙더미 등을 치우는 과정에 비유하곤 했다. 샌드워크는 아직도 보존되어 있다.

걷기, 달리기, 수영처럼 신체를 반복적으로 움직이는 운동은 불안을 해소하는 효과가 있다. 가벼운 운동은 불안을 줄여줄 뿐만 아니라 건강을 유지하고 체중을 조절하는 효과가 있다. 어떤 목적으로 운동을 하든지 규칙적인 실천이 중요하다.[3]

찰스 다윈, 임마누엘 칸트, 키에르 케고르 등 걷기를 예찬한 사람들은 모두 걷기를 꾸준히 실천했다. 휴식을 하는데 몸을 쓰는 운동을 왜 하냐고 묻는 사람도 있다. 휴식을 위한 운동은 신체를 단련하는 운동과 다르다. 천천히 단계적으로 운동량을 늘일 필요도 없다. 하루, 이틀에 한 번씩 30분 정도 산책하듯 걷기를 생활화한다면 머리가 맑아지는 걸 느낄 수 있다.

세렌디피티의 원리, 휴식은 아이디어의 원천이다

기막힌 아이디어는 책상 앞에 앉아서 고민할 때 나오지 않는다. 일을 마치고 아무 생각도 하지 않을 때 또는 길을 걸을 때 갑자기 좋은 아이디어가 떠오른다. 우연히 아이디어가 떠오르는 것을 설명할 때 세렌디피티serendipity 원리가 나온다. 세렌디피티는 '뜻밖의 운 좋은 발견'이라는 의미로 우연히 기적 같은 일이 벌어지는 경우를 말한다.

세렌디피티의 원리를 설명할 때 가장 많이 나오는 사례는 고대 그리스의 수학자 아르키메데스가 목욕탕에서 금관에 불순물이 섞여 있는지 찾아낼 방법을 생각한 것이다. 과학 분야에는 연구실 밖에서 나온 아이디어가 유난히 많다. 산책을 좋아한 칸트, 바이올린 연주를 즐긴 아인슈타인, 생활 속에서 발명의 아이디어를 발견한 에디슨 등 위대한 철학자와 과학자들은 휴식을 취하면서 고민에서 잠시 벗어났을 때 의외의 발견을 했다. 우리는 그들이 휴식을 취하면서 위대한 발견을 했다고 알고 있지만 위대한 철학자와 과학자들은 쉬고 있을 때 좋은 아이디어가 떠오른다는 사실을 이미 알고 있었는지도 모른다.

에디슨은 하루 종일 연구실에서 발명에 몰두해서 조수들도 그를 만나기 어려웠고 하루에 20시간을 연구하고 잠자는 시간은 4시간뿐이었다고 알려졌다. 적게 자고 많은 업적을 남겨서 침대 광고에도 나왔다. 쉬지 않고 발명에 몰두했다고 알려진 에디슨은 80세까지 왕성하게 연구를 계속할 수 있었던 비결을 쓸데없는 일로 피로하지 않게 만들었기 때문이라고 했다. 에디슨은 쓸데없이 몸을 일으키거나 서있지 있지 않았다. 앉을 수 있는 곳에서는 앉았고 누울 수 있는 곳에서는 누워서 몸을 쉬었다.

차이코프스키는 산책을 즐겼다. 점심을 먹은 뒤에도, 잠깐 쉴 때도 산책을 했다. 산책하다가 영감이 떠오르면 멈춰 서서 노트에 기록한 뒤에 집에 돌아와 피아노로 연주하면서 작곡했다. 차이코프스키에게 산책은 창작을 하기 위해서 반드시 필요한 시간이었다.

스탠포드대학 연구진은 직장인들이 사무실 밖을 한 바퀴 돌고 오는 것만으로도 창의적으로 생각할 수 있는 능력이 60퍼센트 이상 증가한다는 연구결과를 내놓았다. 일을 하는 곳에서 완전히 벗어나 야외의 신선한 공기를 마시면 좋은 아이디어가 떠오를 뿐만 아니라 올바른 결정을 내릴 수 있다. 책상 앞에서 모니터만 들여다보는 것은 새로운 생각을 떠올리는 데 전혀 도움이 되지 않는다. 스티브 잡스는 혁신적인 생각을 떠올리기 위해 직원들과 산책하며 회의를 하곤 했다.[4]

〈사회 심리학 저널〉에 실린 '공간석 거리가 창조성에 미치는 영향'을 주제로 한 논문에도 새로운 아이디어와 통찰력이 필요할 때는 시간적, 공간적으로 거리를 두어야 한다는 내용이 있다. 창의적인 생각과 통찰력은 일하는 곳사무실, 연구실 등과 멀리 떨어진 곳에서 시작된다고 설명하고 있다.[5]

공부나 일을 잠시 접어두고 산책을 하거나 휴식을 취하는 동안 머릿속은 텅 빈 진공상태가 되지 않는다. 불필요한 정보를 정리하면서 여러 가지 생각들이 머릿속을 휘젓고 다닌다. 그러면서 뜻밖에 문제의 해답을 찾게 된다. 뜻밖의 운 좋은 발견은 정말 '아무 생각이 없을 때'는 나오지 않는다. 어떤 문제에 대해서 몰입한 다음 휴식을 취할 때, 즉 문제에 대해서 고민하고 배경 지식을 쌓은 상태에서 해결에 대한 열린 사고를 가질 때 비로소 세렌디피티 원리가 적용된다. 문제의 해답이 어느 날 갑자기 하늘에서 뚝 떨어지지는 않는다. 지식을 쌓고 열린 사고를 갖고 있을 때, 창의력과 통찰력에 필요한 요소들이 정황과 맞물리면서 쉬는 동안에 세렌디피티 원리가 위력을 발휘한다. 이것이 산책과 휴식이 가진 기능이다.[6]

Rest & Relaxation

걷기가 가진 휴식과 치유 효과

걸으면 우울증이 사라진다

직장인을 대상으로 한 설문조사에서 직장인 10명 중 8명 이상은 사무실에만 출근하면 무기력해지는 '직장 내 우울증'을 겪고 있는 것으로 나타났다. 최고경영자와 부장급을 제외한 모든 직급에서 우울증을 경험한 비율이 80퍼센트를 넘었다. 가장 높은 비율을 보인 직급은 사원급으로 84.6퍼센트로 나타났다. 신입사원의 우울증은 심각한 경우 자살로도 이어진다. 우울증의 가장 큰 원인은 '나 자신의 미래에 대한 불확실한 비전'과 '회사에 대한 불확실한 비전'으로 나타났다.[7]

뇌 안에 세로토닌기분을 조절하는 신경전달물질 또는 노르아드레날린스트레스 호르몬이 부족하면 사람들은 우울하다고 느낀다. 세로토닌과 노르아드레날린은 신경전달물질이다. 세로토닌은 행복 호르몬이라고 하고 노르아드레날린은 생활에 활력을 주는 호르몬이다. 행복할 때 세로토닌이 분비되고 노르아드레날린이 분비돼야 활력이 생긴다. 활력이 생기지 않으면 일할 의욕이 없고 행복감도 느끼지도 못한다.

세로토닌이 부족하면 우울해지기 쉬운데 걸으면 세로토닌 분비가 활성화된다. 세로토닌은 리듬을 타면서 반복적으로 움직이는 운동을 할 때 활성화된다. 단순하고 반복적인 일을 할 때 왠지 모르게 기분이 좋아지고 시간 가는 줄도 모르고 몰두하는 것도 세로토닌 때문이다. 가벼운 산책보다 약간 빠른 걸음으로 걷기가 세로토닌을 활성화하는 데 도움이 된다. 세로토닌은 햇빛을 통해서도 활성화된다. 더 많은 에너지를 얻고 기분까지 좋아지게 만들려면 아침에 싱그러운 햇살을 맞으며 걸을 것을 권한다.[8]

사는 재미를 느끼지 못하고 주변에서 일어나는 일에 흥미를 잃었다면, 일상이 지루하게 느껴진다면 뇌에서 신경전달물질이 제대로 분비되지 않는 것이다. 휴일에 누워서 TV만 본다면 일상은 더 재미없어지고 그나마 있던 열정도 사라진다. 신체적으로 충분한 휴식을 취했다고 활력이 생기지는 않는다. 휴식을 취하는 이유는 에너지를 재충전해서 더 활기 있게 생활하기 위해서다.

걷기는 신체적인 활동이고 다이어트나 체중조절과 연관 지어서 운동이라고 생각하는 사람들이 많다. 걷기는 신체 활동이지만 정신적인 효과가 더 많다. 걸으면 신체적인 건강과 활력을 얻고 정신적인 측면에서도 신경전달물질이 분비되어 우울증을 날려버릴 수 있다. 긍정적인 에너지는 업무 성과를 높이는 데 가장 기본적인 요소다.

지리 경제학자 리처드 플로리다 교수는 《창조적 변화를 주도하는 사람들》에서 창조적인 업계에서 일하는 사람들은 걸어 다닐 수 있고 다양성이 높은 지역에 모여 사는 경향이 있다고 설명했다. 경제 발전을 원한다면 걸어 다닐 수 있는 도시를 만들어야 한다고 주장했다. 창조적인 업계에 종사하는 사람들이 걸어 다닐 수 있는 지역을 선호하는 이유는 사람들과 우연한 만남의 가능성 때문이다. 자주 걷기만 해도 사람들과 마주칠 기회가 많아진다. 하지만 어디를 가든 차로 다니면 외부와 고립되고 사람들로부터 차단된다. 스마트폰과 SNS로 소통하면 된다고 말하는 사람도 있다. 하지만 사람들과 직접 만나서 대화하면서 얻는 물리적, 화학적 상호작용까지 고려하면 걸어야 할 이유는 더 분명해진다.

걷기가 휴식이다

걷기가 뇌를 쉬게 하는 가장 좋은 방법이라는 사실은 의학적으로 증명되었다. 많이 걸을수록 뇌는 충분한 휴식을 취한다. 걷는 방법은 다양하다. 보폭을 넓게 해서 빨리 걸을 수도 있고 주변을 둘러보며 천천히 걸을 수도 있다. 걷기는 도구가 필요 없고 언제 어디서든 할 수 있는 운동이다. 인간이 하는 운동 중에서 가장 완벽에 가까운 운동이 걷기다. 건강을 위해서라면 30분 정도 힘차게 걷는 파워워킹이 좋다. 휴식을 위해서 걷는다면 풍경을 즐기면서 느릿하게 발걸음을 옮겨보자.

직장에서도 점심시간을 이용해서 걷기 휴식을 실천해보자. 점심點心은 한자다. 점 점點에 마음 심心을 쓴다. 뜻을 풀어보면 마음에 점을 찍는 시간이다. 불가에서 선승들이 수도를 하다가 시장기가 돌 때 마음에 점을 찍듯 간식 삼아 먹는 음식이 점심이다. 걸을 일이 적은 직장인들은 식당까지 파워워킹으로 걸으면서 마음에 점을 찍어보자. 식당까지 가는 길에 공원이나 숲이 있다면 돌아가더라도 공원이나 숲을 지나서 가자. 자연을 느끼며 걸으면 우울증 치료에도 도움이 된다. 우리나라 직장인 열 명 중 여덟 명이 우울증을 겪었다는 조사 결과도 있다. 자연과 햇빛, 걷기는 우울증 치료에 특효약이다. 햇빛은 비타민D의 생성을 도와서 면역력을 높인다. 도보로 20분 정도 걸리는 거리에 식당이 있다면 식사 전후에 걸으면서 우울증도 해소할 수 있다.

인간은 원래 숲에서 살았기 때문에 식물에 둘러싸여 있을 때 편안함을 느낀다. 쉰다는 뜻의 한자 '쉴 휴休'도 사람이 나무에 기대 있는 모습을 보고 만들었다. 휴식은 인간이 나무에 기대서 쉰다는 의미다. 숲 속에서 생활하면 질병 수치가 호전될 뿐만 아니라 질병을 예방하는 효과까지 있다. 숲이 가진 치유효과는 과학적으로 입증되었다. 숲에서는 특유의 향기가 나고 공기의 느낌도 다르다. 유럽에서는 숲 속 걷기를 우울증 치료에 활용한다.

걷는 동안 뇌는 휴식을 취하고 생각도 정리한다. 고대 철학자들은 정원을 거닐며 이야기를 나눴다. 아리스토텔레스는 제자들과 걸으면서 인간의 본성과 윤리, 정치에 대해서 토론했다. 제자들과 산책하면서 윤리학, 기하학, 논리학 등의 학문적인 기틀이 마련되었다. 이렇게 함께 걸으면서 사상을 만든 아리스토텔레스 학파를 '소요학파'라고 한다. 철학자와 작가들은 걸으면서 새로운 생각을 하고 아이디어를 얻었다고 말한다. 독일 하이델베르크에는 '철학자의 길'이 있다. 그 길을 걸으면서 하이데거가 철학을 정립했고 철학적 저서를 구상하고 아이디어를 얻었기 때문에 하이데거의 길이라고도 한다. 철학자와 작가들이 그랬던 것처럼 사람들은 길을 걸으면서 마음의 여유가 생기고 깊은 생각을 하게 되고 정서적으로도 편안해진다.[9]

걷지 않아야 할 이유보다 걸어야 할 이유가 훨씬 더 많다. 진정한 휴식을 원한다면 걷자.

6장
디지털 기기를 끊는 휴식

Rest & Relaxation

디지털 기기를 끊는 휴식

"가끔은 자신에게 아무것도 하지 않도록 강요할 필요가 있으며 아무것도 안 하고 쉬어주는 시간을 갖지 않는다면 흥에 겨운 순간조차 더는 즐길 수 없게 될 것이다." 로버트 레빈

Rest & Relaxation

디지털 기기가 인간의 감성과 지능을 떨어트린다

디지털 중독과 이메일 무호흡증

기술이 발달해서 업무 처리를 도와주는 기기가 개발되었다. 과거와 비교해서 많은 일을 매우 빨리 끝낼 수 있게 되었다. 하지만 기술의 발달이 우리 생활을 더 어렵게 만들기도 한다. 가전제품 개발의 역사에서 자동화의 역설을 쉽게 찾을 수 있다. 산업혁명 이후 산업화가 이루어지고 전기, 자동차, 비행기가 출현하고 도시가 성장하면서 많은 가정에서 진공청소기, 세탁기를 사용하게 되었다. 하지만 수십 년 동안 가사 노동시간은 실제로 줄어들지 않았다. 1970년대 여성들이 설거지를 하고 옷을 빨고 청소하는 데 들이는 시간은 그들의 할머니가 그 일을 하는 데

들인 시간과 차이가 없었다. 기술의 발달로 일은 쉬워졌지만 생활은 쉬워지지 않았다.[1]

미국의 기술사학자 루스 슈워츠 코완은 1983년에 《과학기술과 가사노동 More work for Mother》에서 기술의 발달로 일은 쉬워졌지만 일하는 사람이 바뀌고 해야 할 일의 기준이 높아져서 새로운 일들이 더 많이 생겨났다고 했다. 세탁기와 진공청소기를 사용하면서 일주일에 한 번 하던 빨래와 청소는 매일 해야 하는 일로 바뀌었다. 스마트폰도 마찬가지다. 스마트폰 덕분에 오랫동안 만나지 못한 친구와 연락할 수 있게 되었지만 성가시게 하는 고객과 시도 때도 없이 업무를 지시하는 상사의 연락도 받아야 하는 처지가 됐다. 인터넷과 스마트 기기는 '연락할 수 있다'를 '연락할 수 있어야 한다'는 의미로 바꿔놓았다.

2014년에 영국의 뉴로펜익스프레스 제약회사에서 영국인 2,000명을 대상으로 '21세기 현대 생활에서 스트레스를 주는 50가지 원인들'에 관한 설문조사를 했다. 조사 결과 사람들은 10년 전보다 더 큰 스트레스를 느끼는 것으로 나타났다. 과학기술의 발전으로 생활이 편리해졌지만 신경 써야 할 부분도 많아졌기 때문이다. 컴퓨터 전문 용어, SNS 사용과 관련해서 피로감을 호소하는 사람도 많았다.[2]

현대 생활을 골치 아프게 하는 50가지 중 1위는 '컴퓨터 랙'으로 나타났다. 2위는 '서비스 가입 전화', 3위는 '잘 안 터지는 와이파이'가 차지했다. 스팸 메일과 암호가 기억 안 날 때, SNS에 자녀 사진을 마구 올리는 사람도 골치 아프게 하는 50가지 순위에 있었다. 설문조사 결과를 보면 편리하게 생활하기 위해서 만든 기술이 오히려 불편을 초래하고 스트레스를 유발한다는 것을 알 수 있다. 컴퓨터, 무선인터넷, 스마트폰, SNS, 자동차, TV 등은 더 편한 생활을 위해서 개발되었지만 이것들을 사용하면서 오히려 스트레스를 받는 사람들이 많다는 응답을 보면 정말 살기가 좋아진 건지 의구심이 든다.

설문조사를 실시한 뉴로펜익스프레스에서는 과거보다 훨씬 편리하고 풍요로운 생활이 가능해졌지만 설문조사에 응답한 사람 가운데 55퍼센트는 10년 전보다 스트레스를 더 많이 느끼는 것으로 분석됐다고 발표했다. 과학기술이 발달하면 편리한 세상이 되고 지금의 문제들이 해결될 것 같았지만 새로운 기술은 사람들을 불편하게 하고 좌절시키는 근본 원인으로 인식되기도 한다는 사실에 주목해야 한다. 과학기술이 세상을 편리하게 바꿔놓는 것도 있지만 편리해진 세상의 이면에는 부작용이 있다는 것도 간과해서는 안 된다.

스마트폰이 생활 속으로 들어오면서 머리로 하던 일을 스마트폰이 대신하게 되었다. 편리하다는 이유로 머리로 기억해야 할 것들을 디지털 기기에 저장한다. 문제는 디지털 기기를 잃어버렸거나 사용할 수 없는 상황에서 발생한다. 네트워크를 기반으로 언제, 어디서나 원하는 사람과 실시간으로 소통하던 사람은 스마트폰을 사용하지 못하는 상황에서 금단 현상, 과도한 집착과 의존, 통제 불능으로 일상생활을 하기 어려울 정도의 중독 증상을 보인다. 이런 것을 디지털 중독이라고 한다. 디지털 중독은 인터넷, 스마트폰, SNS 중독 등을 포괄한다. 디지털 기기를 지나치게 사용하거나 과도하게 의존해서 자신에게 불이익이 발생할지도 모른다는 사실을 알면서도 반복적으로 사용하게 되고 나중에는 통제력을 상실한다.

스마트폰을 집에 두고 왔거나 배터리가 별로 남지 않았을 때 불안감이나 초조함에 휩싸이는 경우가 종종 있다. 기차역이나 터미널, 공항에 스마트폰을 충전할 수 있도록 시설을 갖춘 곳 외에도 콘센트가 있는 곳에는 어김없이 스마트 기기를 충전하는 사람들이 있다. 심지어 공공 화장실의 콘센트, 버스 승하차 단말기에서 스마트폰을 충전하는 사람도 있다. 이런 모습은 스마트폰이 없거나 사용할 수 없는 상태를 두려워하는 증상을 가리키는 '노모포비아Nomo phobia'에게서 볼 수 있다. 이들은 인터넷에 연결되지 않을 때 짜증을 내거나 답답함을 느끼며, 몇 분마다 메시지를 확인하지 않으면 다른 일을 하지 못하는 디지털 중독 증상을 보인다.

디지털 기기의 사용을 줄여야 살 수 있다

애플과 마이크로소프트에서 임원을 역임한 테크놀로지 컨설턴트이자 작가 린다 스톤Linda Stone은 이메일을 확인할 때 자신이 숨을 쉬지 않는다는 사실을 깨달았다. 이메일을 확인할 때 자신의 모습을 알게 된 후에 이메일을 확인하는 사람들의 모습을 관찰했다. 친구들에게 이메일을 확인할 때 어떤 상태인지 물어보기도 했다. 간단한 조사를 통해서 이메일을 확인할 때 숨을 쉬지 않는 사람이 의외로 많다는 사실을 알아냈다. 린다 스톤은 이런 현상을 '이메일 무호흡증email apnoea'이라고 했다. 이메일 무호흡증은 잠을 잘 때 공기가 폐에 도달하는 것을 막거나 뇌가 폐에 신호를 보내서 숨을 쉬지 않도록 하는 수면 무호흡증sleep apnoea에서 따왔다.[3]

이메일을 주고받을 때 무의식적으로 긴장하고 숨을 참는 이유는 이메일을 확인하기 전에 갑작스럽게 긴장하거나 글쓰기에 지나치게 집중한 나머지 숨 쉬는 것을 잠시 멈추는 것이다. 이메일 무호흡증은 사격할 때 방아쇠를 당기는 순간 일시적으로 숨을 참는 것과는 다르다. 이메일 무호흡증이 나타나는 이유는 이메일을 열었을 때 또 무언가 새로운 일이 생기거나 해결해야 할 문제가 나타날지도 모른다는 생각이 사람들을 두렵게 만들기 때문이다.

이메일은 정보와 커뮤니케이션의 중심에 있지만 요즘은 효율이 떨어지는 도구로 전락했다. 일본 총무성에서 2008년 12월부터 2010년 6월까지 매달 조사한 자료에 따르면 15개 주요 통신사에서 수신한 이메일의 63~72퍼센트가 스팸 메일이라는 결과가 나왔다. 우리나라 상황도 일본과 크게 다르지 않다. 받은 메일함에는 꼭 읽어야 하는 메일보다 읽지 않아도 되는 메일과 스팸 메일이 압도적으로 많다. 대량의 스팸 메일 속에서 업무와 관련 있는 메일을 찾아내고 그 가운데 반드시 읽어야 할 메일과 회신해야 할 메일을 찾는 것은 쉬운 일이 아니다. 휴가 기간 동안 메일을 확인하지 않았다가 휴가가 끝난 뒤에 메일함에 수신된 방대한 양의 메일을 정리한 경험은 누구에게나 있을 것이다. 정보와 커뮤니케이션의 홍수는 끊임없이 밀려온다.

이메일은 하고 있던 생각도 중단시켜 버린다. 영국에서 2001년에 실시한 조사에 따르면 이메일을 처리하고 원래 하던 작업으로 돌아가는 데 평균 64초가 걸린다. 십여 년 전의 데이터지만 이런 결과는 지금도 유효하다. 커뮤니케이션 전문가들 사이에서는 이메일을 통한 정보 공유와 커뮤니케이션의 한계는 꾸준히 논의되고 있다. 많은 사람들이 이메일에 편중된 정보 공유나 커뮤니케이션의 한계를 느끼고 블로그, 페이스북, 트위터 등의 소통 수단으로 옮겼다.[4]

소통하는 수단을 트위터, 페이스북 등 SNS로 바꾼 사람들은 비즈니스에 도움이 될 거라고 믿으며 열심히 활용한다. SNS로 오랫동안 만나지 못했던 사람도 만나는 기쁨도 누린다. 하지만 그게 끝이다. 커뮤니케이션을 효율적으로 하려는 목적은 사라지고 사진과 댓글을 등록하고 '좋아요'와 댓글 수에만 관심을 기울인다. 스마트 기기를 이용하면서 업그레이드된 소통의 도구를 활용한다고 생각하지만 실제로는 최첨단 기술에 속박되어 무의식 중에 많은 시간을 빼앗긴다.

디지털 기기가 사람을 똑똑하게 해주는 것 같지만, 실제로 주의력은 분산되고 인간의 감성과 지능은 오히려 떨어진다. 디지털 기기를 사용해서 더 많은 정보를 얻는 것보다 일의 가치가 우선이다. 디지털 기기나 시스템이 없는 상태에서 어떻게 일해야 할지, 무엇을 해야 할지 진지하게 고민해봐야 한다. 디지털 기기를 사용할수록 머리를 써서 생각하는 능력은 퇴화된다. 요즘은 거의 모든 사람들이 디지털 기기를 당연히 사용해야 한다고 생각한다. 하지만 디지털 기기를 사용하는 사람들은 필요할 때 디지털 기기를 사용하는 게 아니라 디지털 기기의 여러 가지 유혹과 방해물 앞에서 자기조절 능력을 잃어버린다. 의식적으로 디지털 기기를 사용하지 않고 자신이 해야 할 일이 무엇인지, 진정한 부가 가치가 무엇인지 고민할 수 있는 환경을 만들어야 한다.

캐논의 경영자 사카마키 하사시는《캐논, 대담한 개혁》에 "어떤 회사든 대부분의 직원은 컴퓨터 앞에 앉아 있는 시간 중 약 60퍼센트만이 진짜로 일하는 시간이다."라고 썼다. 음식을 너무 많이 먹어서 살이 찌면 다이어트를 하는 것처럼 너무 많은 시간을 디지털 기기에 할애한다면 강제로 디지털 기기의 사용을 끊거나 줄여야 한다.

Rest & Relaxation

호환·마마보다 무서운 디지털 기기

정보라는 이름의 마약

인터넷과 이메일, SNS는 정보를 공유하고 지식에 접근하는 방식, 지식을 다루는 태도뿐만 아니라 일상생활까지도 완전히 바꿔 놓았다. 변화의 영향은 사고방식과 집중력, 지각력에도 큰 영향을 주고 있다.

기원전 7세기경 시인이면서 전쟁터에 나가 싸웠던 아르킬로코스 Archilochos는 "여우는 아는 게 많지만, 고슴도치는 딱 한 가지 큰 일에만 집중한다."라는 말을 남겼다. 1953년에 철학자 이사야 벌린이 아르킬로코스가 했던 말을 찾아내서 사람들이 지식을 다루는 태도에 빗대 설명했다. 고슴도치는 세상을 단 하나의 빛, 최상위에 있는 개념으로 해석하려 하는 반면 여우는 이론에 집착하기보다 될 수 있는 한 많은 경험을 하고 이것저것 자료를 찾아보는 것을 더 좋아한다. 이사야 벌린에 따르면 플라톤, 헤겔, 마르크스는 고슴도치이고 아리스토텔레스, 셰익스피어, 괴테는 여우에 속한다.[5]

기원전 7세기 그리고 1953년의 고슴도치와 여우에 비유해서 지식을 다루는 태도를 설명한 이야기는 오늘날 정보사회에도 적용된다. 여러 가지 자료를 찾는 것을 좋아하는 여우는 SNS를 사용하며 널려 있는 정보들을 짜깁기해서 영감을 얻는다. 이와 대조적으로 고슴도치는 서두르지 않는다. 천천히 돌아다니다가 먹잇감을 발견하면 가시를 곤두세운다.

디지털 환경은 사람들이 많은 주제에 대해서 넓게 탐구할 수 있는 환경을 만들어준다. 하지만 그 주제에 탐구하는 방식은 피상적인 수준에 머문다. 소셜 네트워크는 지식을 두 종류로 나눈다. 직접 아는 지식과 관련 정보가 어디에 있는지 알아서 찾을 수 있는 지식. 소셜 네트워크 환경은 직접 아는 지식과 깊이 아는 능력, 생각을 거듭해서 독창적인 지식이 떠오르게 하는 사고법, 풍부하고 색다른 연관 관계를 구축하도록 하는 능력을 퇴화시키고 있다.[6]

책과 글을 읽는 방식도 바뀌었다. 네트워크 환경은 사람들이 페이지 사이를 건너뛰는데 열중하게 만들었다. 검색해서 원하는 내용을 찾아냈을 때조차 자세히 읽지 않는다. 콘텐츠를 스크랩하거나 SNS에 공유하지만 저장해 둔 페이지를 다시 읽는 사람은 거의 없다. 책을 볼 때도 제목과 차례, 내용을 요약한 글을 건성으로 훑어보기만 하고 전체적인 내용을 꼼꼼히 살펴보지 않는다. 인터넷 환경에 익숙한 사람들은 콘텐츠와 뉴스 사이를 건너뛰어 다니기에만 급급할 뿐 한 가지 사안을 두고 깊이 생각하고 판단할 여유가 없다. 깊이 생각하고 판단하는 능력조차 잃어버리고 있다.

속도에 중독되어 짧은 시간에 더 많은 내용을 보는데 급급하다. 정보를 찾는 행동을 멈추면 감당할 수 없을 정도로 공허해진다는 두려움에 빠져있다. 캘리포니아 주립대학 심리학 교수 로버트 레빈은 "빠른 템포와 느린 템포를 자유로이 바꿔 사용하는 방법을 찾아내야 한다. 재촉당하며 여유 없이 바쁘게 지내는 것을 받아들여야 하지만, 한편으로 가끔은 자신에게 아무것도 하지 않도록 강요할 필요가 있으며 가끔이라도 아무것도 안 하고 쉬어주는 시간을 갖지 않는다면 흥에 겨운 순간조차 더는 즐길 수 없게 될 것이다."라고 했다.[7]

과거에는 교육을 받은 소수의 고급인력이 콘텐츠를 만들었지만 지금은 다수의 아마추어들이 다양한 분야의 콘텐츠를 만든다. 인터넷을 통해서 정보를 생산하는 일은 누구나 할 수 있다. 결국 정보는 계속 늘어난다. 뉴욕대학에서 뉴미디어를 연구하는 클레이 셔키 교수는 이런 현상을 '대중의 아마추어화'라고 했다. 그는 정보의 홍수는 없고 오직 좋은 필터가 없을 뿐이라고 했다. 정보가 많이 생겨나도 빠른 템포와 느린 템포를 바꿔가며 사용하거나 정보를 걸러내는 도구를 사용한다면 우리 머릿속은 더 이상 복잡해지지 않을 것이다.

아이디스오더와 벨소리 증후군

스마트폰과 웨어러블, 노트북 등 디지털 기기는 업무를 도와주는 도구로 개발되었다. 이제는 디지털 기기를 우리 몸의 일부처럼 인식하는 사람들이 많다. 디지털 기기가 일과 생활에서 꼭 필요한 도구가 되었다는 사실을 부인할 수는 없다. 더 나은 삶을 위해서 기술을 효과적으로 사용하면 좋겠지만 디지털 기기가 주는 정보를 끊을 수 없을 정도로 중독된 사람들에게 부작용이 하나둘씩 나타나고 있다. 대표적인 증상이 실제로 울리지 않은 스마트폰 진동을 느꼈다고 착각하는 환촉 증상이다. 이런 증상을 아이디스오더iDisorder라고 한다.

심리학자 데이비드 래러미는 스마트폰 진동을 느꼈다고 착각하는 증상을 '벨소리 증후군ringxiety'이라고 했다. 평상시에 스마트폰을 바지 주머니에 넣고 다니는 사람들은 신경이 많이 분포되어 있는 허벅지 윗부분에 스마트폰이 닿아 있기 때문에 이런 증상을 많이 느낀다. 특히 걸려오는 전화를 무시할 수 없는 사람들에게 이런 증상이 더 많이 나타난다.[8]

보스턴 지역 병원의 연구진들이 이런 현상을 조사한 결과, 학생과 기숙사 관리 직원들은 호출기와 스마트폰을 수시로 확인했고 근무 경력이 오래된 직원들과 비교해서 환촉 증상을 더 많이 느꼈다. 의대생들의 신경 체계는 실제로 스마트폰 진동이 울렸다는 것을 모르는 대가가 진동이 울리지 않았다는 것을 알고 있는 데 대한 대가보다 훨씬 높다고 받아들였다. 의대생들은 전화를 받지 않으면 '심각한 일이 생길 수 있다'고 생각하기 때문에 스마트폰 진동에 더 민감했다.

스마트폰이 울리지 않았는데도 환촉 증상을 느끼는 이유는 스마트폰이 몸의 일부라고 느끼는 심리상태 때문이다. 과학자들은 스마트폰 진동을 느끼는 횟수가 늘어나면 옷감이 스치거나 가방, 사물에 부딪히는 느낌, 가벼운 근육 경련도 스마트폰 진동으로 오해할 수 있다고 말한다.

미국의 온라인 스트리밍 업체 넷플릭스의 내부 전략 보고서에는 '투 스크린two screen'의 흐름으로 접어들었다는 내용이 있다. 투 스크린은 스마트폰 화면을 보면서 태블릿 PC 또는 TV 화면을 동시에 보는 것을 말한다. 기술이 발전할수록, 사람들의 정보 소비 욕구가 높아질수록, 사람들이 사용하는 스크린의 숫자는 계속 늘어날 것이다. 미국 리서치기관 가트너Gartnet에서는 가까운 미래에 사람들은 6개의 기기를 동시에 쓰게 된다고 했다. 사용하는 디지털 기기가 늘어날수록 사람들은 디지털 기기를 통해서 정보를 얻고 디지털 기기에 더 의존하게 된다.[9]

디지털 기기는 누구나 정보에 접근할 수 있도록 해 주고 사람들을 더 편리하게 해준다. 하지만 장점만 있는 것은 아니다. 디지털은 기기는 많은 정보를 제공하지만 반대로 사람들에게 실험정신을 빼앗았고 지나치게 많은 디지털 정보를 받아들인 나머지 사람들을 디지털 기기의 노예로 전락시켰다.

디지털 기기에만 의존하여 판단하고 해석하는 능력을 키우지 않으면 더 가치 있는 정보를 생산하지 못하고 복사와 붙여 넣기만 하게 된다. 정보를 많이 수집해도 그 정보를 활용하는 사람이 중요한 정보를 걸러내지 못하거나 수집한 정보 자체에 문제가 있다면 심각해진다. 과거에 비해 정보와 데이터를 쉽고 빠르게 얻을 수 있게 된 현재, 그리고 미래의 사람들에게 필요한 능력은 판단하고 해석하는 능력이다.

다른 사람이 좋다는 것을 여과 없이 받아들이지 말고 스스로 판단하고 해석해서 좋고 나쁨을 구별하려면 집중력이 필요하다. 집중력은 효율, 성과와 같은 의미로 사용한다. 제대로 집중하려면 중요한 것 하나에만 집중해서 생각하는 습관을 들여야 한다. 집중력을 발휘하려면 우선 머리를 비워야 한다. 창의적인 생각을 하거나 새로운 해답, 해결책을 내놓아야 한다면 쉬어야 한다. 문제를 해결하기 위해서는 어느 시점에서 멈출 줄 알아야 한다. 휴식을 하고 싶어도 그럴 여유가 없다고 말하는 사람은 창의적인 생각도, 집중도 하기 어렵다.

중요한 결정을 할 때는 스마트폰을 치워라

스마트폰과 스마트 기기를 개발한 기업에서는 음성과 문자, 영상을 이용해서 언제 어디서나 누구와도 연락할 수 있고 어디서 무슨 일을 하든지 상관없이 즉시 메시지를 주고받을 수 있다고 광고하면서 자기들이 만든 제품을 자랑한다. 스마트 기기 광고를 본 사람들은 새로운 제품을 구입하고 로그온, 부팅, 다운로드를 하지 않으면 안 될 것 같은 중압감에 사로잡힌다. 마치 약물에 중독된 사람처럼 새로운 제품을 원하고 변화의 속도를 따라잡으려고 조바심을 낸다. 정보를 긁어모을 대로 모아야 비로소 마음이 놓인다. 오늘날 많은 사람들은 마음을 끌어당기는 중독성이 강한 대상을 찾았다. 그것은 바로 인터넷과 스마트폰이다.[10]

정신의학박사 에드워드 할로웰은 《창조적 단절》에서 디지털 기기를 사용하면서 등장한 질병 다섯 가지를 소개했다. 첫 번째는 스크린 서킹 Screen sucking이다. 스크린 서킹은 컴퓨터, TV, 스마트폰, 비디오게임 등의 영상 매체에 중독되어 스크린에서 나오는 영상에 강하게 집착하는 증상이다. 두 번째는 과잉정보 치매 Fuhetddonmania and Loseophilia다. 현대인들이 처리해야 하는 정보의 양은 역사상 유래를 찾을 수 없을 정도로 많다. 정보의 양에 비례해서 기억해야 하는 정보도 많아졌지만 뇌의 한계로 기억하지 못하는 것을 기억력 감퇴라고 생각하면서 불안해하는 질병이 과잉정보 치매다. 세 번째는 기가 죄책감 Giga guilt이다. 정보가 늘어나는 속도와 변화의 속도는 개인의 능력으로 따라잡을 수 없을 만큼 빠르다. 세상이 바뀌는 속도를 인정하지 않고 자기 능력의 한계만 탓하는 것은 현실을 직시하지 못하는 태도다. 이것도 인터넷과 스마트폰이 나오기 전에는 없었던 질병이다. 네 번째는 정크타임 Junk Time이다. 열량만 높고 영양가는 낮은 정크푸드처럼 자기가 해야 할 중요한 일을 미루고 메일이나 블로그, 최신 뉴스 등 쓸데없는 정보를 보는 일로 시간을 낭비하는 증상이다. 다섯 번째는 정보중독 Info Addict이다. 새로운 정보를 얻지 못하면 허기를 느끼고, 새로운 화제, 이슈, 최신 뉴스, 속보 등 '지금 일어나는 일들'을 알려고 안달하는 증상이다.

많은 사람들이 너무 많은 정보를 조절하지 못하고 자기 스스로를 통제할 수 없을 정도로 바쁜 상태에 놓여 있다. 워렌 버핏은 컴퓨터가 없는 책상에서 투자 결정을 하고 빌 게이츠는 1년에 두 번 외부와의 접촉을 완전히 끊고 미래를 설계하는 생각 주간을 갖는다. 워렌 버핏과 빌 게이츠는 외부와 단절된 공간에서 중요한 판단을 내린다. 그 이유는 인터넷과 스마트폰이 집중력과 문제해결력을 약화시킨다는 사실을 알고 있기 때문이다.

미국 텍사스 오스턴대학의 아드리안 워드 교수는 스마트폰을 옆에 놓고 있는 것만으로 인지능력이 줄어든다는 내용의 논문을 발표했다. 아드리안 워드 교수 연구팀은 800명의 실험 대상자를 세 그룹으로 나누고 A그룹은 책상 앞, B그룹은 주머니나 가방 안, C그룹은 다른 방에 스마트폰을 두도록 했다. 그런 다음 세 그룹이 문제를 얼마나 잘 푸는지 실험했다. 실험 대상자들이 푸는 문제는 집중력, 기억력, 문제 해결력 등을 알아보는 내용이었다. 실험 결과 스마트폰을 책상 앞에 둔 A그룹의 인지능력이 가장 떨어지는 것으로 나타났다. A그룹의 실험 결과는 30.5점이었고 주머니나 가방 안에 스마트폰을 넣어 둔 B그룹은 31점, 다른 방에 스마트폰을 둔 C그룹은 34점으로 가장 높은 점수를 받았다.

아드리안 워드 교수 연구팀은 실험을 통해서 스마트폰이 가까이 있을수록 가용 인지능력이 떨어진다는 사실을 발견했다. 스마트폰이 꺼져 있더라도 곁에 있는 스마트폰을 확인하지 않으려는 생각이 인지능력을 떨어트린다고 분석했다.[11]

디지털 기기를 잠시 멀리하는 디지털 디톡스digital detox는 그 이름처럼 디지털 독을 해독하자는 취지로 시작되었다. 미국 캘리포니아에서는 디지털 디톡스를 체험할 수 있는 '캠프 그라운디드Camp Grounded'가 활발하게 진행되고 있다. 이 캠프에 참가하려면 디지털 기기를 집에 두고 와야 한다. 참가자들은 자연에서 뗏목을 만들거나 낚시를 하면서 시간을 보낸다. 캐나다에서도 '디지털 디톡스 주간'을 정해서 디지털 기기의 사용을 줄이려고 노력하고 있다.

디지털 디톡스라고 해서 디지털 기기가 항상 독을 내뿜는 것은 아니다. 디지털 기기는 도구일 뿐이다. 늘 그렇듯 사용하는 사람이 문제다. 스마트 기기가 긍정적인 영향을 주는지, 부정적인 영향을 주는지, 거의 영향이 없는지 파악해야 한다. 중요한 활동에 긍정적인 영향을 준다면 당연히 사용해야 하고 긍정적인 영향이 부정적인 영향보다 큰 경우에만 사용해야 한다. 디지털 기기의 사용을 통제하지 않으면 디지털 기기의 노예가 될 수밖에 없다.

7장
휴식이 몸과 마음을 치유한다

Rest & Relaxation

휴식이 몸과 마음을 치유한다

사자가 쉬지 않고 사냥감을 쫓는다면 새로운 강적이나
더 큰 사냥감이 나타났을 때 힘을 충분히 발휘하기 어렵다.

Rest & Relaxation

쉬지 않고 일만 하는 사람은 위험하다

휴식에 집중하기

생산성을 높이기 위해서 시간을 정해놓고 집중근무core hour를 하는 제도는 1960년대 미국에서 '집중근무일제'라는 이름으로 처음 만들어졌다. 초기에는 주당 총 근무시간 40시간을 기준으로 하루에 10시간씩 주 4일을 근무하거나 하루 12시간씩 3일을 근무하고 4일째는 4시간을 근무하는 방식으로 근로자는 주당 40시간만 일하는 제도로 시행되었다.

지금은 근무 시간 중에서 집중근무시간을 정하고 그 시간에는 모든 직원이 각자의 업무에 집중하는 방식으로 바뀌었다. 집중근무시간과 출퇴근 시간, 점심시간을 자유롭게 활용하는 탄력 근무방식도 많은 기업에서 제도로 만들어서 활용하고 있다.

집중근무시간처럼 휴식시간도 확실하게 쉴 수 있게 보장하는 기업들이 많다. 일본의 조미료 제조업체 아지노모도 연구소는 100여 명의 연구원이 근무하는 연구실을 비우 비좁게 만들었다. 대신 복도는 매우 크다. 복도 한쪽 끝에는 책상과 의자, TV도 갖춰져 있다. 사무실보다 복도가 더 좋다. 아지노모도 연구소의 복도는 단순히 이동하는 통로가 아니라 회의와 휴식을 위한 복합공간이다.[1]

아지노모도의 연구실은 연구원들이 모여 앉아서 이야기를 나눌 정도의 공간도 없이 협소하지만 복도를 광장처럼 만든 데는 이유가 있다. 창조적인 아이디어는 사무실이 아니라 사람과 사람이 만나서 교류하는 휴게실이나 복도에서 나오기 때문이다. 이런 사실을 증명하는 것이 '워터쿨러 효과Water Cooler Effect'다. 우리말로는 '정수기 효과'라고 한다. 음료를 마실 공간이 있으면 사람들이 모여서 대화를 하게 되고 의사소통이 활발해지는 효과가 있다. 직원들이 음료를 마시면서 이야기를 나누다가 나온 아이디어를 발전시켜서 사업으로 만드는 것이다.[2]

새로운 아이디어, 기발한 생각은 뜻밖의 운 좋은 발견serendipity에서 나오는 경우가 많다. 아지노모도 연구소는 머리를 식히러 나온 연구원들이 복도에서 이야기하면서 더 많은 아이디어를 낼 수 있도록 복도를 크게 만들어서 창의적 휴식공간으로 활용하고 있다.

이제는 소니와 합병하여 소니에릭슨이 된 통신기기 개발사 에릭슨은 오전 10시부터 10시 15분까지, 오후 3시부터 3시 15분까지 하루에 두 번 전체 휴식시간을 갖는다. 휴식시간의 이름은 '지식장터knowledge marketplace'다. 전체 휴식시간에는 직원들이 모여서 차를 마시며 이야기를 나눈다. 흡연자를 위한 공간도 별도로 마련되어 있다. 휴식시간에 직원들이 지켜야 하는 규칙이 있다. 규칙은 전체 휴식시간에는 업무에 관한 얘기는 하지 않는 것이다. 하루 두 번 공식적으로 휴식시간을 가진 뒤에 생산성도 높아지고 참신한 아이디어도 많아졌다. 업무적인 얘기는 하지 않지만 직원들은 이 시간을 지식을 교환하는 시간으로 활용한다.[3]

기업에서는 집중적으로 근무하는 시간만 제도로 만들어서 관리하고 휴식시간은 따로 관리하지 않는다. 동료와 잠깐 커피 한 잔 마시려고 했는데 수다가 길어져서 본의 아니게 오래 자리를 비운 경험은 직장인이라면 누구나 있을 것이다. 근무 중에 잠깐 쉬어야지 하고 인터넷 검색을 시작했다가 자기도 모르는 사이에 쇼핑을 하거나 게임을 하게 된 경험도 있을 것이다. 휴식시간에 생각 없이 한 행동 때문에 제대로 쉬지도 못하고 시간만 허비한다. 짧은 휴식시간이라도 쉬는 데 집중하면 다시 일을 시작할 때 주의력·집중력이 생긴다. 업무 중에 다른 일로 인해 주의가 산만해진다면 그 일은 뒤로 미루거나 피해야 한다. 휴식시간도 마찬가지다. 휴식을 취하는 동안 일과 관련된 서류를 훑어보거나 파일을 정리하는 건 좋지 않다. 아무리 중요한 일을 하더라도 휴식시간에는 철저하게 일과 자신을 분리해야 한다. 쉬는 시간에도 일에 대해서만 생각한다면 얻는 것보다 잃는 것이 더 많을 수도 있다.

일과 휴식을 분명하게 구분하지 않으면 업무 효율은 떨어진다. 자리에 앉아서 계속 고민한다고 성과가 나오지 않는다. 업무에 집중하려면 휴식은 절대적으로 필요하다. 사자가 쉬지 않고 사냥감을 쫓는다면 새로운 강적이나 더 큰 사냥감이 나타났을 때 힘을 충분히 발휘하기 어렵다. 강한 적과 맞서고 더 큰 사냥감을 잡으려면 제때 쉬어야 한다.

프랭크 길브레스Frank Gilbreth는 1900년대 초에 벽돌공들의 작업흐름에서 낭비되는 행동을 제거하기 위해 인간의 동작을 연구했다. 일을 잘하는 벽돌공들이 일하는 방법을 연구하기 위해 동작을 영상으로 촬영해서 관찰했다. 그 결과 '게으르고 창의적인 사람'이 가장 일을 잘 한다는 사실을 알아냈다. 일을 잘하는 벽돌공들은 단 하나의 불필요한 동작도 용납하지 않는다. 그들은 최선의 방법을 찾는다. 불필요한 동작이 없어서 휴식시간이 길었다. 하지만 최선의 방법을 찾지 않고 부지런히 일하는 벽돌공들은 능률이 오르든 말든 신경 쓰지 않고 불필요한 동작을 대수롭지 않게 여기며 일했다. 그래서 휴식시간도 짧았다.[4]

휴식시간에 제대로 쉬려면 일하는 곳에서 벗어나 완전히 다른 일을 해야 한다. 모니터를 보며 일하는 직장인이라면 우선 모니터에서 떨어져야 한다. 쉬는 동안 인터넷 서핑이나 스마트폰으로 메신저를 주고받는다면 그건 휴식이 아니다. 축구선수들이 후반전을 뛰기 위해서 15분 동안 집중적으로 휴식을 취하는 것처럼 일에 대한 고민과 걱정은 접어두고 머리에 산소를 보충하는 행동에 집중해야 한다. 짧은 시간이지만 깊은 휴식을 취하면 쉬지 않고 일하는 사람, 쉬는 시간에도 모니터를 들여다보는 사람보다 집중력이 높아진다.

휴식이 내 몸을 지킨다

요즘은 게으름이 건강하고 오래 사는 비결로 바뀌었다. 부자들의 성공 습관 중에 게으름 피우기가 있다고 말하는 사람도 있다. 여기서 말하는 게으름은 나태한 무기력과는 다른 의미다. 오래 사는 비결이라고 말하는 게으름은 무리해서 일하지 않는 삶, 적당히 휴식을 취하면서 일하는 자세를 말한다. 게으름이라고 말하는 적당한 휴식은 내 몸을 위한 투자이고 열심히 일하는 것만큼 가치가 있다. 일의 효율을 높이는 측면에서 휴식만큼 효과적으로 에너지를 충전하는 방법은 없다.[5]

휴식과 재충전, 여가가 필요하다는 말에는 고개를 끄덕이지만 지금보다 더 나은 생활을 위해서 더 많은 일을 하려고 하고 조금 한가해지면 무언가를 더 배우려고 한다. 이렇게 생활하면서 사람들은 쉬는 법을 잊어버린다. 일본의 경제학자 오마이 겐이치는 《OFF학》에서 새로운 IT 기기들에 적응하지 못해서 시대에 뒤떨어진다는 느낌을 받은 직장인, 나이가 들어서 은퇴를 준비해야 하는데 능력은 없고 시간만 흘러가서 안절부절못하는 장년층들이 스트레를 받는 원인은 '놀 줄 모르기 때문'이라고 했다. 경쟁에서 밀리지 않기 위해 하루 종일 일하는 상태ON-Mode를 유지하는 사람들은 휴식 공포증에 걸린 사람들처럼 일만 한다. 하지만 쉬지 않고 일만 하는 사람은 성공하지 못한다. 과거에는 이런 사람들이 성공했을지 몰라도 지금은, 미래에는 성공할 수 없다. 계속 일하는 상태를 유지하면서 스트레스와 피로를 풀지 못하는 사람은 시한폭탄을 안고 사는 것과 같다.

Rest & Relaxation

음악과 자연의 치유효과

음악을 들으며 마음을 가다듬는다

어떤 음악을 듣느냐에 따라 인간의 정서 반응이 달라진다. 이런 현상을 활용해서 음악 치료가 탄생했다. 우울증 환자에게 경쾌하고 밝은 곡을 들려주면 우울증이 완화되는 효과가 있다. 개인에 따라 반응이 달라서 사람마다 맞춤형 음악 치료 처방은 다르다. 요즘은 고급 스파에서 개인 취향에 따라 음악을 들려준다. 우리 정서에는 피리나 대금 소리도 좋다. 국악을 좋아하지 않는 사람도 은은한 피리 소리, 대금 소리를 들으면 마음이 차분해지고 감정을 관장하는 변연계에 공명이 일어난다. 그러면서 정신적인 치유가 이루어진다.[6]

휴식을 위한 음악이라고 하면 조용한 클래식이나 폭포, 바닷소리처럼 자연에서 들리는 백색소음을 생각하는 사람들이 많다. 혼자서 편안한 마음으로 휴식할 때는 조용한 음악이 제격이다. 활기가 넘쳐야 하는 사무실에서 휴식시간에는 어떤 음악을 들으면 좋을지 생각해보면 마음을 차분하게 해주는 조용한 음악일 수도 있고 그렇지 않을 수도 있다.

마이크로소프트사의 한 부서에서는 매일 '3시의 록 음악'이라는 게임을 한다. 오후 3시에 직원들은 돌아가며 자신의 방대한 디지털 음원 가운데 한 곡을 선정한다. 모든 사람들이 음악을 들을 수 있도록 볼륨을 높인다. 이 시간이 되면 전화통화를 하던 직원들도 노래를 들으며 휴식시간을 즐기기 위해 서둘러 통화를 끝낸다. 직원들은 선곡한 사람의 취향을 느끼면서 노래를 따라 부르며 긴장을 푼다. 라디오 프로그램에서 자주 나오는 노래 퀴즈도 노래를 들으며 긴장을 푸는 방법이다. 진행자가 노래 도입부만 들려주고 청취자들이 노래 제목과 가수를 알아맞히는 방식으로 노래 퀴즈를 진행한다.[7]

휴식시간을 어디서 어떻게 갖느냐에 따라서 음악의 장르는 달라진다. 시끄러운 음악은 휴식을 방해하지만 여러 사람들과 함께 즐거운 휴식시간을 보내려면 조용한 음악보다 신나는 음악이 더 효과적이다. 취향에 따라 좋아하는 음악은 다르다. 일반적으로 조용한 음악이 신나는 음악보다는 안정 효과가 크다. 마음을 차분하게 해주는 웨일 뮤직새 소리나 고래가 내는 음조을 듣거나 바람 불 때 소리가 나는 풍경을 창가에 걸어두는 것도 마음에 안정을 찾는 데 효과가 있다.[8]

조용한 클래식 음악이 마음의 안정과 정서 순화뿐만 아니라 신체 기능까지 향상시킨다는 것은 과학적으로 입증되었다. 불가리아 정신과 전문의 게오르그 로자노프 박사는 특정한 리듬의 음악을 들으면 심장 박동이나 뇌파가 리듬에 맞춰 반응한다는 사실을 밝혀냈다. 인간의 심장 박동수와 잘 맞는 72템포(엄마의 심장 박동수), 144템포(태아의 심장박동수)의 클래식 음악이 집중력을 높여주고 안정감을 주는 효과가 있다. 게오르그 로자노프 박사는 바흐와 헨델, 파헬벨, 비발디 음악처럼 규칙적이고 일정한 박자가 반복되는 바로크 음악은 심리적 안정 상태를 유지시키는 알파파와 세타파를 유도하고, 도파민이나 세로토닌의 생성을 자극해서 집중력을 높이는 데 도움을 준다고 했다.[9]

운동선수들이 경기 전에 음악을 들으며 정신을 가다듬는 것을 사이킹 업Psyching up이라고 한다. 사이킹 업은 정신 훈련 기법으로 선수의 잠재적인 경기력을 실전에서 충분히 발휘하기 위해 심신의 긴장이나 흥분 수준을 최적의 상태로 높이는 효과가 있다. 박태환 선수는 경기를 앞두고 수영장에 입장할 때 항상 헤드폰을 쓰고 음악을 듣는다. TV 프로그램에서 진행자가 박태환 선수에게 경기 전에 어떤 음악을 듣는지 물어보았다. 박태환 선수는 유행하는 가요 제목을 말하면서 좋아하는 음악을 듣는다고 대답했다. 경기 전에 선수들이 좋아하는 음악을 들으면서 외부에서 유입되는 불필요한 잡음을 차단하고, 동시에 음악에 몰입함으로써 내면에 있는 불안이 밖으로 표출되지 못하게 억누를 수 있다.[10]

마음을 안정시키려면 조용한 클래식 음악을 틀어놓는 것이 좋고 밝은 기분으로 공부나 일을 시작하려면 경쾌한 음악, 좋아하는 음악을 듣는 것도 좋다. 잠자리에 들 때는 뇌파를 안정시켜주는 음악을 들으면 숙면을 취하는 데 도움이 된다.

음악은 면역력을 증가시키고 통증은 감소시킨다

생활 속에서 들리는 소리는 매우 다양하다. 사무실에서는 키보드를 두드리는 소리, 프린트하는 소리, 복사하는 소리가 들리고 밖에서는 주로 자동차 경적이나 오토바이 소리가 들린다. 대부분 소음이다. 집중력을 향상시키는 백색소음도 있지만 대부분 소음은 집중을 방해하고 스트레스를 유발한다.

공장, 창고 등의 작업장에서는 라디오나 경쾌한 음악을 들으며 일을 한다. 좋아하는 노래는 듣는 사람의 취향에 따라 다르다. 시끄러운 음악을 들으면 집중이 잘된다는 사람도 있지만 일반적으로 조용한 음악이 시끄러운 음악보다 안정감을 준다.

미국의 하트매스 연구소 롤린 맥크레이티 박사는 음악이 스트레스를 방지하는 효과가 있는지 알아보기 위해서 실험을 했다. 실험 참가자들은 15분 동안 록이나 뉴에이지 음악을 듣거나, 즐거운 일을 생각하면서 긴장을 풀었다. 그리고 실험 참가자들을 두 그룹으로 나눠서 한 그룹은 15분 동안 먼저 음악을 들은 다음 15분 동안 휴식을 취하게 했다. 다른 그룹은 순서를 바꿔서 15분 동안 휴식을 취한 다음 15분 동안 음악을 들었다. 그런 다음 음악과 휴식시간 전후의 심리 상태를 측정했다. 심리 상태는 심장박동 리듬, 혈압, S-IgA라는 면역세포 물질*침에서 측정 가능한 물질로 스트레스를 받으면 양이 줄어든다.*을 통해서 측정했다. 그 결과 음악을 들을 때 S-IgA의 양이 늘어났고 심장박동 리듬과 혈압이 낮아지는 것을 확인할 수 있었다. 이 실험으로 음악을 들으면 비교적 짧은 시간에 스트레스가 해소된다는 사실을 증명했다.[11]

휴식을 취할 때 음악을 듣는 사람들이 많다. 음악이 직접적으로 피로를 풀어주지는 않지만 조용한 음악이나 좋아하는 장르의 노래를 들으면 긴장이 풀린다. 정신적인 휴식을 취할 때 음악을 듣는 것만큼 효과적인 방법은 없다. 운동선수들도 긴장을 풀기 위해서 음악을 듣는다. 집중력을 요구하는 종목의 선수는 훈련 프로그램 중에 명상음악을 듣는 시간이 있다. 뇌 과학자들의 연구에 따르면 심장 박동수와 비슷한 템포의 클래식 음악은 안정감을 주는 효과가 있다. 일정한 박자가 반복되는 바로크 음악은 심리적인 안정 상태에 나오는 알파파와 세타파를 유도하고 도파민, 세로토닌 분비가 활발해져서 집중력을 높이는 데 도움을 준다.[12]

이론적으로는 바로크 시대 클래식 음악이 심리적인 안정상태를 유지하는 데 도움을 준다고 하는데 음악을 선택하는 기준은 듣는 사람에게 있다. 빠른 리듬의 신나는 음악을 들으면 기분이 좋아지는 사람도 있고 잔잔한 리듬의 발라드 음악을 좋아하는 사람도 있다. 공부나 일을 할 때도 좋아하는 음악을 들으면 능률이 오르는 것처럼 휴식을 취할 때도 음악을 들으면 휴식의 효과가 배가 된다.

대형빌딩과 백화점, 병원 등에 설치된 엘리베이터에서는 잔잔한 음악 BGM, Back ground music이 나온다. 비행기가 이·착륙할 때도 음악을 들려준다. 병원 휴게실이나 로비에서도 음악이 흘러나온다. 환자들이 치료를 받으면서 느끼는 스트레스와 병이 악화되는 것을 걱정하는 불안감에서 벗어나는데 음악이 도움을 주기 때문이다. 음악이 스트레스를 경감시키는 데 도움이 되는 것은 맞지만 과학적으로 왜, 어떻게 도움이 되는지는 증명되지 않았다. 하지만 많은 사람들이 '집중력 향상 음악', '치유에 도움이 되는 음악', '명상 음악'을 들으며 안정감을 느끼는 것은 사실이다.

음악 장르에 따라서 집중력이 향상되는 정도가 달라진다는 사실은 실험으로 증명되었다. 청각자극의 종류에 따른 실험 전과 후의 집중력 수치 변화를 EEG Electroenc Ephalo Graphy, 뇌파 측정기를 통해서 비교했다. 실험 참가자를 네 그룹으로 나눠서 A그룹은 클래식, B그룹은 가요, C그룹은 바이노럴 비트 Binaural beat, 양쪽 귀에 주파수가 다른 비트를 들려주어 뇌파를 자극하는 음악, D그룹은 아무런 소리도 들려주지 않았다. 실험 전과 비교해서 청각 자극을 들려준 후에 집중력 수치가 상대적으로 높게 나온 집단은 바이노럴 비트를 들려준 C그룹이었다. 그다음으로 집중력 수치가 높게 나온 집단은 클래식을 들려준 A그룹이었고 가요를 들려준 B그룹은 아무 소리도 들려주지 않은 D그룹보다 집중력 수치가 낮게 나타났다. 가요를 들은 B그룹은 음악을 듣기 전과 비교해서 집중력 지표가 오히려 떨어졌다. 바이노럴 비트는 뇌를 공명시켜서 휴식, 집중력 향상, 창의력 향상 등 원하는 주파수 상태로 유도하여 인간의 심리와 신체 상태, 행동 패턴에 직·간접적으로 영향을 주는 뇌파음이다.[13]

음악에는 공명 주파수가 있다. 가수 엘라 피츠제럴드는 소리로 유리컵을 깨트린다. 유리컵의 높은 공명 주파수를 흉내 내는 소리를 내면 유리컵이 흔들리다가 깨진다. 높은 주파수의 비트는 활력을 준다. 낮은 주파수는 평온함을 준다. 아기들이 자장가를 들으면서 편안하게 잠이 드는 것처럼 잔잔한 물소리, 클래식 음악, 돌고래 소리, 팬파이프 소리는 깊은 휴식을 취할 수 있는 수준의 공명 주파수를 갖고 있어서 듣고 있으면 편안해진다.[14]

음악을 심리 치료에 이용하는 뮤직테라피Music theraphy는 긍정적인 신체 및 심리적 변화를 유도한다. 미국 음악치료학회에서는 뮤직테라피를 정신과 신체 건강을 유지하고 향상하기 위한 치료 목적으로 음악을 사용하는 과정으로 정의하고 교육, 심리치료, 의료·재활 분야에서 활발하게 연구하고 있다. 예방의학 차원에서 음악이 면역력을 향상하고 통증 감소에 도움이 된다는 연구결과가 발표되면서 삶의 질을 높이기 위한 음악치료 프로그램의 활용범위는 확대되고 있다.

숲과 바다의 치유효과

의사들이 병을 진단할 때 얼굴의 색을 살펴본다. 이것을 망진望診이라고 한다. 오장육부의 상태가 얼굴의 해당하는 부위에 나타나기 때문이다. 이마는 심장, 코는 비장, 왼쪽 볼은 간, 오른쪽 볼은 폐, 턱은 신장과 연결되어 있다. 《동의보감》에는 건강을 나타내는 오색을 살피라고 했다. 황적색은 열熱이 되고 백색은 한寒이 되고 청흑색은 병病이 된다. 눈이 붉은색을 띠면 심장이 좋지 않고 푸른색이 있으면 간에 이상이 있고 누런색이면 비장에 문제가 있는 것이다. 얼굴과 눈의 오색은 오장의 상태를 그대로 나타낸다.[15]

얼굴과 눈에 나타나는 색처럼 눈으로 보는 색도 건강과 관련이 있다. 청색은 간장의 기능과 밀접해서 근육의 피로를 견딜 수 있는 힘을 주어 고통을 완화시키는 진정효과가 있고 연두색은 상처 치유에 도움을 준다. 푸른 바다를 보거나 푸른 숲을 산책하면 기분전환이 되고 새로운 힘이 생긴다. 그 이유는 청색과 연두색이 간장기능을 회복시켜서 피로를 풀어주기 때문이다. 심리적으로 안정감을 느끼는 게 아니라 실제로 안정이 되는 효과가 있다.

숲과 바다가 치유효과가 있다는 것은 널리 알려진 사실이다. 지구가 처음 탄생했을 당시에는 뜨거운 불덩어리였다. 유독가스로 가득 찬 대기를 생명이 살 수 있는 곳으로 바꾼 것은 바닷물이다. 바닷물에서 원시 식물이 생겨났다. 바닷속에서 자란 식물들은 진화해서 물가로, 육지로 올라왔고 성장하면서 유독가스를 빨아들이고 산소를 내뿜었다. 식물이 만든 산소의 일부는 성층권까지 올라가 오존층을 만들었다. 이렇게 만들어진 오존층이 유해한 자외선을 막아서 생명이 살 수 있는 환경을 만들었다. 생명의 탄생을 거슬러 올라가면 바다와 숲이 모체라는 것을 알 수 있다. 바다와 숲이 인간의 신체와 의식, 무의식에 영향을 주는 것은 당연하다. 도시에서 발생하는 자극, 특히 인간이 만들어낸 자극은 스트레스를 유발한다. 반면 자연적인 자극은 안정감과 행복감을 준다.[16]

숲 속에 들어가면 머리가 맑아지고 가슴이 시원한 것도 풍부한 산소 덕분이다. 이른 아침에 달리기를 하면 많은 양의 산소가 몸으로 들어와 상쾌한 기분을 느낄 수 있다. 스트레스를 받아서 피로하면 혈압과 산소 소비량이 실제로 감소하고 즐거움을 느끼면 활력이 생기고 신진대사 속도가 증가하여 더 많은 산소를 소비한다. 숲이 치유효과를 가지는 이유는 산소와 피톤치드 때문이다. 숲 속에는 피톤치드가 풍부하다. 피톤치드는 치유의 기능에서 핵심적인 역할을 한다. '식물'을 뜻하는 파이톤 Phyton과 '죽이다'는 뜻의 사이드 cide가 합쳐진 피톤치드는 식물이 자신을 방어하기 위해서 해충에 내뿜는 휘발성 살균 물질이다. 이 말은 1943년 러시아 출신 미국 세균학자 왁스만이 처음 만들었다.

숲이 치유의 효과가 있다는 것을 보여주는 유명한 일화가 있다. 미국 뉴욕 근교의 한 병원에서 입원해서 치료를 받던 결핵 환자 가운데 숲 속에 마련한 임시 병동에 있던 환자들이 일반 병동에 있던 환자들보다 회복 속도가 빨랐다. 당시 사람들은 숲에서 요양을 하면 왜 결핵이 치유되는지 알지 못했지만 숲이 인간의 자연치유능력을 높여서 병을 극복하게 한다는 것을 경험으로 알고 있었다. 숲의 치유효과가 드러나면서 피톤치드라는 물질이 나쁜 병원균과 해충, 곰팡이 등을 없앤다는 사실과 인체의 면역력을 높인다는 것이 입증되었다.

일찍부터 숲의 신비로운 힘에 주목한 나라에서는 국민 건강을 위해 삼림욕을 적극 권장하고 있다. 일본에서는 삼림욕이 주는 건강증진효과를 과학적으로 증명하고 있으며 독일에서는 건강을 증진하기 위한 목적으로 13일 동안 요양 휴가를 가는 것을 법으로 정했다. 요양 휴가 기간을 반드시 휴양지에서 보내야 휴가로 인정해준다. 집에서 빈둥거리면서 시간을 보내면 휴가로 인정해주지 않는다.[17]

독일에서는 숲의 치유 효과를 인정하고 숲에서 나오는 치유 물질에 관한 연구를 활발히 하고 있으며 '숲 치유'에 보험을 적용한다.

숲은 면역력을 높이는 신체적 치유 효과뿐만 아니라 정서적인 치유효과도 있다. 영국의 한 대학에서는 흙 속의 미생물이 행복 호르몬인 세로토닌을 더 많이 만든다는 연구결과를 발표했다. 숲 속의 흙을 밟고 만지는 것만으로도 세로토닌이 분비되어 기분이 좋아진다.

숲과 바다가 치유효과가 있다는 건 이제 모든 사람들이 안다. 문제는 시간이다. 숲과 바다에서 여유롭게 쉴 수 있는 사람은 많지 않다. 이럴 때는 숲과 바다를 촬영한 풍경사진을 보면 된다. 숲과 바다 사진만 봐도 정신적인 치유효과가 나타난다. 치유에 활용하는 사진은 고요한 풍경을 담은 흑백 사진이다. 치유에 흑백 사진을 사용하는 이유는 시각적으로 요란하지 않기 때문이다. 숲과 바다를 찍은 풍경사진을 보고만 있어도 편안한 정서를 불러일으킨다. 정갈하면서도 고요하고, 차분하면서도 넉넉한, 대자연의 깊은 정적을 느끼게 해주는 풍경사진은 심신을 정화시킨다.

Rest & Relaxation

적절한 수면과 휴식이 면역력을 높인다

의무적으로 휴식을 취하자

고대 그리스에서는 여가를 '행위를 하고 있는 인간의 이상적인 상태'라고 했다. 그리스는 여가와 노동이 분리된 계급 사회였기 때문에 '일로부터 자유로운 시간'이라고 생각했다. 반면 고대 로마인들이 생각하는 여가는 달랐다. 로마인에게 여가는 '노동에서 벗어난 시간'이었다. 여가는 권태를 없애주는 시간, 노동이나 전쟁을 위해 에너지를 충전하는 시간이라고 생각했다. 전쟁이 잦았던 시대였기 때문에 여가의 개념을 오락으로 바꾸고 대중으로부터 정치적인 지지를 얻어내는 시간으로 이용했다. 이후 로마는 심신의 단련과 정화를 배제하고 쾌락만 추구한 여가문화가 확산되면서 멸망했다.

산업혁명 이후 시간을 정해놓고 일하는 근무시간을 만들었고 사람들은 최소한의 여가 시간을 갖게 되었다. 산업혁명 이전에는 자연의 섭리에 따라 해가 뜨면 일하고 해가 지면 쉬었다. 대량생산과 대량소비의 시대가 되면서 밤낮없이 일을 하는 사회로 바뀌었다. 피로를 회복할 수 있는 최소한의 휴식시간만 남기고 나머지 시간에는 일만 하는 사회로 바뀌면서 여가는 노동으로부터 자유를 의미하게 되었다.[18]

밥 먹고 잠자는 시간만 빼고 잠시도 쉬지 않고 일하는 사람들이 꽤 많다. 퇴근 후에 학원에서 자기계발을 하고 더 많은 돈을 벌기 위해서 투잡, 아르바이트를 하는 직장인도 많다. 매체에서는 쉬지 않고 일했기 때문에 성공했다는 컨셉으로 프로그램을 만들어서 성공한 사람들의 사례를 보여준다. 학창 시절에 "공부는 머리로 하는 게 아니라 엉덩이로 한다."는 말을 들었고 짧은 기간에 빠른 성장을 이룬 우리나라에서는 휴가와 휴일에도 일하는 사람들이 진급도 빠르고 돈도 많이 벌었다는 이야기가 정설처럼 떠돈다. 쉬지 않고 일하는 사람이 직장에서도 인정받고 성공한다는 말이 여전히 공식처럼 통한다. 쉬지 않고 일한 것으로 유명한 기업인의 이야기도 많이 회자되었다. 현대그룹의 고 정주영 회장은 하루에 4시간만 잠을 잔 것으로 유명하고 대우그룹 김우중 전 회장은 30여 년 동안 일을 하지 않은 날은 딸 결혼식과 아들 장례식 단 이틀뿐이라고 한다.

쉬지 않고 일해서 성공한 사람들을 보고 많은 사람들이 같은 방법으로 성공하기 위해서 쉬지 않고 일한다. 성공하기 위해서가 아니라 현재 자리를 지키기 위해서 쉬지 않고 일을 한다. 이렇게 일하는 모습은 산업화 시대의 병폐로 지적되기도 한다. 쉬지 않고 계속 일하면 몸은 반드시 문제를 일으킨다. 쉬지 않고 일했을 때 나타나는 증상은 과로다. 과로의 징후는 다섯 가지로 나타난다. 첫째, 같은 일을 해도 전과 비교해서 능률이 떨어지거나 비슷한 성과를 내지 못한다. 둘째, 기억력이나 집중력이 현저하게 떨어진다. 셋째, 잠을 충분히 자도 개운하지 않다. 넷째, 특정한 병은 없는데 여기저기가 아프다. 다섯째, 운동을 하고 나면 개운한 느낌보다 피로감을 더 많이 느낀다.

최소한의 휴식시간도 갖지 못한 채 버스를 운전하다가 졸음운전으로 대형 사고가 이어지자 사업용 차량에 대한 졸음운전 방지대책을 내놓고 과도한 근로시간을 줄이기 위해 근로기준법도 개정하고 있다. 졸음운전으로 인한 사고는 어제오늘의 일이 아니다. 1995년 12월 20일에 미국 마이애미에서 출발해서 콜롬비아 칼리로 향하던 아메리칸항공 보잉 757기가 추락했다. 이 비행기의 탑승객 163명 가운데 네 명만이 생존했다. 사고의 원인은 피로가 누적된 기장의 수면 부족으로 밝혀졌다. 이런 사고를 방지하기 위해서 미국연방항공국에서는 장거리 비행을 하는 항공기 조종사들에게 '통제된 낮잠'을 허용한다.[19]

과로의 징후가 나타나면 면역력이 떨어지고 사고 발생 위험이 높아져서 다른 사람의 목숨을 위협할 수 있다. 과로는 충전해도 금방 닳아버리는 배터리와 같다. 이런 증상이 나타나기 전에 휴식을 취해야 한다.

적절한 휴식은 우울증을 예방한다

운동선수와 트레이너들은 기록을 향상시키기 위한 훈련을 할 때 훈련의 강도를 높이거나 훈련하는 시간이 길어지면 몸에서 훈련을 스트레스로 받아들인다는 사실을 안다. 강도 높은 훈련을 한 다음에는 회복하는 시간을 갖는다. 이렇게 하지 않으면 몸에 문제가 생긴다. 하지만 열정으로 가득한 아마추어 선수들은 회복하는 시간이 얼마나 중요한지 모르고 운동 계획을 세울 때 제동을 걸어줄 경험 많은 트레이너도 없다.[20]

휴식은 정상적인 몸 상태를 유지하기 위해서 반드시 필요하다. 운동선수들이 강도 높은 훈련을 하고 휴식을 취하는 것처럼 직장인, 학생, 주부 등 모든 사람은 몸과 마음이 지치지 않도록 휴식시간을 가져야 한다. 하지만 현대인의 일상은 쉴 새 없이 움직일 수밖에 없는 환경 속에서 살고 있다. 제대로 휴식을 취하지 못하고 심신의 피로가 누적되면 면역력은 저하된다. 신체뿐만 아니라 마음도 지나치게 혹사시키면 면역력은 떨어진다. 쉬지 않고 무리해서 일을 하면 몸은 항상성을 유지하지 못하고 면역 기능마저 저하된다.

일시적으로 무리하게 일을 하더라도 적절히 휴식을 취하면 면역 기능은 회복된다. 적당히 쉬면서 일한 사람이 쉬지 않고 일만 한 사람보다 더 큰 성과를 낸다는 휴식의 기술이 강조되는 이유도 일 중독자나 무리하게 일을 하는 사람이 많기 때문이다. 휴식의 기술은 단순히 일의 능률을 올리기 위해서가 아니라 건강에도 큰 영향을 준다는 점을 기억해야 한다.[21]

독일의 생리학자 위르겐 아쇼프는 1962년에 지하 실험실에서 빛, 소리 등 시간을 알 수 있는 정보를 모두 차단한 상태에서 생활하는 실험으로 '생체 시계'가 있다는 것을 증명했다. 지하 실험실에는 시간을 알 수 있는 물건이 없었다. 지하라서 해와 달을 볼 수 없었고 TV, 신문도 볼 수 없었다. 라디오도 들을 수 없었다. 실험을 시작할 때는 취침과 기상 시간이 제각각이었던 사람들이 실험을 시작하고 수일이 경과하자 25시간을 주기로 잠자리에 들고 일어났다. 외부 자극도 없고 시간을 알 수 있는 수단이 전혀 없어도 인간은 하루를 주기로 취침과 기상을 하는 생체 시계를 갖고 있다는 것을 알게 되었다. 그 후에 연구에 의해서 생체 시계는 태양 빛, 지구의 자전과 관련이 있다는 사실이 밝혀졌다.

생체 시계에 의해 조절되는 생체리듬을 '서캐디언 리듬Circadian rhythm' 이라고 한다. 서캐디언은 라틴어로 '약 하루'라는 뜻이다. 우리 몸은 서캐디언 리듬에 따라서 잠을 자고 깬다. 서캐디언 리듬에 따라 수면 중에는 체온과 혈압이 낮아지고 깨어있는 낮에는 올라간다. 시간에 따라 분비되는 호르몬의 양도 달라진다.[22]

감기몸살 증세는 몸이 느끼는 피로를 표현하는 신호다. 독감이 유행할 때 피로하고 면역력이 떨어진 사람들이 먼저 독감에 걸린다. 우리 몸의 면역 시스템은 섭취하는 영양분과 수면 습관 등에 영향을 받는다. 세균에 감염된 토끼를 수면 시간이 짧은 그룹과 수면 시간이 긴 그룹으로 나눠서 관찰한 결과 수면 시간이 긴 그룹이 짧은 그룹과 비교해서 회복률과 생존율이 높게 나타났다. 실험용 쥐에게 자극을 주어 잠을 자지 못하게 한 실험에서도 비슷한 결과가 나타났다. 잠을 자지 못한 실험용 쥐는 면역력이 떨어져서 일반 쥐와 비교해서 평소에 접촉하는 세균에도 쉽게 감염되는 것으로 나타났다.

사람도 마찬가지다. 일 때문에 스트레스를 받으면서 잠을 제대로 자지 못하면 감기몸살에 걸리기 쉽고 혓바늘이나 잇몸 염증도 자주 생긴다. 이런 증상은 모두 면역력이 떨어졌다는 신호다. 미국 피츠버그의과대학 마르티카 홀 박사는 우울증 치료를 받기 위해 병원을 찾아온 40~70세 환자 29명에게 특수하게 고안한 수면실에서 3일 동안 잠을 자도록 한 다음 혈액을 채취하여 검사했다. 그 결과 수면이 부족한 환자는 외부에서 침입하는 병원균과 맞서 싸우는 세포의 수가 현저하게 줄어 있었다. 이는 외부에서 침입하는 병원균에 대한 저항력이 약해졌다는 뜻이다.[23]

면역력을 떨어트리는 요인은 수면부족 외에도 과로, 술, 담배 등이 있다. 우리 몸이 면역력을 유지하려면 적절한 수면시간과 꾸준한 운동을 생활화해야 한다. 병원균에 대항하는 세포의 수를 증가시키고 면역계 기능을 활성화하는 영양 섭취와 활동이 함께 이루어질 때 열심히 일할 수 있는 에너지가 생긴다. 적절한 수면과 휴식은 우리 몸이 정상적인 기능을 할 수 있도록 에너지를 만든다.

8장
게으름은 휴식의 다른 이름

Rest & Relaxation

게으름은 휴식의 다른 이름

"일 중독자들은 독창적인 아이디어를 잘 내지 못한다. 그것은 그들이 천재들의
날카로운 기지 속에 들어 있는 게으름의 비밀을 모르기 때문이다." 프레드 그랫즌

Rest & Relaxation

더 적게 일하면서 더 많이 이루기

게으름과 창조는 비례한다

창조적 영감의 대가들 중에는 게으른 사람이 많다. 1970년대 존 레논은 게으름의 상징이었다. 그는 '생산적인 게으름꾼'이다. 존 레논이 게으름을 찬양했다는 것은 노래에서도 나타난다. 〈아임 온리 슬리핑〉, 〈아임 소 타이어드〉, 〈와칭 더 휠스〉의 가사는 일을 미덕으로 보지 않았다는 존 레논의 생각을 단적으로 보여준다. 존 레논은 자기가 정한 규칙에 따라 살았다. 1969년에 존 레논과 오노 요코 부부는 세계 평화를 위한 시위를 벌였다. 시위는 단순했다. 일주일 동안 아무 일도 하지 않고 침대에 누워 있는 게 전부였다. 하지만 존 레논 부부의 이 시위는 수백만 명의 시각을 바꿔 놓았다.

철학자 데카르트는 아무것도 하지 않는 무위無爲를 즐겼다. 데카르트는 어린 시절 예수회 수사들 곁에서 자랐는데 아침에 일찍 일어나지 못했다. 수사들이 양동이에 찬물을 받아서 끼얹었지만 조금 뒤에 다시 잠들곤 했다. 다행히 데카르트는 천재성을 인정받아 아침 늦게까지 잠을 자도 좋다는 특권을 허락받았다. 데카르트는 침대에 누워서 생각하는 것을 즐겼고 누운 자세로 연구하고 수수께끼도 풀었다. 그는 '정신과 신체는 각각 분리된 하나의 전체'라는 이원론을 완성시켰다. 아무것도 하지 않는 생활은 데카르트 철학의 핵심이다.[1]

많이 일할수록 더 좋다는 믿음은 산업사회 초기에 생겼던 일 하는 습관에서 생겼다. 사람들은 일중독을 당연하게 받아들이고 열심히 일하면 성공을 보장받는다는 착각에 빠져서 살았다. 많이 일할수록 빨리 성공한다는 믿음을 맹신하는 사람들은 집단 최면이 걸린 것처럼 일만 한다. 성공하려면 일중독에 빠져야 한다고 믿는 것은 대단히 위험하다. 일에 파묻혀서 성공한다는 생각은 진리가 아니다. 열심히 일하는 사람은 언제나 성공하고 게으른 사람은 언제나 실패한다는 생각도 위험하다. 중요한 것은 일과 휴식이 균형을 이루는 것이다.

1970년대에 미국에 달리기 열풍을 불러온 짐 픽스는 조깅에 관한 책을 여러 권 쓰고 단 하루도 조깅을 거르지 않겠다고 다짐했다. 그 다짐을 실천에 옮겼다. 하지만 그는 1984년 조깅을 하다가 심장마비로 사망했다. 짐 픽스가 사망할 때 나이는 43세였다. 짐 픽스와 대조적으로 윈스턴 처칠은 운동을 하지 않았다. 운동은 하지 않았고 처칠은 매일 한 시간 동안 낮잠을 잤다. 낮잠을 잘 때도 제대로 침대에 누워서 잤다. 2차 세계대전을 치르는 동안에도 낮잠을 잤다. 그는 이런 휴식이 없었다면 아무것도 제대로 해낼 수 없었을 것이라고 했다. 단편적인 사실 두 가지로 조깅은 나쁘고 낮잠은 좋다고 생각해서는 안 된다. 너무 무리하면 해롭다는 것만 기억하면 된다.

게으름을 시간 낭비라고 보는 시각이 문제다. 눈에 보이는 성과만 인정하는 사람들은 게으름을 피우면서 떠오르는 아이디어를 인정하지 않았다. 이런 시각에서는 아무 일도 하지 않는 것처럼 보이는 음악가, 작가, 예술가들은 게으른 사람으로 치부된다. 소설가 로버트 루이스 스티븐슨은 《게으른 자를 위한 변명》에서 "게으름이란 아무 일도 하지 않는다는 뜻이 아니다. 지배계급의 편협한 테두리 안에서 인정받지 못할 뿐, 오히려 많은 일을 해낸다."라고 했다. 게으름을 바라보는 시각은 동서양의 예술가가 비슷하다. 송나라의 문인 구양수는 집필할 때 구상이 잘 되는 세 가지 장소로 침대 위枕上, 말 등馬上, 화장실厠上을 꼽았다. 아무것도 하지 않고 천장만 바라보며 게으름을 피우는 것은 아이디어를 개발하는 창조적인 분야의 사람들에게는 꼭 필요한 일과다.

역사적으로 괄목할만한 발전과 진보는 대부분 과거의 방식에 싫증이 난 사람들에 의해 발견되거나 고안되었다. 과거의 방식보다 더 쉽거나, 더 빠르거나, 비용이 저렴하거나, 간단하고 안전한 방법이 있다고 믿고 그 방법을 찾기 위해서 생각을 거듭했다. 그들은 인생을 더 편하고 쉽게 살려고 하면서 힘든 일은 피하려고 했다. 더 적게 일하면서 더 많은 것을 이루기 위해서 꿈꿨다.

노를 젓는 일을 피하고 싶은 사람이 배에 돛을 다는 방법을 생각했고 땅을 좀 더 쉽게 파는 방법을 찾으려고 했던 사람이 소에게 쟁기를 매달았고, 돌을 두들겨 곡식을 빻는 일을 하기 싫었던 사람이 물레방아를 만들었다. 어떤 일이든 쉽게 하려고 창조적인 생각을 한 사람들은 대부분 게을렀다. 그렇다고 게으른 사람이 모두 창조적인 것은 아니다.[2]

열심히 일하는 것과 돈을 많이 버는 것은 별개다. 머리를 써서 일을 덜 하면서 수입을 늘리는 방법을 찾아야 한다. 그래야 일만 열심히 하고 돈은 벌지 못하는 굴레에서 벗어날 수 있다.

휴식에 대한 죄책감을 버리고 게으르게 살아보기

일중독을 당연하게 생각하고 잠시라도 쉬고 있으면 죄책감까지 든다. 우리가 사는 세상이 그렇게 만들었다. 직장에서 일과를 끝내고 퇴근해서도 직장에서 하던 일을 생각하고 내일 벌어질 일을 걱정한다. 우리는 일하는 것보다 불필요한 걱정을 하는 데 더 많은 에너지를 쓴다.

벤저민 프랭클린은 나태와 태만을 실패의 시작이라고 여겼다. "게으름은 발걸음이 느려서 가난에게 금세 덜미를 잡힌다" "고통 없이는 얻는 것도 없다"라는 말로 게으름을 경계했다. 게으름은 우리의 삶에 해가 되는 습관이고 쉽게 빠져들고 고치기 어려운 습관이라는 오명을 얻었다.

대다수의 사람들은 중요하게 생각하는 것은 돈이다. 그다음으로 하고 싶은 일을 하고 있는가, 즉 자기가 하고 있는 일을 즐기고 있는가를 생각한다. 이렇게 생각하는 사람들은 먼 미래를 위해 현재의 행복을 희생한다. 성공을 경제적인 것으로만 생각하면 결과적으로 불행한 삶을 살게 된다. 분명한 것은 경제적으로 풍요로운 삶을 살기 위해 많은 것을 포기하기 때문에 궁극적인 행복을 실현하지 못한다. 현재의 만족과 행복을 계속 희생시키다 보면 영원히 현재의 만족과 행복을 느낄 수 없게 된다. 최악의 경우 예상한 것보다 죽음이 빨리 찾아와 버릴 수도 있다.

마음 수련 커뮤니티 '게으른 그루'를 만든 로런스 쇼터는 《저 게으름뱅이는 무엇이든 잘한다》에서 '이렇게까지 일한다고 뭐가 달라질까?'라고 생각하는 사람들에게 휴식에 대한 죄책감을 버리고 게으르게 살아 보라고 권한다. 로런스 쇼터가 말하는 게으름은 해야 할 일을 미루는 게으름이 아니다. 스스로에게 자유를 선사하고 무엇이든 자연스러운 흐름에 맡기는 것을 '진정한 게으름'이라고 했다. 잘해야 한다는 압박감과 뒤처질지도 모른다는 스트레스에서 도망가는 방법은 지금 당장 '멈추는 것'이다.

일과 삶의 균형을 중요하게 생각하는 사람들이 늘어나면서 〈패스트 트랙〉 2000년 1/2월호에는 이런 글이 실렸다. 위대한 경영의 달인 릴릴 톰린은 "이른바 '쥐 경주'의 문제는 설사 경주에서 이긴다 해도 당신이 여전히 쥐에 불과하다."라고 했다. 31세에 하버드대학에서 경제학 학사,

MBA, 경영학 박사 학위를 받고 경영대학원 교수가 된 마크 앨비온의 성공은 세간의 관심을 끌었다. TV에도 여러 차례 나오고 유명한 대기업에서도 강연 요청을 받을 정도로 유명해졌지만 자신도 모르는 사이에 스스로 '쥐 경주'의 덫에 걸리고 말았다. 앞으로 나아가기 위해 일에 매진하는 과정에서 자신의 핵심 가치를 잊고 살았다. 멋진 생활을 했지만 삶에서는 실패했던 것이다.[3]

마크 앨비온은 경영대학원 학생 1,500명을 대상으로 직업에 대해서 연구했다. 1960년에 졸업한 학생들 중 1,245명이 돈을 버는 것이 최우선 목표이며 자신이 원하는 것은 나중에 할 수 있을 것이라고 대답했다. 나머지 255명은 자신이 좋아하는 것을 하다 보면 돈도 따라올 것이라는 희망으로 원하는 것을 추구했다. 1980년까지 백만장자가 된 101명의 학생 가운데 돈을 버는 것이 최우선 목표이고 원하는 것을 나중에 할 수 있을 것이라고 대답한 사람은 단 한 명뿐이었다.[4]

좋아하는 일을 열정적으로 해낸다면 돈을 벌기는 어렵지 않다. 돈이 아닌 다른 중요한 목표에 의해서 자극을 받는다면 틀림없이 최선을 다한다. 하지만 돈을 버는 것을 최우선 목표로 삼는다면 돈 벌기는 훨씬 더 어려워진다. 자신이 즐기지 않는 한 가치 있는 일을 하더라도 성공할 수는 없다. 뿐만 아니라 좋아하지 않는 일을 하는 사람들은 자신감도 없다.

성공의 의미는 자유시간을 갖는 것 외에도 여가를 즐길 줄 아는 능력을 가지는 것이다. 여가 시간을 현명하게 활용하는 것도 성공을 의미한다.

프랑스의 사회주의 운동가 라파르그는 《게으를 수 있는 권리》에서 '노동이 신성한 것'이라는 말은 자본가의 논리일 뿐 당시 12시간 넘게 중노동에 시달리는 노동자들에게는 희생을 강요하는 것이라고 했다.

작가 그랫즌은 《게으름의 행복》에서 다음과 같이 썼다.

"일중독자들은 독창적인 아이디어를 잘 내지 못한다. 그것은 그들이 천재들의 날카로운 기지 속에 들어 있는 게으름의 비밀을 모르기 때문이다. 대신 그들은 강박감에 사로잡혀 일상에 매몰된 채 중요하지 않는 사소한 것들에만 매달려 있다. 그들은 관점을 상실할 뿐만 아니라, 두뇌에 휴식을 허락함으로써 우주의 기적을 표현할 수 있는 기회를 거부한다."[5]

우리가 과거에 알고 있던 게으름과 진정한 게으름은 다르다. 사전에 나오는 뜻 그대로 움직이거나 일하기 싫어하는 태도나 습관은 경계해야 한다. 하지만 바쁜 일상에서 벗어나 행복한 삶을 영위하기 위한 적극적인 휴식은 반드시 필요하다. 잠깐 동안이라도 쉬면 불안하고 여가를 즐기는 것을 금기하는 문화는 바꿔야 한다. 어떤 형태로든 휴식과 여가를 위한 게으름은 실천해야 한다.

바쁠수록 아무 생각도 하지 않는 시간을 갖는다

망중한忙中閑은 바쁘게 일하는 중에 짬을 내서 휴식을 즐긴다는 뜻이다. 한중망閑中忙은 한가한 가운데서 바쁘다는 뜻이다. 시기적으로 특수를 누리는 사업은 평상시에는 한가하지만 성수기에는 밥 먹을 시간도 없을 만큼 바쁘다. 업무 때문에 만난 사람들은 인사로 "바쁘시죠?"라고 묻는다. 이 말에는 여러 가지 뜻이 담겨있다. 열심히 일하는 사람을 위로하는 인사와 바쁜 가운데 우리 일에도 신경을 써서 해달라는 의미의 인사말이다.

바쁠수록 여유를 가져야 한다. 빠른 소통과 일처리를 원하는 사회일수록 의식적으로 여유를 챙겨야 한다. 빨리 처리해야 하는 일들을 모두 끌어안고 있으면 그 일들은 빨리 끝낼 수도 없고 완성도 높게 처리할 수도 없다. 몸도 마음도 쉬어야 좋은 결과물을 만들 수 있다. 중요한 일, 복잡한 일은 결정하기 전에 잠시 여유를 가져야 한다. 여유를 가지라고 해서 휴가를 내서 쉬어야 한다는 뜻은 아니다. 잠깐 동안 산책을 하거나 차를 마시면서 생각을 정리하라는 의미다.

시간을 갖고 생각하라고 하면 일을 손에서 놓고 생각에만 집중하려는 사람들이 많다. 복잡하고 어려운 판단이 필요할 때는 잠시 고민을 접고 휴식을 취하거나 잠을 자고 나서 맑은 정신으로 마음이 끌리는 대로 결정하면 좋은 결과로 이어진다.

직장인들 중에는 유난히 일찍 출근하는 사람이 있다. IT매체에서 기자로 일할 때, 다른 직원보다 2시간 정도 일찍 출근하는 후배가 있었다. 출근시간은 오전 9시였지만 현장으로 바로 출근하는 기자도 있고 전날 야근이나 철야로 늦게 출근하는 직원도 있었다. 일반적인 회사처럼 9시가 되면 직원들이 모두 자리에 앉아서 일하는 모습은 보기 어려운 곳이었다. 일찍 출근하는 후배는 오전 10시에 외부에서 취재가 있는 날도 아침 일찍 출근해서 업무를 준비하고 아침에 새로 올라온 뉴스도 확인했다. 바쁜 마감기간에도 후배는 이른 아침에 출근했다. 후배에게 마감 기간에도 일찍 출근하는 이유를 물었더니 "망중한을 즐긴다."고 대답하면서 일찍 나와서 일을 하는 날도 있지만 보통은 사무실에서 음악을 듣거나 읽고 싶은 책을 읽는다고 했다. 회사에 일찍 나오는 이유가 쉬는 시간을 갖기 위해서라고 했다. 동료들은 집에서 잠을 더 자든지 책을 읽든지 하는 게 낫다고 했지만 후배는 바쁘지 않을 때도 늘 일찍 출근해서 자기만의 시간을 즐겼다.

소프트뱅크 인베스트먼트 대표로 일했던 기타오 요시타카가 쓴 《일》에는 '영정치원寧靜致遠'이라는 글귀가 나온다. 제갈공명이 오장원 전투에서 세상을 뜰 때 어린 아들에게 남긴 유서에 들어 있는 글이다. "담백하지 않으면 뜻志을 이룰 수 없고 영정寧靜, 편안하고 고요함이 없으면 멀리 이를 수 없다."는 말에서 따온 것이다. 담백한 마음을 갖추지 않으면 큰 뜻을 지속하기 어렵고 침착한 마음을 갖추지 않으면 원대한 경지에 도달할 수 없다. 기타오 요시타카는 이 글을 보면서 아무것도 생각하지 않는 무념의 시간을 갖는다고 했다.

바쁠수록 차분하게 마음을 가라앉히는 시간은 더 절실하다. 독일 문학상 잉게보르크 비하만 상을 수상한 스텐 나돌리는 《느림의 발견》에서 느린 속도로 인생을 창조해낸 영국인 탐험가 존 프랭클린의 도전을 묘사했다. 존 프랭클린은 말과 행동이 느렸다. 어린 시절에는 너무 느려서 따돌림을 당했지만 느리기 때문에 모든 사물을 꼼꼼하게 관찰할 수 있었다. 목적을 빨리 이루기 위해서 개발한 기술이 사람들을 더 바쁘게 만드는 것처럼 '바쁠수록 돌아가라'는 그 어떤 명언보다 더 의미 있는 말이다. 조급함은 일을 그르치게 만든다. 바쁠수록 돌아가면 더 늦게 목적지에 도착할 것 같지만 그 길이 바로 지름길일 수도 있다.[6]

너무 바쁘면 생각을 띄엄띄엄하게 된다. 많은 사람들이 시간이 촉박하면 서두른다. 급하다 보니 정작 중요한 것이 무엇인지 잊어버리고 서두르다가 잘못된 방향으로 가고 있다는 것을 나중에 알게 된다. 바쁠수록 한 템포 쉬면서 주변을 돌아보고 계획을 점검해서 옳은 방향을 찾는다면 시간을 허비하지도 않고 목적지에 더 빨리 도착한다는 사실을 잊지 말자.

Rest & Relaxation

해야 할 일 목록에 '휴식'을 넣는다

아무것도 하지 않는 휴식시간의 힘

　규칙적으로 휴식을 취한다면 목표에 이르는 길은 훨씬 수월해진다. 재충전을 위해서라도 휴식이 필요하다. 계속 일에 대해서 생각하면 아이디어는 나오지 않는다. 쉬는 동안 새로운 아이디어가 더 많이 떠오른다. 휴식을 통해서 얻는 것은 많다. 적당히 휴식을 취하면 정신이 맑아지고 다시 일할 의욕이 생긴다. 지쳐 있을 때는 절대로 할 수 없다고 생각했던 일들이 쉬고 나면 할 수 있는 일로 보인다.
　머리를 쉬게 하면 경직된 사고가 유연해진다. 지식과 정보들이 새로운 신경계통으로 연결될 때 유연하게 사고할 수 있다. 아르키메데스가

"유레카!"를 외친 것도 욕조에서 쉬고 있을 때다. 잠깐이라도 쉬면 큰일이 난다고 생각하는 사람들은 독창적인 생각을 하지 못한다. 일을 해야 한다는 의무감 때문에 현재 하고 있는 일에만 시야가 고정돼 있다. 두뇌가 휴식할 때 나오는 창조적인 생각을 하지 못하고 과거의 방법만 고집한다.

아무 일도 하지 않는 게 불편하다면 지금 하고 있는 일은 접어두고 다른 일을 해보는 것도 좋다. 중요한 일을 미뤄두고 한두 시간 동안 다른 일을 하는 것이다. 아인슈타인은 바이올린을 연주하면서 마음을 진정시켰다. 미국의 미식축구 코치 크누트 로크니는 벌레스크_{진지한 주제를 익살스럽게 꾸미는 풍자극}를 즐겼다. 미식축구 팀에 적용한 사기사_{Four Horseman Backfield Shift} 전법은 공연을 감상하던 가운데 떠오른 아이디어다.[7]

모든 사람들에게 휴식의 양과 질을 천편일률적으로 동일하게 적용할 수는 없다. 언제 얼마 동안 휴식을 취하는 것이 좋은지는 사람마다 다르다. 하지만 공통적으로 적용할 수 있는 휴식이 있다. 바로 '여행'이다. 바닷가 휴양지로의 여행이 아니더라도 일상에서 벗어나는 여행은 휴식과 재충전의 효과가 있다.

여행을 간다고 하면 많은 사람들이 며칠 동안 집을 떠나는 것을 생각한다. 직장인들에게 며칠 동안 쉴 수 있는 기간은 일 년에 단 한 번 있는 휴가다. 그래서 휴가와 여행을 같은 의미로 생각한다.

휴가는 1936년 영국에서 만들어진 제도다. 영국 정부는 각료 회의와 연구, 계산을 거듭하여 1년에 일주일간의 유급휴가를 근로자에게 제공하는 법을 만들었다. 유급휴가에 관한 법을 만드는데 가장 큰 영향을 준 사람은 빌리 버틀린이다. 빌리 버틀린은 휴가와 관련된 사업 아이템을 갖고 있었고 법으로 휴가기간을 정하면 사업에 도움이 된다고 생각했다. 휴가 제도가 만들어지고 1945년경에는 1,500만 명의 영국인들이 법정 휴가를 갖게 되었다. 18세기에 8천 명 정도가 휴가를 누렸던 것에 비하면 휴가 제도는 매우 빠르게 확대되었다. 이 당시의 휴가는 빈둥거리기 위해서 주어지는 게 아니었다. 영국인들은 휴가 제도를 시행한 초기에 다양한 활동으로 빡빡하게 채워진 휴가를 보냈다.[8]

휴가 기간에 떠나는 여행이 잘못된 것은 아니지만 빡빡한 일정의 여행이 휴식을 위한 여행이 아니라는 것은 분명하다. 휴식과 동떨어진 여행을 떠나던 문화는 지금까지 계속되고 있다. 휴가철이 되면 공항, 기차역, 터미널, 고속도로, 해수욕장, 산과 계곡은 사람들로 가득 찬다. 웃돈을 주고 숙박 시설을 예약하고 성수기 요금을 내며 일 년에 한 번 뿐인 휴가를 보낸다. 휴가 기간 중에 느긋하게 보낼 시간은 없다. 바쁜 휴가에서 휴식을 취하거나 재충전을 하는 모습은 어디서도 찾아볼 수 없다.

몇 년 전부터 휴식을 위한 휴가, 자기만을 위한 휴가를 계획하는 사람들이 늘어나고 있다. 대부분의 직장인이 휴가를 떠나는 시기를 피해서 9월에 휴가를 가거나 주중에 여행을 하고 주말에는 집에서 시간을 보낸다. 많은 사람들이 휴가지에 몰리는 시기만 피해도 휴식을 위한 여행을 할 수 있다.

휴식을 위한 여행은 유대인에게 배울 수 있다. 유대인은 휴식을 일을 하기 위해서 재충전하는 시간이라고 생각하지 않는다. 그들에게 휴식은 쉬는 것이 목적이다. 이런 휴식에 담긴 철학이 샤바트Shabbat, 안식일다. 샤바트는 히브리어로 '중지하다', '멈추다'에서 파생되었다. 유대인에게 샤바트는 삶의 중요한 일부분이다. 유대인은 일하는 것 이상으로 휴식을 중요하게 여긴다. 유대교는 휴식을 역사상 처음으로 의무로 만든 종교다. 우리는 일주일 동안 쌓인 피로와 스트레스를 풀기 위해서 주말에 여행이나 쇼핑을 한다. 유대인은 휴일에 밖으로 나간다는 생각을 하지 않는다. 유대인에게 휴일은 가족과 함께 지내는 날이다. 업무에 쫓기느라 소홀했던 '나'를 찾는 날이다. 유대교는 기원전부터 내적인 반성의 중요성을 강조해왔다. 자기반성 없이는 성장할 수 없다는 것이 유대교의 철학이다.[9]

유대인의 휴식에 관한 철학은 휴일에는 무조건 나가야 한다는 방식의 휴식 문화와 정면으로 대치된다. 휴일을 집 밖에서 보내는 것은 상당히 고된 일이다. 그냥 집안에 있으면 육체적인 수고를 하지 않아도 되고 아무것도 하지 않는 시간을 통해서 사회적, 신체적, 정신적 휴식을 취할 수 있다. 요즘 같아서는 집에 머무르는 것도 큰 결심이 필요하다. TV를 비롯한 대중매체에서 쾌감을 느끼게 해주는 스카이다이빙, 서핑, 산악자전거, 오프로드 드라이브 등의 레저를 즐기는 모습을 보여주고 끝내주게 맛있는 음식을 먹는 화면과 음식점 위치까지 자세하게 알려주기 때문이다.

매체에서 밖으로 나와서 휴식을 즐기는 정보를 쏟아내더라도 진정한 휴식을 원한다면 그냥 집에 머무르면서 유대인처럼 자기 자신을 찾는 시간을 갖자. 아무것도 하지 않으면서 자신을 돌아보고 자연의 섭리에 자신을 맡기는 것이다. 도교 사상가들이 생각한 지혜로운 생활방식은 만사를 조종하는 보이지 않는 힘에 자신을 내맡기고 자만심을 버리는 것이다. 살아가는 방식을 바꾸려 하기보다 자기 자신의 삶을 바꾸는 데 초점을 맞추면 진정한 휴식을 실천할 수 있다.

진정한 게으름은 효율을 먼저 생각한다

세상에는 게으른 사람도 있고 부지런한 사람도 있다. 일반적으로 게으르다, 부지런하다를 판단할 때는 아침시간을 기준이 삼는다. 일어나는 시간, 아침에 하는 일, 아침을 맞이하는 자세에 따라서 게으른 사람과 부지런한 사람으로 구분한다. 아침에 일찍 일어나면 부지런한 사람이 되고 늦게 일어나면 게으른 사람이 된다. 많은 사람들이 부지런한 사람만 성공한다고 알고 있는데 실제로는 그렇지 않다.

겉으로는 게을러 보여도 게으름을 피우는 순간 머릿속으로는 다른 구상을 부지런히 하고 있을 수도 있다. 오리가 물 위에 떠 있을 수 있는 이유는 물 밑에서 열심히 다리를 움직이기 때문이고 가만히 있는 것처럼 보이는 풀벌레가 소리를 낼 수 있는 건 뭔가를 자꾸 비벼대기 때문이다. 게을러 보여도 조용히 자기 일을 충실하게 하는 사람도 있다.

게으름은 실패의 원흉이고 패배의 주범이라고 믿어왔다. 카뮈는 "성공하려거든 게으름을 극복해야 한다."라고 했다. 성공한 사람들은 대부분 부지런하고 성실하고 늦잠을 자지 않는다는 통념이 사회를 지배하고 있었다. 하지만 최근에 게으름은 재평가를 받고 있다. '일중독'이라는 심각한 병으로 고통받는 사람이 많기 때문이다. 움직이기 싫어하고 일하기 싫어하는 게으름은 비난받아 마땅하지만 일 중독을 치유하는 게으름이라면 이야기가 달라진다.

좋아서 하는 일이라도 휴일도 없이 밤낮으로 일하는 것은 인생 전체를 봤을 때 바람직하지 않다. 쉬지 않고 일만 할 경우 만성피로와 소화불량이 생기고 알코올 중독이나 약물중독보다 더 고치기 어려운 일중독은 인생 전체를 파괴하기 때문이다. 수십 년 동안 일에만 매달려서 사업을 일으키고 회사를 굴지의 기업으로 만든 어느 CEO는 일생의 목표를 달성한 날 자신을 기다리고 있던 것은 '승리의 축배'가 아니라 '무너진 가족'이라고 고백했다. 아들과 성적 문제로 다툼이 끊이지 않고 아들은 아버지에 대한 적대감으로 차를 부수기까지 했다. 딸과의 관계도 소원해졌고 아내와는 결국 이혼했다. 일중독은 개인의 문제가 아니라 가족과 사회 문제로 확장되고 있지만 일중독에서 적극적으로 탈출하려는 사람은 매우 적다.[10]

근면과 성실이 사회적 통념이었기 때문에 게으름을 악惡으로 보는 시각은 여전하다. 하지만 게으름의 당위성을 주장한 사람들은 과거에도 있었다. 1883년 프랑스 사회주의 운동가 라파르그는《게으를 수 있는 권리》를 발표했다. 이 책에서 자본가들은 노동을 신성한 것이라고 말하며 노동자들에게 희생을 강요했다고 주장했다. 영국의 철학자 버트런드 러셀은 《게으름에 대한 찬양》에서 하루 4시간 정도 일하는 것으로 충분하고 나머지 시간은 여가를 즐기는 것으로 행복해질 수 있다고 했다. 명상가 그래즛은 《게으름의 행복》에서 "일 중독자들은 강박감에 사로잡혀 중요하지 않은 사소한 것들에만 매달리기 때문에 독창적인 아이디어를 잘 내지 못한다."라고 했다.

겉으로 보기에는 항상 부지런하고 바빠 보이지만 실제로는 중요하지 않은 일에 시간을 낭비하는 사람이 많다. "만약 더 빨리, 더 쉽게 어떤 일을 끝내고 싶다면 '게으른 사람'에게 맡겨라."라는 말이 있다. 여기서 게으른 사람은 중요하지 않은 일에 매달려서 시간을 낭비하는 사람이 아니다. 진정한 게으름은 효율을 먼저 생각한다.[11]

짧은 시간 동안 큰 성과를 올리는 사람은 능률적으로 일하는 게으른 사람이다. 이들은 게으르게 일하면서 얻는 여유를 즐긴다. 부지런한 사람보다 더 적게 일하고 더 많은 일을 해내는 사람들의 게으름을 배워야 한다. 오늘 몇 시간을 일했는가가 중요한 게 아니라 핵심을 파악하고 짧은 시간 집중해서 일하는 게 더 중요하다.

쉬면서 일하기

대부분의 직장에서 일과는 9시에 시작해서 6시에 끝난다. 점심시간을 제외하면 8시간 동안 일을 하면서 보낸다. 학생도 마찬가지다. 대학생은 조금 다르지만 중·고등학생은 9시 전에 수업을 시작해서 4~6시쯤 정규 수업을 마치고 방과 후 수업을 하거나 학원에서 공부한다. 일을 하든 공부를 하든 8시간 정도 집중해야 한다. 하지만 사람이 8시간 동안 높은 집중력을 유지하는 것은 불가능하다.

몇십 년 전까지만 해도 '할 수 있다', '하면 된다'가 통했다. 당시에는 아침 일찍 일어나 부지런히 일하는 것으로 충분했다. 집중력보다는 오랜 시간을 일하는 지구력이 더 필요했다. 지금은 많이 바뀌었다. 몸보다 머리를 많이 사용하는 시대다. '할 수 있다'는 생각으로 열심히만 하면 오전 9시에 일을 시작해서 오전 11시를 넘기기 전에 집중력은 모두 소진된다.

정말 중요한 일을 하느라고 바쁘다면 더할 나위 없이 큰 행복이다. 많은 직장인들은 정작 중요한 일은 손도 못 대고 전화기만 붙잡고 오전을 보낸다. 날마다 되풀이되는 일을 하고 있다면 일과 휴식을 적당히 번갈아가면서 집중력을 유지하는 자기만의 리듬을 만들어야 한다. 방해받지 않고 집중해서 생각하는 시간과 몸을 쓰는 일을 하는 시간, 몸과 머리가 쉬는 시간을 구분해야 한다. 각각의 일을 하는 데 가장 좋은 시간을 찾아내면 하루, 한 달, 일 년 동안 리듬을 유지하며 일할 수 있다.[12]

빌 게이츠는 휴가 중에 외부와의 연락을 끊는 것으로 유명하다. 이런 휴가를 '은둔형 휴가'라고 한다. 빌 게이츠는 쉬는 동안 회사를 이끌어 갈 창의적인 경영전략을 구상한다. 마이크로소프트의 향방은 빌 게이츠의 휴가 때 결정된다는 말도 있었다. 창조적인 생각을 하기 위해서 일

년에 몇 번씩 휴가를 갈 수도 없다. '휴식은 휴가다'는 휴식에 대한 잘못된 생각이다.

연간 계획을 세울 때 휴가 기간을 정하는 것처럼 하루 계획을 세울 때도 집중해서 근무하는 시간과 함께 방해받지 않고 쉬는 시간을 정해야 집중력을 유지하면서 일할 수 있다. 《하버드 집중력 혁명》을 쓴 에드워드 M. 할로웰은 하루 일과 중에 일상적인 일을 처리하는 시간, 사람을 만나는 시간, 휴식시간, 식사 시간, 명상 시간, 기분 전환을 위해 운동하는 시간을 별도로 마련하라고 했다. 빨리빨리 서두르는 문화를 가진 조직이라면 강제로 휴식시간을 정할 필요가 있다.

연필과 메모지가 있을 때는 아이디어가 없고 아이디어가 있을 때는 연필과 메모지가 없다는 말을 한다. 샤워나 목욕을 할 때는 연필과 메모지가 없는 순간이다. 아이러니하게도 샤워나 목욕을 할 때 좋은 생각이 떠오른다. 운전할 때 좋은 생각이 떠오르는 사람도 있다. 운전할 때는 연필과 메모지가 있어도 종이에 적을 수 없다. 샤워나 운전을 할 때 좋은 생각이 더 잘 떠오르는 이유는 두 가지다. 첫째, 여러 가지 감각이 고루 자극을 받기 때문이고 둘째, 어느 누구의 간섭도 받지 않기 때문이다. 여러 가지 감각이 자극을 받으면서 방해를 받지 않기 때문에 오롯이 자기만의 세계, 마음속으로 생각하던 것, '무의식'이 발동한다.

정신적인 휴식을 통해서 무의식을 발동하게 만들려면 일상적인 휴식이 필요하다. 일상적인 휴식을 생활화하려면 '할 일 목록'의 압박감에서 벗어나야 한다. 할 일 목록을 만들지 않아서 아무 일도 하지 못한다면 할 일 목록에 휴식도 넣어야 한다. 오전에는 15분 동안 명상 혹은 멍 때리기, 점심식사 후에는 산책, 오후에는 회사·학교·집 주변 걷기 등 휴식시간에 해야 할 일을 적는다. 휴식시간을 정해놓고 일하면 어떤 일이든지 해낼 수 있다는 자신감과 에너지가 생긴다. 휴식을 시작하는 시간은 일을 마감하는 시간이다. 마감 시간을 정해두지 않으면 파킨슨의 법칙에 따라 필요 없는 일들이 늘어나고 집중력은 느슨해진다. 어떤 일을 하든지 마감 시간이 다가오면 집중력이 높아지고 때로는 아주 짧은 시간에도 많은 일을 할 수 있는 에너지가 생긴다. 마감 시간은 휴식시간의 시작이고 일과 휴식을 구분하는 역할을 한다. 일과 중 세 번의 마감은 집중력을 높이고 휴식의 질도 높인다.

Rest & Relaxation

삶에도 쉼표가 필요하다

느리고 게으르게 살아야 편하다

역사적으로 지금처럼 시간에 쫓기는 시대는 없었다. '빨리빨리'라는 말을 입에 달고 사는 사람이 많다. '느긋하게'는 바라지도 않는다. '차근차근' 일 할 여유도 없다. 꼼꼼하게 일하는 사람은 한편으로 느리다, 게으르다는 말을 듣는다.

어떤 일을 하든지 적당한 속도가 있다. 적당한 속도는 급하게 서두르는 것과 반드시 구별해야 한다. 서두르면 일이 빨리 끝난다고 생각하는 사람이 있는데 잘못된 생각이다. 급하게 서두르면 불필요한 동작과 실수가 생긴다.

외국인이 본 한국인의 모습 가운데 베스트 5를 뽑은 내용을 보자.

첫 번째, 자판기 컵 나오는 곳에 손을 넣고 기다린다.

두 번째, 엘리베이터 문이 닫힐 때까지 닫힘 버튼을 계속 누른다.

세 번째, 3분이 되기 전에 컵라면 뚜껑을 열고 먹는다.

네 번째, 극장에서 영화의 엔딩 크레디트가 끝나기 전에 자리에서 일어난다.

다섯 번째, 클릭하고 웹사이트가 3초 안에 열리지 않으면 닫는다.

우리나라 사람이라면 다섯 가지 모두 공감할 것이다. 우리는 무조건 빠르면 좋아한다. 일 외에도 음식, 쇼핑 등 빨리 된다고 하면 일단 합격이다. 우리나라의 빨리빨리 정신은 장점이 되고 단점도 된다.[13]

무엇이든 생각나는 것은 바로바로 해결해야 직성이 풀리고 한동안 뜸을 들이는 사람은 게으르고 무능한 사람으로 간주한다. 남보다 빨라야 하고 남보다 먼저여야 하는 성격 때문에 인터넷 강국이 됐는지는 몰라도 무조건 빨리빨리 문화 때문에 대형 사고도 여러 번 있었다.

우리 사회는 빨리빨리 문화에 지배당하고 있다. 사람들도 바쁘게 일하는 문화에 익숙해졌다. 시간적으로 여유가 있어도 마음 놓고 쉬지를 못한다. 인디언 속담 중에 '옥수수는 달빛에 익는다'는 말이 있다. 밤낮으로 계속 광합성을 한다고 옥수수가 여무는 건 아니다.

대나무는 자라는 속도가 빠르다. 싹이 지면을 뚫고 나온 지 6주 만에 15미터 이상 자라기도 한다. 이 사실만 보고 대나무의 성장 속도가 빠르다고 생각하는 사람이 있다. 대나무 종류 중에 '모소'는 지면 위로 싹을 내기 전에 지하 수십 미터까지 뿌리를 뻗는다. 대나무를 심고 4년이 지나도 싹이 나오지 않아서 사람들은 혹시 그 대나무가 죽었다고 생각하기도 한다. 하지만 5년째가 되면 대나무 싹들이 땅 위로 올라온다. 싹이 올라온 후에는 매우 빠른 속도로 성장한다. 빠르게 성장하기 위해서 4년 동안 뿌리를 먼저 키우는 것이다.[14]

여유와 휴식은 옥수수의 달빛이고 대나무의 마디다. 옥수수가 달빛에 익는 것처럼 마디가 있어야 대나무가 성장한다. 좋은 음악도 쉼표 없이 계속 연주한다면 그 음악을 듣는 사람은 지루할 것이다. 우리 삶에도 쉼표가 필요하다.[15]

쉬어야 할 때 쉬지 않으면 육체적으로 정신적으로 피폐해지고 질병에 걸린다. 빨리빨리를 외치며 일만 하는 사람은 스스로를 되돌아보지 못해서 자기가 무엇을 잘못하고 있는지도 모르고 있다가 큰 실수를 하게 된다. 여유와 휴식은 스스로를 되돌아보게 하고 삶의 균형뿐만 아니라 건강을 찾아준다.

일상생활에서 속도가 빨라지면 사망률과 흡연율도 높아진다

우리가 사는 세상은 모든 일에서 속도를 강조한다. 우리나라는 유난히 더 속도를 중요하게 여긴다. 무엇이든지 속도가 빨라야 좋다는 인식이 널리 퍼져있다. 실제로 빠른 속도 덕분에 우리는 매우 편리한 삶을 누리고 있다. 고속철도를 이용하면 서울에서 부산까지 2시간 반 정도면 도착한다. 수도권 직장인의 평균 출퇴근 시간이 1시간 20분이고 대중교통을 이용해서 수도권 외곽에서 서울로 출퇴근하는 직장인의 평균 출퇴근 시간이 3시간 정도다. 평균 출퇴근 시간에 비하면 서울에서 부산까지 가는 시간은 빠른 편이다. 물리적인 이동시간뿐만 아니라 통신기기의 발달로 해외에 있는 친구와도 언제든지 연락을 주고받을 수 있다.

과거에는 은행이나 시장에 직접 가야 했지만 지금은 스마트폰이나 컴퓨터를 이용해서 몇 번의 클릭으로 업무를 보고 쇼핑도 한다. 사람을 직접 만나서 거래를 하는 것보다 카드나 금융 시스템을 이용해서 결제하고 택배, 우편 등의 물류 시스템을 이용해서 시간을 아낄 수 있다. 빨라진 속도는 분명히 우리 일과 생활을 편리하게 바꿔놓았다.

무엇이든 빨리 처리할 수 있게 된 것은 분명히 좋은 일이다. 하지만 시간을 절약해도 여유는 생기지 않는다. 시간을 많이 절약하게 되었지만 왜 항상 일상에서 시간에 쫓기며 무엇이든 더 빨리 하려고 하는 걸까? 빨라진 만큼 더 많은 일을 하려고 하기 때문이다.

우리는 적어도 동시에 두 가지 이상의 삶을 살고 있다. 열심히 일하는 직장인이면서 자상한 부모, 친구들을 즐겁게 해주는 친구이면서 취미생활에 몰두하는 열정적인 사람, 맛집을 찾아다니는 미식가, 부모님의 착한 자식 역할까지 해야 한다. 몸은 하난데 너무 많은 역할을 하려고 하기 때문에 결과적으로 우리의 삶은 터지기 일보 직전인 상태로 하루하루를 살아간다. 우리가 하루에 잘 해낼 수 있는 역할의 개수는 정해져 있다. 더 많이 경험하고 여러 가지 역할을 더 잘 해내려고 할수록 하나의 경험을, 하나의 역할을 충실히 할 시간은 줄어든다.[16]

정해진 시간 안에 많은 일을 하기 위해서 멀티태스킹을 하고 여러 가지 역할을 동시에 충실하게 해내기 위해서 또 멀티태스킹을 한다. 가족, 친구, 직장 동료와 깊이 있는 대화를 나누지 못한다. 좋아하는 취미생활도 포기하고 SNS를 통해서 다른 사람들이 즐기는 모습을 구경하는 걸로 만족한다. 이렇게 일상생활의 속도가 빨라질수록 심장질환으로 인한 사망률과 흡연자의 비율도 높아진다.

하나의 역할에서 다른 역할로 넘어가는 것을 역할 전환이라고 한다. 역할 전환이 일어날 때 스트레스와 걱정이 증가한다. 역할을 바꾼 후에 무슨 일이 일어날지 모르기 때문이다. 어떤 장소에 들어섰을 때 그 장소가 안전하다고 느낄 때까지 긴장 상태를 유지하는 것과 같다. 역할 전환은 사회적인 변화이며 감정도 바꿔놓는다.[17]

하루 동안 일어나는 역할 전환의 횟수만 줄여도 스트레스와 불확실함에서 느끼는 불안감이 줄어든다. 하루에 여러 가지 역할을 하고 있다면 한두 가지 역할에만 충실한 삶으로 바꾸자. 그러면 해야 할 일도 자연스럽게 줄어든다. 해야 할 일은 줄어들지만 한 가지 일을 더 깊게 할 수 있게 돼서 불안감은 줄어들고 안정과 평화를 느낄 수 있다.

9장
휴식 실천하기

Rest & Relaxation

휴식 실천하기

"휴식은 아무것도 하지 않는 것이 아니다. 휴식은 회복이다." 다니엘 W. 조슬린

주말 내내 낮잠을 자거나 빈둥거리며 시간을 보내는 것만 피한다면 몸과 마음을 회복하는 휴일을 만들 수 있다.

Rest & Relaxation

적당한 피로감과 적당한 휴식의 비법

적당한 휴식시간은 어느 정도일까?

피로를 회복하려면 충분한 휴식을 취해야 한다고 말한다. 충분한 휴식은 어느 정도 쉬는 것일까? 피곤한 정도에 따라 휴식을 취하는 시간은 다르다. 8시간 정도 잠을 자는 게 적당한 것처럼 평균적으로 적용할 수 있는 적당한 휴식시간이 어느 정도인지 알아야 한다.

생체 에너지를 연구하는 운동 생리학에서는 피로 물질인 젖산염이 제거되는 속도에 따라 휴식시간을 결정한다. 젖산은 강도 높은 근력운동을 하거나 스트레스를 받으면 우리 몸에 쌓인다. 몸에 쌓인 젖산을 빨리 제거할수록 피로 회복에 도움이 된다고 알려져 있다. 과거에는 젖산이 피로의 원인이 되는 물질이기 때문에 빨리 제거해야 한다고 알려져 있었지만 여러 가지 연구를 통해서 피로 물질이라는 오명을 벗었다. 근육의 피로는 젖산이 젖산염으로 변할 때 발생하는 수소이온이 피로의 원인이 되는 물질이라는 주장이 더 설득력을 얻고 있다. 젖산이 피로물질은 아니지만 운동을 하거나 스트레스를 받을 때 생성되는 것은 맞다.

혈액의 젖산염 농도는 짧은 시간에 강도 높은 운동의 반복 횟수와 휴식 시간의 길이에 따라서 달라진다. 운동선수를 대상으로 실험한 결과 휴식시간이 가장 짧은 단거리 주자의 젖산염 농도가 가장 높았다. 운동량과 혈액의 젖산염 농도는 비례한다. 일반적으로 최대 운동트레드밀에서 탈진할 때까지 달리기 후 측정된 젖산염의 절반을 제거하는데 25분 동안 안정성 회복회복기에 휴식을 취하는 것이 필요한 것으로 나타났다. 최대 운동 후 몸에 쌓인 젖산염의 약 95퍼센트가 1시간 15분 동안의 안정성 회복으로 제거되었다.[1]

운동선수들은 안정성 회복수동적 회복과 운동성 회복능동적 회복으로 훈련의 피로를 푼다. 안정성 회복은 몸을 움직이지 않으며 휴식을 취하는 것이고 운동성 회복은 가벼운 운동으로 혈액을 순환시키고 근육의 피로를 푸는 것이다. 운동선수들이 육체적인 피로를 푸는데 걸리는 시간을 모든 사람에게 적용할 수는 없다. 사람마다 하는 일이 다르고 정신적인 스트레스 정도도 다르기 때문에 일률적으로 휴식시간을 적용할 수는 없다. 운동을 하거나 일을 하면서 근육과 머리를 사용하는 동안 몸에 쌓인 피로를 해소하는 가장 좋은 방법은 편히 쉬는 것이다.

뇌에 쌓인 피로를 풀어주는 방법은 근육의 피로를 푸는 것과 다르다. 뇌에 쌓인 피로물질은 5시간 정도 깊은 잠을 자면 해소된다.

모든 사람에게 일률적인 휴식 시간을 적용할 수는 없지만 운동선수들이 피로를 풀기 위해 안정성 회복과 운동성 회복을 하는 것처럼 수동적인 회복과 능동적인 회복 방법을 실천할 수는 있다. 정신적인 긴장이나 스트레스를 풀려면 하루에 오전과 오후 두 번, 20~30분 정도 정서적인 휴식을 취해야 한다. 조용한 음악을 듣거나 눈을 감고 명상을 하면 정신적인 피로를 해소할 수 있다.

육체적인 피로는 하루에 1시간 정도, 4킬로미터 걷기 운동으로 풀 수 있다. 육체적인 피로는 가벼운 운동으로 푸는 게 좋다. 걷기 운동은 저녁식사 후 1시간 정도 쉬었다가 해야 한다. 어느 정도 소화가 된 다음에 30분 정도는 빠르게 걷고 30분 정도는 산책하듯 걷는다. 1시간 정도 걸으면 적당한 피로감을 느낀다. 적당한 피로감은 기분 좋게 잠이 들도록 도와준다. 이런 피로감을 '기분 좋은 피로'라고 한다. 반대로 기분 나쁜 피로는 몸은 힘들지만 잠이 오지 않는 것이다. 기분 좋은 피로는 일에서 만족감을 느낄 때 생긴다. 대충 시간만 때우고 일에 진척이 없을 때는 기분 나쁜 피로가 쌓인다. 가벼운 운동, 독서와 명상 등의 두뇌 활동은 숙면에 도움이 된다.[2]

하루 두 번의 정서적인 휴식과 1시간 걷기 운동, 5시간의 깊은 잠이 육체적·정신적 피로를 해소하는 적당한 휴식시간이다.

따뜻한 물에 몸을 담그면 정신적인 긴장도 사라진다

중동 지역의 공중목욕탕 '하맘hamam'에서는 목욕할 때 눕는 것이 목욕하는 과정 가운데 하나다. 하맘에서 목욕하는 사람들은 스트레칭으로 근육의 피로를 풀고 때를 밀고 비누 마사지를 한 다음 따뜻한 대리석판에 누워서 휴식을 취한다. 하맘은 우리나라 찜질방과 비슷하다. 목욕탕에서 누워서 쉬는 시간은 목욕에서 꼭 필요한 과정이다. 목욕을 하면서 때를 밀고 비누 마사지를 하고 근육을 풀어주는 것은 체력 소모가 많기 때문이다. 하맘은 이슬람 국가에서도 볼 수 있고 휴식과 재충전의 장소로 활용하고 있다.[3]

긴장을 풀기 위해서 따뜻한 물에 목욕을 하는 사람이 많다. 따뜻한 물에 목욕을 하면 긴장이 풀리고 평정을 찾은 상태가 된다. 정신적인 긴장을 완화하려면 따뜻한 물에 목욕을 하거나 조용한 음악을 들으며 '차분해지자'라고 계속 되뇌면서 마음을 가라앉힌다.

드라마 '미생'에 "일주일의 피로를 사우나에서 풉니다."라는 대사가 나온다. 금요일에 근무를 끝내고 사우나에 들러서 일주일 동안 쌓인 피로를 풀고 퇴근하는 장면이 나온다. 목욕을 하면 긴장이 풀리는 것을 알고 있지만 샤워로 끝내는 사람이 많다. 따뜻한 물로 샤워를 하면 피부만 따뜻하게 하고, 몸속 깊이 온기가 전해지지 않는다. 어깨가 결리거나 피로가 심할 때는 욕조에 몸을 푹 담가서 온몸에 온기가 전해지도록 해야 한다. 어깨가 결리는 증상은 목에서 시작해서 어깨, 등으로 퍼져 있는 승모근이 뭉쳐서 생긴다. 승모근을 풀려면 혈액순환을 원활하게 해야 한다. 혈액순환을 원활하게 하는 방법이 바로 따뜻한 물에 몸을 담그는 목욕이다.

침구를 만드는 로프티의 수면과학연구소 소장 미하시 미호는 동양인의 체질과 사회환경에 맞춘 수면 테크닉을 제시했다. 《5분 만에 깊이 잠드는 책》에서 '쾌면 목욕법'이라는 내용으로 소개되었다. 잠을 자는 데도 등급이 있다. 오랜 시간을 잤다고 숙면을 취했다고 할 수는 없다. 숙면을 취하려면 신체적인 긴장을 풀어야 하는데 따뜻한 물에 몸을 담그는 목욕만큼 확실하게 신체적인 긴장을 풀어주는 방법은 없다.

물이 뜨거울수록 긴장이 더 잘 풀린다고 생각하는 사람이 많다. 뜨거운 물은 교감신경계를 자극해서 흥분시키기 때문에 오히려 잠에서 깨게 된다. 38도 정도의 적당히 따뜻한 물이 부교감신경계를 자극해서 기분을 가라앉히고 혈액순환을 도와주어 체온도 상승시킨다. 따뜻한 물로 목욕한 다음 15분 정도 지나면 땀이 나면서 체온이 내려가는데 이때 잠자리 들면 푹 잘 수 있다. 집에 욕조가 없어서 따뜻한 물에 몸을 담그는 목욕을 하지 못하는 사람들이 있다. 욕조가 있어도 물을 받기가 번거로워서 샤워만 하는 사람들이 많다. 몸을 담그는 목욕을 할 수 없다면 어깨와 장딴지를 따뜻한 물로 마사지하듯 샤워하면 좋다. 하지만 샤워만으로는 신체의 피로를 풀고 몸을 따뜻하게 할 수도 없다. 목욕하기가 어렵다면 45도 정도 뜨거운 물에 발을 담그는 족욕도 비슷한 효과를 볼 수 있다. 복사뼈까지 발을 담그고 5~10분 정도 족욕을 하면 피로가 풀린다. 발은 혈액이 되돌아오는 지점이기 때문에 혈액순환에 더 신경 써

야 한다.[4]

　목욕도, 족욕도 하기 어렵다면 정기적으로 사우나를 해야 한다. 집집마다 욕실이 없었던 시절에는 주말에 대중목욕탕에 가는 게 일상이었다. 집에서 목욕과 샤워를 할 수 있게 된 지금은 집 근처에도 대중목욕탕이 없는 곳이 많다. 몸과 마음의 피로를 푸는 날을 정하고 사우나를 하자. 사우나에 몸을 담그는 시간은 5분 정도가 적당하다. 신체 조건에 따라 시간을 조금씩 늘릴 수는 있지만 30분 이상 오래 사우나를 하는 것은 좋지 않다. 심한 운동, 식사를 한 뒤에 바로 사우나를 하는 것도 좋지 않다. 사우나를 제대로 하면 근육이 이완되고 혈액 순환도 원활해지는 효과가 있고 무엇보다 몸이 깨끗해져서 기분까지 상쾌해진다.

Rest & Relaxation

새로운 자극이 몸과 마음의 피로를 없앤다

일요일은 새로운 자극을 받는 날

직장에서는 하루 종일 컴퓨터 앞에서 일하고 주말에는 일주일 동안 하지 못했던 집안일, 개인적으로 시간을 내서 해야 하는 일을 한다. 많은 사람들이 이런 일상을 보낸다. 직장에서도 반복되는 일, 집에서도 늘 똑같은 일을 하면 뇌의 노화는 급속도로 진행된다.

자신의 일상이 단조롭다고 생각되면 휴일에 밖으로 나가야 한다. 한 달에 한 번 정도는 평소에 가지 않던 곳에 가보는 게 좋다. 처음 가보는 곳에서는 여러 가지 자극을 받는다. 새로운 자극을 받으면 평소에는 사용하지 않던 시각, 후각, 청각 등이 반응한다. 이에 따라 뇌도 활발하게 움직인다. 휴일에 운동을 하라는 것도 마찬가지 이유에서다. 평일에 특별히 운동을 하지 않는다면 휴일에 하는 운동은 새로운 자극이 된다. 운동을 하면 손과 발, 몸을 통해서 전해지는 자극이 스트레스의 원인이 되는 피로와 불안 등을 해소한다.[5]

주말에 새로운 자극을 받으려고 레저를 즐기거나 먼 곳으로 여행을 떠날 필요는 없다. 자주 가던 산이 있다면 평소에 다니던 길이 아닌 새로운 길로 가보는 것으로도 새로운 자극을 받기에 충분하다. 산책이나 걷기 운동을 할 때도 평소에 가지 않던 길로 가면 새로운 자극을 받을 수 있다. 요즘은 둘레길 걷기, 해설사와 함께하는 역사 현장 탐방, 숲 힐링 등의 프로그램도 많다. 색다른 장소를 가보고 다양한 체험을 하면 사고의 폭이 넓어지고 지적인 욕구도 충족시킬 수 있다. 새로운 자극을 받으려면 휴일에는 몸을 움직여야 한다.

항상 피곤한 상태이기 때문에 일요일만큼은 아무 일도 안 하고 집에서 뒹구는 게 낫다고 생각하는 사람도 있다. 휴일에 운동을 하면 육체적으로는 피곤하다. 하지만 하루 종일 축 처진 상태로 집에 있으면 피로감만 더 쌓인다.

월요일부터 금요일 혹은 토요일까지 일을 했다면 일요일이 얼마나 중요한 시간인지 느낄 수 있다. 중요한 시간을 보내기 위해서 주말 계획을 세우는 것도 좋다. 어떤 일요일은 빈 도화지처럼 깨끗하게 아무런 계획 없이 남겨놓자. 일요일에는 기분에 따라서 하고 싶은 일을 하는 것이다. 생각만 하고 실천하지 못했던 일을 해도 좋다.

도시에 살고 있다면 주말농장을 분양받아 일요일에 농부가 되면 새로운 자극을 받고 수확의 결실도 거둘 수 있다. 땅을 일구고 씨앗을 뿌리고 새싹이 올라오는 모습을 보면 평소에 느끼지 못한 기쁨을 맛볼 수 있다. 생명을 키우면서 얻는 기쁨은 매우 크다. 노동을 한 뒤에는 잠도 잘 온다. 새로운 자극과 숙면은 또다시 시작되는 월요일을 활기차게 맞이하게 해준다. 일요일에 운동이나 산책을 하든, 텃밭을 가꾸든 평소에 하지 않던 일을 해보길 권한다. 가장 권하고 싶지 않은 것은 주말 내내 잠을 자면서 보내는 것이다. 일상에서 벗어나야 새로운 자극을 받을 수 있다. 지금 살고 있는 동네를 벗어나 차를 타고 지나다니던 옆 동네를 걷기만 해도 새로운 자극을 받을 수 있다. 주말에 경험하는 새로운 자극은 건강한 정신을 만드는 보약이다.[6]

특별한 휴일 만들기

어떤 것이든 총량이 정해져 있다는 '총량의 법칙'이 여러 가지 내용과 접목되면서 흥미로운 신조어를 만들어내고 있다. 대표적으로 행복 총량의 법칙과 불행 총량의 법칙이 있다. 행복이나 불행에 총량이 정해져 있다는 법칙이다. 성공한 삶을 사는 사람도 불운했던 때가 있었고 평생을 불운하게 살았던 사람도 행복한 때가 반드시 온다. 지랄 총량의 법칙도 있다. 한동대 법대 김두식 교수는 《불편해도 괜찮아》에서 "모든 인간에게는 평생 쓰고 죽어야 하는 '지랄'의 총량이 정해져 있고 어떤 사람은 그 지랄을 사춘기에 다 떨고, 어떤 사람은 나중에 늦바람이 나기도 한다. 어쨌거나 죽기 전까진 반드시 자기에게 주어진 지랄의 양을 다 쓰게 되어 있다."라고 했다.

사람이 몸과 정신에도 용량이 정해져 있다. 용량이 한정돼 있어서 너무 많은 일로 몸을 채우면 감당하지 못하고 건강을 해치게 된다. 너무 많은 정보를 받아들이려고 하면 머리가 감당하지 못한다. '비워야 잘 산다'는 말처럼 적당히 비워내야 몸과 정신이 원활하게 움직인다. 여기서 비운다는 것은 '쉼'을 의미한다. 누구에게나 휴식이 필요하다. 쉬지 않고 일하는 게 성공의 지름길이던 시대는 지났다. 만들기만 하면 팔리던 시대, 즉 제조의 시대에는 쉬지 않고 많이 만들면 성공할 수 있었지만 지금은 그렇지 않다. 독특한 아이디어와 창조적인 사고가 중요한 시대다. 기발한 생각은 적당한 휴식에서 나온다.[7]

휴일에는 특별한 휴식을 취해야 한다는 부담감을 느낄 필요는 없다. 늘 하던 일과와 다르게 해보는 것도 특별한 휴일을 보내는 방법이다. 파블로 피카소는 쉬는 동안에 다양한 작업을 했다. 피카소를 화가로만 알고 있는 사람이 많은데 회화, 조각, 판화, 무대 미술, 도자기, 그래픽 아트 등 여러 분야에 걸쳐서 다양한 형태의 작품을 만들었다. 피카소는 16,000여 점의 회화 작품과 소묘, 650여 점의 조각, 2,000여 점의 판화 작품을 남겼다. 그는 그림을 그리다가 쉴 때 도자기를 만들었고 도자기를 만들다가 쉴 때 조각을 했다. 피카소는 평소에 하지 않던 작업을 쉬는 동안 했다.[8]

세기의 천재라고 불리는 피카소를 따라 하기는 어렵지만 특별한 휴일을 보낼 수는 있다. 다니엘 W. 조슬린은 1939년에 쓴 책《Why be tired?》에서 "휴식은 아무것도 하지 않는 것이 아니다. 휴식은 회복이다."라고 했다. 낮잠을 자는 것도 좋고 공원에서 산책을 하거나 산에 오르는 것도 좋다. 공예체험을 하는 것도 좋고 미술관이나 박물관을 찾는 것도 좋다. 가까운 온천이나 찜질방에서 피로를 푸는 것도 좋다. 주말 내내 낮잠을 자거나 빈둥거리며 시간을 보내는 것만 피한다면 몸과 마음을 회복하는 휴일을 만들 수 있다.

휴일을 보내는 취미 만들기

휴일은 단순히 쉬는 날이 아니다. 에너지를 얻는 날이다. 에너지를 얻으려면 몸과 마음에 자극이 필요하다. 자극은 몸을 움직이고 몰입을 통해서 얻을 수 있다. 휴일에 집에서 TV를 보고 낮잠을 자면서 휴식을 취하는 것은 한 달에 한 번이면 충분하다. 지루한 일상에서 자극을 받고 보람을 느끼려면 취미가 필요하다.

아인슈타인은 취미로 바이올린을 연주했다. 풀리지 않는 문제가 생기면 바이올린을 연주했다. 상당한 연주 실력을 갖춘 아인슈타인은 1934년에 망명한 독일 과학자들을 돕기 위한 연주회를 가졌다. 레오나르도 다 빈치의 취미는 요리였다. 《레오나르도 다 빈치, 한 천재의 은밀한 취미》에는 그가 이탈리아 스포르차 궁전의 연회 담당자로 30년 동안 일했다는 내용이 나온다. 레오나르도 다 빈치에게 요리는 단순한 취미가 아니었다. 스파게티 면을 뽑는 기계와 냅킨 건조대 등 여러 가지 조리기구를 설계했다. 하늘에서 물이 쏟아지는 기구는 지금의 스프링클러의 원조다. 노무현 전 대통령의 취미는 독서였고 소설가 김훈의 취미는 자전거 타기다. 취미를 가지면 인생은 풍요로워진다. 취미가 직업이나 경력에 도움이 될 필요는 없다. 경력에 도움이 안 되는 취미는 시간낭비라고 생각하는 사람도 있지만 새로운 것에 관심을 갖고 배우는 과정은 그 자체가 공부이고 경력이다.[9]

오랫동안 해온 취미를 직업으로 만든 사람들도 있다. 취미로 하던 일을 부업이나 사업으로 만든 사례는 많다. 이런 사례를 보면 취미가 직업이나 경력에 전혀 도움이 되지 않는다고 할 수는 없다.

휴일에 몰입할 수 있는 취미를 가지면 우울증도 예방할 수 있다. 하루 종일 취미생활에 몰두하면서 일에 대한 생각에서 벗어나는 것이다. 취미생활로 머릿속을 꽉 채우면 자연스럽게 일에 대한 스트레스는 사라진다. 평일에 일에 대한 생각으로 긴장한 두뇌를 취미생활을 하면서 이완시키는 것이다. 음악이나 영화 감상도 좋다. 화초를 가꾸는 일, 낚시, 등산, 독서 어떤 취미라도 좋다. 일에서 받은 스트레스를 해소할 수 있으면 그걸로 충분하다. 취미는 일상과 반대되는 일일수록 좋다. 컴퓨터 앞에서 일하는 사람은 활동적인 취미가 좋고 현장에서 일하는 사람은 정적인 취미가 좋다. 머리를 쓰는 직업을 가지고 있다면 몸을 쓰는 취미를, 몸을 쓰는 일을 한다면 머리를 쓰는 취미를 갖는 것이 좋다. 농부가 화초를 가꾸는 일을 취미로 하거나 프로그래머가 온라인 게임을 취미로 즐긴다면 일에서 받은 스트레스를 해소하기는 어렵다.[10]

일에서 받은 스트레스를 해소하는 취미생활로 적당하지 않은 것도 있다. 체력소모가 심하거나 정신을 집중하는 운동, 순위를 다투는 취미생활은 스트레스 해소에 전혀 도움이 되지 않는다. 심리학에서는 스트레스를 몸이 긍정적으로 받아들이는 유스트레스Eustress와 부정적으로 받아들이는 디스트레스Distress로 구분한다. 신체와 정신을 자극하는 상황이나 주어진 과제를 어떤 시각으로 보는지에 따라 스트레스는 다르게 나타난다.

화장품 브랜드 시세이도의 후쿠하라 대표는 난을 가꾸는 취미를 가지고 있다. 후쿠하라 대표는 부친이 즐기던 난 가꾸기 취미를 이어받았다. 키우는 난의 숫자가 늘어나면서 말라죽는 난이 생겼고 난 가꾸기는 스트레스가 되었다. 하지만 본격적으로 난 가꾸기에 몰두하면서 난의 종류에 따라 관리하는 방법이 조금씩 다르다는 것을 알게 되었다. 처음에 말라죽는 난이 생겼을 때는 디스트레스를 받았지만 더 신경 써서 난을 가꿔서 잎이 제 색을 찾았을 때는 기쁨과 노력에 대한 보상을 받았다는 기분을 느꼈다. 그러면서 디스트레스는 난을 더 잘 키워야겠다는 유스트레스로 바뀌었다.[11]

취미생활에 몰입하면 머리를 가득 채운 일에 대한 스트레스는 사라진다. 그 자리에 정신을 더 건강하게 만들고 성취감을 느끼게 하는 양질의 스트레스가 채워진다.

Rest & Relaxation

가벼운 여행은 몸과 마음에 에너지를 불어넣는다

재충전을 위한 여행의 기술

주말이나 연휴에는 어디론가 떠나는 사람들로 고속도로는 붐빈다. 사람들은 일하면서 받은 스트레스를 풀고 여유를 즐기려고 휴일에 여행을 떠난다. 육체적인 피로를 풀려고 휴양지를 찾는 사람도 많다.

패키지로 만들어진 여행상품을 소비하는 것은 여가도, 여행도 아니다. 휴식을 위한 여행은 틈을 내서 쉬는 것이다. 사진 찍고 쇼핑하고 돌아오는 여행상품 일정에는 재충전하는 시간이 들어있지 않다. 휴식을 위한 여행은 몸과 마음을 편하게 하면서 일상에서 받지 못하는 새로운 자극을 받는 것이다.[12]

휴일에 어디로든 떠나는 이유는 휴일은 평일과 다르게 보내야 한다는 생각 때문이다. 사무실에서 일하는 사람은 휴일에 반드시 밖에 나가야 한다. 특히 하루 종일 실내에서 일하는 사람과 전업주부는 평일과는 다른 곳에서 시간을 보내야 한다. 단조로운 일상을 반복하는 사람도 휴일에는 평소에 가보지 못한 곳에서 자극을 받아야 한다. 휴일에 새로운 자극을 받으면 평소에 잘 사용하지 않던 촉각, 청각, 시각 등이 활성화되고 새로운 감각이 들어오면 뇌도 활발하게 움직인다. 휴일에 땀을 흘리며 운동을 하는 것도 스트레스를 풀고 긴장을 완화하는 데 도움이 된다. 운동을 하면서 손과 발, 몸을 통해서 전달되는 자극이 피로와 불안을 해소한다.

여행은 기분을 전환하는데 매우 효과적이다. 일상에서 벗어나기 위해서 휴일에 떠나는 여행은 가벼운 여행이어야 한다. 준비와 각오가 필요한 '본격적인 여행'과 평상시 복장 그대로 부담 없이 떠나는 '가벼운 여행'이 있다. 며칠 동안 숙박을 하고 오는 해외여행과 장거리 국내여행이 본격적인 여행이고 하루 이틀 만에 다녀오는 여행이 가벼운 여행이다.[13]

재충전을 위한 여행은 부담 없이 떠나는 가벼운 여행이어야 한다. 재충전을 위한 여행은 가보고 싶었던 곳에서 편하고 자유롭게 시간을 보내는 것이다. 자주 만나지 못했던 사람을 찾아가서 만나거나 맛집을 찾아가거나 멋진 풍경을 즐기기 위해서 떠나는 여행도 좋다.

에너지가 넘칠 때는 빡빡한 일정으로 관광지를 돌아보는 여행도 필요하다. 일상에서 지쳤다고 느낄 때는 집에서 잠을 자는 것보다 아무것도 하지 않기 위해서 떠나는 여행이 좋다. 재충전 여행의 목적은 '아무것도 하지 않는 것'이다.

여행을 가기 위해서 몇 달 전부터 힘들게 준비해야 하거나 여행을 다녀와서 며칠 동안 피곤하다면 그 여행은 재충전을 위한 여행은 아니다. 가까운 곳에서 하룻밤 묵고 돌아오는 여행이 지친 몸과 마음에 활력을 불어넣는 재충전을 위한 여행이다.

'착한 여행'과 '책임 여행'은 마음의 휴식을 위한 여행

휴식을 위한 여행이라고 말하면 해변 휴양지의 야자수 그늘을 먼저 떠올린다. 최고의 시설을 갖춘 호텔에서 숙박을 하면서 자유를 만끽하는 여행을 언제든지 떠날 수 있다면 좋겠지만 주머니 사정도 여의치 않고 마음 편하게 며칠 동안 쉬는 것도 쉽게 허락되지 않는다. "휴식이 가장 필요한 사람은 이제 막 여행에서 돌아온 사람이다."라는 말이 있다. 여행에 익숙하지 않은 사람들은 '집 떠나면 개고생'이라는 말을 믿으며 방구석을 떠나지 않는다. 여행만큼 사람을 지치게 만드는 일도 없다. 하지만 편하고 익숙한 것을 벗어나 낯선 곳에서 새로운 경험을 하면서 자극을 받는 것도 휴식이다.

금요일 저녁에 출발해서 일요일 저녁이나 월요일 새벽 비행기로 돌아오는 밤도깨비 여행도 있다. 이런 여행은 휴식과는 거리가 멀다. 그렇다고 여행지에서 아무것도 안 하고 쉬기만 하는 것은 여행보다 요양에 가깝다. 현지의 문화를 체험하고 먹어본 적 없는 음식을 먹으면서 자연 속에서 시간을 보낸다면 휴식을 위한 여행이라고 할 수 있다. 최근에는 여행지의 지역 경제에 도움을 주고 환경을 위해 소비를 최소화하는 '착한 여행'이 인기를 끌고 있다. 유명 관광지에서 쇼핑하고 먹고 즐기는 것보다 소외된 지역과 자연을 찾아가 그곳에서 머물며 영혼을 살찌운다면 그것이야말로 휴식을 위한 위한 여행이다.[14]

여행자가 여행지의 환경과 문화를 보호할 책임을 가지고 여행한다고 해서 '책임 여행'이 생겨났다. 책임 여행은 1992년 리우회담에서 대안 관광이라는 개념으로 제시되어 2000년 유럽을 중심으로 확산되었다. 대표적인 책임 여행은 앙코르와트 청소 여행, 베트남 요리 배우기 여행, 프랑스 요가 여행, 스코틀랜드 카약 여행, 히말라야 쓰레기 청소 여행 등이 있다. 환경을 보호하는 의미에서 자동차를 타지 않는 친환경 여행도 있다.[15]

착한 여행은 상업적으로 변질된 관광 상품으로 생태계와 환경 파괴를 막고 원주민들의 삶이 피폐해지는 것을 방지하기 위해서 위해서 시작되었다. 우리나라에도 국립공원관리공단에서 제공하는 숲 치유 여행, 자연생태탐방, 템플스테이, 팜스테이 등 테마별 에코투어 서비스(ecotour.knps.or.kr)가 있다. 산이나 바다로 여행을 가면 평상시보다 많이 걷고 움직인다. 낯선 곳에서의 경험은 기분 좋은 자극을 준다. 멋진 자연 풍경을 눈과 가슴에 담으면 마음까지 재충전되는 효과가 있다.

어릴 때부터 여행을 많이 한 아이는 상상력이 풍부하다. 여행하면서 다양한 문화를 접하며 보고 들은 것이 연상 작용에 활용할 자료로 머릿속에 축적되기 때문이다. 어른도 마찬가지다. 매일 똑같은 길만 왔다 갔다 하고, 똑같은 건물에서 똑같은 풍경만 보고 산다면 떠오르는 이미지와 생각은 늘 비슷할 수밖에 없다. 새로운 자극을 받고 풍부한 경험을 하기 위해서 여행은 필요하다.[16]

여러 번 가봤던 곳이라도 환경을 보호하고 현지 문화를 이해하기 위한 목적으로 여행하면 다른 모습이 보인다. 특별한 의미를 가진 여행에서 오감으로 느끼는 모든 것들은 영혼을 채우고 상상력의 재료로 머리에 남는다. 휴식을 위한 여행의 의미를 조금 더 확대해보면 처음 보는 장소와 분위기를 체험하는 것을 넘어서 새로운 아이디어, 활력을 얻는 활동이라는 것을 알 수 있다.

Rest & Relaxation

집과 직장에서 실천할 수 있는 휴식의 기술

집에서 가족과 식사는 최고의 휴식이다

학교는 공부하는 곳, 직장은 일하는 곳, 집은 쉬는 곳으로 구역을 정확하게 구분해야 한다. 요즘은 집에서 일하는 사람도 있고 집이 공부하기 더 좋다는 사람도 있다. 집은 모든 환경을 갖추고 있다. 일을 하기도 좋고 공부하기도 좋다. 필요하다면 일이나 공부하기 좋은 환경으로 집을 꾸밀 수 있다. 하지만 휴식하기 좋은 환경으로 집을 꾸미는 사람은 그리 많지 않다.

일이나 공부를 하려면 집중해야 하기 때문에 책상, 책장, 의자, 컴퓨터 등을 갖춘다. 휴식을 위해서도 환경을 갖춰야 한다. 요즘은 휴식을 위해서 거실에 전신 안마기, 족욕기 등을 설치하는 집이 많다. 피로를 풀기 위해서 이런 기계들을 갖추는 것도 나쁘지 않다. 집은 휴식하기 좋은 장소이기보다는 생활하는 공간이다. 맞벌이 부부, 1인 가구, 외벌이 가장 모두 퇴근해서 집에 오는 순간 또 다른 일이 시작된다. 생활하기 위해서 집에서 해야 할 일이 있다.

집에는 오롯이 쉴 수 있는 시간을 방해하는 요소들이 많다. 아무 일도 하지 않고 누워있거나 소파에서 빈둥거리며 뒹굴 수 있는 집은 많지 않다. 집에서 잠을 자는 것만 휴식이 아니다. 집에는 꼭 해야 할 일 외에도 흥미로운 일들이 널려 있다. 게임을 하거나 영화를 보고, 인터넷으로 쇼핑도 해야 하고, 연락이 뜸한 친구와 메신저로 채팅도 해야 한다.

몸도 편하고 마음도 편해야 휴식이다. 혼자 사는 집, 가족이 여러 명인 집에서 휴식을 취하려면 라이프 사이클에 맞춰서 휴식을 최적화해야 한다. 사랑하는 가족들과 시간을 보내는 것은 사회적 휴식이다. 가족과 함께 식사를 준비하고 산책을 하는 것은 매우 바람직하다. 가족이 한 자리에 모여서 여유롭게 시간을 보내기 어려운 시대다. 가족과 함께 있는 동안 정서적으로 안정감을 느낄 수 있다. 가족이 모인 자리에서는 모두가 즐길 수 있는 놀이가 필요하다. 놀이라고 해서 카드나 게임을 생각하면 안 된다. 요즘은 요리하는 프로그램이 인기다. 가족이 함께 음식을 만들며 식사를 준비하는 것은 휴식을 위한 놀이다.

맛집을 찾아다니며 외식을 하는 것도 좋지만 가족이 함께 음식을 만들고 식사를 준비하면서 학교나 직장에서 있었던 일이나 요즘 즐겨 보는

TV 프로그램, 새로 나온 게임에 관한 이야기를 나눈다. 음식에 대한 이야기도 좋다. 단, 무거운 주제는 식사 분위기를 망칠 수도 있으므로 나중으로 미루고 즐거운 이야기 위주로 해보자.

할 얘기가 없으면 음식을 만드는 동안 식재료에 대한 이야기라도 해보자. 어디서 얼마에 샀는지, 요리 프로그램에서 본 조리법 등 시시콜콜한 얘기도 좋다. 가족끼리 대화가 없는 게 문제다. 아무 얘기나 하다 보면 가족들이 어디에 관심이 있는지도 알 수 있고, 고민이 무엇인지도 대강 짐작할 수 있다. 음식을 만들고 함께 식사하고 설거지를 돕는 것은 정신적으로 육체적으로 매우 즐거운 일이다.

식구(食口)는 함께 밥을 먹는 사람이다. 가족이라는 말 대신 사용한다. 가족이라는 말보다 식구가 더 친근감이 느껴진다. 먹는 것은 즐거운 일이고 삶의 즐거움 중에 하나다. 같이 식사를 하면서 더 가까워진다는 말이 있다. '한솥밥을 먹는다.'고 하면 왠지 동질감을 느끼고 나를 믿어주는 사람이라는 생각이 든다. 일 때문에 어쩔 수 없이 같이 식사를 하는 사람을 식구라고 하지는 않는다. 식구와 함께 밥을 먹는 휴식은 어떤 것으로도 대신할 수 없다.[17]

직장에서 틈틈이 휴식 취하기

직장은 일 하는 곳이라는 생각 때문에 쉬고 있으면 왠지 그러면 안 될 것 같은 기분이 든다. 학교에서는 수업의 시작과 끝을 알리는 종을 치기 때문에 휴식시간을 알 수 있다. 회사나 작업 현장에서는 점심시간 외에는 휴식시간을 알리는 신호가 없어서 자칫하면 쉬지 않고 일하게 된다. 쉬지 않고 일하면 몸에 피로가 쌓인다. 집중해서 일하는 동안에는 피곤한지 모르지만 피로는 계속 쌓인다. 한번 쌓인 피로는 몸에 부담을 주고 회복하는데 오랜 시간이 필요하다.

직장에서 느끼는 피로는 생각보다 심하다. 비엔나대학 사회의학연구소에서 조사한 자료에 따르면 70퍼센트의 여성과 54퍼센트의 남성이 만성피로감을 호소했다. 조사를 받은 사람 가운데 절반이 하루에 한 번 정도 피로감을 느낀다고 했다. 지중해 주변의 국가에서는 한낮에 가게 문을 닫고 낮잠을 잔다. 스페인 사람들에게 시에스타는 일상의 한 부분이다. 흥미로운 점은 근무 중에 휴식을 인정하는 나라 사람들은 그렇지 않은 나라와 비교해서 심장과 순환기 질병으로 고생하는 사람이 적다.[18]

일하는 동안 틈틈이 휴식을 취하면 피로를 풀 수 있다. 피로를 해소하기 위해서라도 한두 시간마다 휴식시간을 가져야 한다. 책상에 앉아서 일하는 사무직이라면 휴식시간에 몸을 움직이는 것이 좋다. 현장에서 힘든 일을 하는 사람도 휴식시간에는 몸을 움직여야 한다. 몸을 움직이는 요령은 일하는 동안 취하는 자세와 반대로 움직이는 것이다. 서서 일하는 사람은 휴식시간에 앉거나 눕고 책상에 앉아서 일한다면 서서 팔을 올리고 다리를 벌리는 자세로 근육을 풀어줘야 한다. 가슴을 펼치는 스트레칭도 피로를 푸는 데 효과가 있다.

사무실에서 바닥에 눕지 않고 할 수 있는 스트레칭을 해보자. 자리에서 일어나 팔을 뻗어서 근육을 이완시키고 등을 뒤로 젖혀서 구부정한 자세로 긴장하고 있던 등도 펴준다. 의자에 앉아서 허리를 좌우로 비틀어보자. 오전 10시, 오후 2~3시 사이에 시간을 내서 스트레칭을 하면 몸도 마음도 개운해진다.

근무시간에 계속 모니터를 보면서 일을 한다면 휴식시간에는 먼 곳을 응시하여 눈의 피로를 풀어야 한다. 직장에서 커피를 마시거나 담배를 피우면서 잠깐 쉬는 사람은 많지만 눈을 쉬게 하는 사람은 거의 없다. 책상 위에 엎드려서 눈을 감고 있어도 좋고 수면안대를 하고 좋아하는 노래를 듣는 것도 좋다. 눈의 휴식은 매우 중요하다. 요즘은 스마트폰 화면을 자주 보기 때문에 사무실에서 일하든 현장에서 일하든 눈을 쉬게 해야 한다. 운전을 한다면 더더욱 눈의 피로를 풀어야 한다. 검지와 중지로 눈 주위의 뼈를 눌러주고 눈과 귀 사이에 움푹 들어간 부분을 눌러준다. 눈 양쪽 끝도 손가락으로 눌러서 마사지하듯이 위아래로 움직이면 눈의 피로를 풀 수 있고 안면 경련에도 도움이 된다. 손바닥을 비벼서 따뜻하게 한 다음 눈을 눌러주는 것도 좋다.

많이 걸으면 다리가 아프고 무거운 짐을 들고 다니면 팔과 허리가 아픈 것처럼 모니터와 스마트폰을 들여다보면 눈이 아프다. 하지만 팔이나 다리처럼 아프다는 느낌이 덜해서 눈의 피로를 심각하게 생각하지 않는다. 눈의 피로가 만성화되면 머리도 아프고 어깨도 결린다. 직장에서 일을 하다가 1분 정도 눈을 마사지하면 눈의 피로를 풀 수 있다. 한두 시간에 한 번씩 눈 주변을 손가락으로 눌러서 마사지하면 정신도 맑아진다.

틈새 시간의 휴식

프로젝트 마감기한, 해야 할 일, 약속 시간과 장소 등을 다이어리에 적거나 스마트폰에 입력해서 관리한다. 업무적으로 미팅을 하다 보면 상대방의 다이어리가 보일 때가 있다. 스마트폰에 일정을 입력하면 일정이 많은 날은 항목이 많아서 한 화면에 다 보이지 않을 때도 있다. 직장인의 입장에서 보면 일정이 빼곡한 다이어리가 부러울 때도 있다. 하지만 뒤집어서 생각하면 빼곡한 일정은 많은 사람들을 만나고 기한 안에 해야 하는 일 때문에 제대로 쉬지 못한다는 것을 의미한다.

1시간 또는 30분 단위로 시간 약속을 잡으면 바쁜 것을 넘어서 초조함에 시달리게 된다. 계획을 세운 대로 일이 척척 진행되면 문제가 없지만 세상일은 내 뜻대로 되지 않는다. 계획대로 일이 진행되지 않는 이유는 '계획 오류' 때문이다. 계획 오류는 일을 끝내기로 예상한 것보다 더 오랜 시간이 걸리는 현상이다.

시드니 오페라하우스 건설 기간은 계획 오류를 보여주는 대표적인 사례다. 오스트레일리아에서는 1957년에 오페라하우스 건축계획을 세울 때 총비용 700만 달러를 들여서 1963년에 완공할 것이라고 예상했다. 하지만 오페라하우스 건설은 계속 늦어져서 처음 계획보다 10년이 지난 1973년에 완공되었고 총비용은 예상했던 700만 달러를 훨씬 뛰어넘어 1억 200만 달러를 썼다. 오페라하우스 완공에 맞춰서 결혼하기로 했던 부부가 있었는데 정작 오페라하우스가 완공되었을 때는 이혼한 후였다고 한다.[19]

계획한 대로 일이 진행되지 않으면 휴식에도 문제가 생긴다. 지금 하고 있는 일을 다 끝내고 쉬겠다고 마음먹었다면 일이 늦어지면 휴식도 늦어진다. 휴식을 미루면 빨리 지칠 수밖에 없고 일을 다 끝내고 쉴 때쯤엔 건강을 잃을 수도 있다.

하루 일정, 일주일 일정에서 조금은 느슨한 시간대를 만들어둬야 한다. 하루 일정에서는 한두 시간, 일주일 일정에서는 적어도 반나절 정도 느슨한 시간대를 확보할 수 있다. 이 시간에 미뤄둔 일을 하거나 급한 일을 처리하겠다는 생각은 버리자. 다이어리에 해야 할 일을 적고 중요한 일에는 빨간색이나 파란색으로 표시하는데 휴식을 위해 만들어 둔 느슨한 시간대도 잘 보이게 표시해두고 의무적으로 한가로운 시간, 자기만의 시간을 보내야 한다.[20]

느슨한 시간대를 만들 때, 효율을 따져서 집중력이 떨어지는 시간에 맞춰서 느슨한 시간을 정할 필요는 없다. 규칙적으로 긴장을 풀어주는 시간을 가져야 몸과 정신도 회복되고 다시 일 할 활력도 생긴다. 죽을힘을 다해서 일한다는 생각은 버리자.

심리학적으로, 의학적으로 휴식은 낭비하는 시간이 아니다. 일을 하면서 틈틈이 휴식을 취하는 것도 '능력'이다. 일상에서 휴식을 취하는 능력은 학생과 직장인, 주부, 남녀노소 모두 갖추어야 하는 중요한 능력이다. 심리적인 만족을 얻고 신체를 건강하게 유지하기 위해서 틈새 시간의 휴식은 꼭 필요하다.

Rest & Relaxation

휴식은 만족감과 자신감을 준다

휴식시간에 보는 TV가 눈을 피로하게 만든다

TV는 오래전부터 많은 사람들의 휴식을 책임져왔다. 20여 년 전인 1996년에 한국언론연구원에서 TV와 신문을 이용하는 시간을 조사했는데 명확하게 구분되었다. 신문은 오전 중에 읽는다는 사람이 28.8퍼센트로 가장 많았고 아침에 일어나자마자, 아침 식사 전후에 신문을 읽는다는 사람이 28.1퍼센트, 12.8퍼센트로 나타났다. 신문을 읽는 시간이 오전에 집중된 반면 TV를 시청하는 시간은 저녁 식사 시간이 27.9퍼센트, 잠자기 전이 26.2퍼센트로 나타났다. 당시 조사에서 TV를 시청하는 동기에 대해서는 36.5퍼센트가 '기분전환과 휴식에 도움이 되기 때문에'라고 응답했다.

스마트폰이 없었고 인터넷도 널리 보급되지 않았던 시절에 신문은 정보를 주었고 TV는 휴식을 주었다. TV를 보면서 편안하게 쉴 수 있는 의자를 구입하는 사람도 많다. TV가 많은 사람들의 휴식을 책임지는 기기가 된 이유는 '귀차니즘' 때문이다. 적극적으로 정보를 탐색할 때는 컴퓨터나 스마트폰을 이용한다. TV는 수동적으로 화면을 바라보기만 하면 되기 때문에 컴퓨터와 스마트폰이 주지 못하는 편안함을 제공한다.

사용하는 목적과 자세로 구분하면 컴퓨터와 스마트폰은 정보를 얻기 위해 몸을 앞으로 기울인 자세로 이용한다고 해서 린 포워드Lean forward 툴이라고 한다. TV는 소파에 기대거나 누워서, 혹은 엎드려서 이용하는 린 백Lean back 툴이라고 한다. TV는 아무런 목적 없이 화면만 바라보면 되기 때문에 쉴 때 이용하는 대표적인 기기가 되었다.[21]

TV 시청은 시간을 아주 많이 잡아먹는 활동이다. 시간 활용 연구에 따르면 미국 성인들은 하루에 평균 2~4시간 TV를 시청한다. 미국 어린이들은 하루 평균 1.5시간 TV를 시청하며 TV를 배경으로 생활하는 시간도 하루 평균 4시간이나 된다. 여기에 컴퓨터, 스마트폰, 비디오 게임, 화면이 달린 전자제품을 사용하는 시간까지 합하면 미국 성인들이 화면을 들여다보는 시간은 컴퓨터로 업무를 처리하는 시간을 제외하고도 8.5시간이라는 놀라운 수치가 나온다. 여러 선진국 가운데 가장 높은 수치다. 사회학자 존 로빈슨은 효율적인 시간 활용 관점에서 보면 미국은 '게으른 TV 중독자들의 나라'라고 했다. 미국인들은 TV 앞에 과자

봉지를 가져다 놓고 별생각 없이 빈둥거리면서 시간을 보내는 데 익숙하다. 미국인들이 뚱뚱하고, 우울하고, 친구가 별로 없고, 폭력적 성향을 나타내고 자존감이 낮고 숙면을 취하지 못하고 감각이 무디고 머릿속이 흐릿하고 집중하는 시간이 짧고 평균 수명이 길지 못한 것도 바로 TV 때문이다.[22]

연구결과에 의하면 TV 리모콘을 한 번 누를 때마다 우리 뇌의 사고 기능이 저하된다. 30초 동안 TV 화면을 응시하면 우리는 자의식을 잃어버린다. 우리가 TV를 볼 때 뇌의 알파파 활동은 텅 빈 벽을 뚫어지게 바라볼 때와 비슷한 수준이라고 한다. TV가 사고 기능을 저하시키고 휴식을 방해한다고 알고 있지만 여전히 TV는 휴식의 중심에 있고 앞으로도 그럴 것이다. TV를 보는 휴식은 외부에서 들어오는 정보에 뇌를 노출시키기 때문에 휴식의 효과가 없다. 하지만 휴식시간과 TV는 이미 떼려고 해도 뗄 수 없는 관계가 됐다. 휴식을 취할 때 TV를 올바르게 이용하려면 디지털 기기 때문에 생기는 눈의 피로에 대해서 이해할 필요가 있다.

한의학에서는 눈병을 눈에 생기는 병으로 한정하지 않고 전신질환으로 간주한다. 모든 경락은 눈으로 통하기 때문에 눈은 시각만 담당하는 기관이 아니라 오장육부의 정기가 통하는 감각기관으로 본다. 눈의 피로를 회복하는 가장 쉬운 방법은 눈을 감는 것이다. 사람에게 전달되는 자극의 80퍼센트 이상이 눈으로 들어오기 때문에 눈을 감으면 자극도 사라지고 눈이 휴식을 취할 수 있는 상태가 된다.

미국인들은 하루 평균 8.5시간을 스마트폰, 컴퓨터, TV 등의 화면을 본다. 우리나라도 비슷하다. 눈이 피로하거나 안구 건조증 등 증상이 나타나지 않아도 디지털 기기가 우리 몸에 좋지 않은 영향을 준다는 사실을 기억해야 한다. 모니터나 스마트폰 화면을 집중해서 볼 때는 눈과 화면이 자신도 모르는 사이에 가까워진다. TV를 볼 때도 흥미 있는 영상이 나오면 앞으로 다가가게 된다. 이런 것을 방지하기 위해서 모니터나 스마트폰을 볼 때는 수시로 팔을 뻗어서 화면과 거리를 유지하는 하이파이브 테스트를 해야 한다. 하이파이브 테스트를 하는 이유는 화면과 눈을 팔 길이만큼 유지하기 위해서다. TV를 볼 때는 적어도 1.5~2미터 이상 정도 거리를 두는 것이 바람직하다. 미국 눈 건강 비영리 단체 '비전 카운슬'이 발표한 '디지털 눈 피로 보고서'에는 눈이 쉴 수 있도록 '20-20-20 법칙'을 지키라고 권한다. 20-20-20 법칙은 화면을 볼 때 20분마다 20초 동안 20피트_{약 6미터 거리} 정도 멀리 있는 곳을 바라보면서 눈의 피로를 푸는 것이다.[23]

적극적으로 휴식을 취하는 방법

주5일 근무를 하는 사람이 일 년 동안 쉬는 날은 115~120일이다. 365일 중 30퍼센트 정도가 휴일이다. 한국문화관광정책연구원에서 실시한 '2006 국민여가조사'에 따르면 TV 시청과 라디오 청취가 13.7퍼센트로 1위를 차지했고 잡담 및 전화통화, 컴퓨터 게임, 목욕과 사우나, 음주 순으로 나타났다.

휴일을 이렇게 보내는 것은 쉬는 게 아니라 아무것도 안 하면서 의미 없는 시간을 보내는 것에 불과하다. 제대로 쉬려면 적극적인 휴식이 필요하다. 취미생활을 하거나 운동을 하는 것도 좋고 피로감을 느낀다면 잘 먹고 잘 쉬면서 스스로를 정비하는 시간을 가져야 한다. 밖에서 운동을 하거나 여행을 떠나는 것만 적극적인 휴식이 아니다. 휴식도 계획이 있어야 하고 의도가 있어야 한다. 휴식의 긍정적인 역할은 평소에 발견하지 못한 자신의 능력을 찾아내고 생활의 즐거움을 만끽하는 것이다. 휴식시간이 긍정적인 효과를 발휘하면 일상에 대한 만족감을 느끼고 자신감도 생긴다. 계획되지 않은 습관적인 휴식은 일에서 벗어났다는 느낌은 주지만 휴식을 통해서 만족감과 자신감을 얻는 등의 적극적인 휴식의 효과는 기대하기 어렵다.[24]

적극적인 휴식을 원한다면 시간과 조건 등의 환경을 스스로 만들어야 한다. 적극적인 휴식은 단순히 아무것도 하지 않으며 시간을 보내거나 취미생활에 몰입하면서 좋아하는 일을 즐기는 게 아니라 상황에 따라 몸과 정신의 피로를 풀어주는 것이다. 때로는 일에서 받은 피로와 스트레스를 다른 종류의 일을 하면서 해소할 수도 있다.

어떤 일을 하든지 질릴 때가 있다. 어떤 일에 질리는 상태를 심리적 포화라고 한다. 질리는 상태가 되면 집중력과 효율이 현저히 떨어진다. 이럴 때, 많은 사람들이 근면과 성실로 극복하려는 경향을 보인다. 심리적 포화 상태에서 계속 일을 하면 슬럼프에 빠질 우려가 있다. 심리적 포화는 몸과 마음이 모두 지쳐있을 때 나타난다. 몸의 피로가 회복된

후에도 집중할 수 없다면 정신적인 휴식이 필요하다.[25]

정신적으로 피로를 푸는 방법으로 아무 생각도 하지 않는 시간을 갖거나 나무가 우거진 공원이나 숲을 산책하는 것을 추천한다. 숲은 생리적으로 안정감을 준다. 숲에서는 안정적인 상태에서 나오는 뇌파인 알파파가 증가하고 스트레스에 저항하는 호르몬인 코르티솔cortisol의 양이 감소한다. 숲에 있는 것만으로도 걱정과 근심을 줄어드는 효과가 있다.

운동선수들은 지구력 운동과 근력 운동을 번갈아가면서 진행한다. 하루 종일 쉬지 않고 훈련하는 것처럼 보여도 몸에 무리가 갈 정도로 같은 훈련을 반복하지 않는다. 지구력 운동을 하는 동안 근력 운동에 사용한 근육이 긴장과 스트레스에서 회복할 시간을 주고, 근력 운동을 하는 동안 지구력 운동에 사용한 근육이 회복할 시간을 준다.

인지과학에서 사용하는 용어인 '인터리빙Interleaving'은 여러 가지 활동을 섞어서 실행하는 것이다. 적극적인 휴식에는 인터리빙이 적용된다. 정신적으로 피로하면 아무 생각도 하지 않는 시간을 갖고, 어떤 일에 대해서 질리면 다른 일을 하면서 스트레스를 해소하고 불안할 때는 명상이나 복식 호흡으로 마음을 진정시킨다. 몸을 움직여서 근육을 풀어줘야 할 때는 기분 좋은 피로가 쌓일 정도로 운동을 한다. 자기에게 맞는 휴식의 방법을 상황에 따라 활용하는 것이 적극적인 휴식이다.

정적인 휴식과 동적인 휴식

진정한 휴식에 대한 정의는 사람마다 다르다. 아무것도 안 하는 것을 진정한 휴식이라고 생각하는 사람이 있는 반면 취미나 운동 등의 활동을 하면서 몰입을 경험하고 새로운 에너지를 얻는 시간을 휴식이라고 생각하는 사람도 있다.

휴식을 뜻하는 영어 단어로 Rest와 Relaxation를 많이 쓴다. Rest는 아무 일도 하지 않고 안정을 취하는 정적인 휴식이고 Relaxation은 가벼운 운동이나 산책, 여행을 하면서 즐거운 시간을 보내는 동적인 휴식이다. 휴식을 굳이 정적인 휴식과 동적인 휴식으로 구분하지 않기 때문에 'R&R Rest & Relaxation'이라고 표현한다.

아무 일도 안 하는 휴식과 몸을 움직이는 휴식을 기능으로 구분하면 정적인 휴식은 마음을 쉬게 하고, 동적인 휴식은 새로운 에너지를 만든다. 휴일에는 여행이나 운동, 산책을 해야 한다고 믿는 사람은 쉬는 동안에도 무언가를 하지 않으면 어딘지 모르게 개운치 않다. 휴식은 아무것도 하지 않아도 편안한 감정을 느끼는 것이다.

휴일에도 무언가를 해야 한다는 생각은 있으면 휴식에 상당한 영향을 미친다. 일의 실패가 아니라 휴식의 실패까지 두려워하기 때문에 쉬는 동안에도 자꾸 무언가를 하려고 한다. 이런 사람은 '쉬고 있으면 실패한다.'는 강박관념을 갖고 있는 게 분명하다. 휴일까지 성실하게 보낼 필요는 없다. 성실하고 근면하게 일해도 실패하는 경우가 많다. 편안한 마음을 갖는 게 먼저다. 잠시 쉰다고 해서 크게 잘못되는 일은 없다고 생각하면서 휴식을 불편하게 생각하는 마음속 긴장부터 풀어야 한다. 긴장을 완화하는 것도 연습이 필요하다.

아무것도 하지 않는 휴식을 불편하게 생각하는 사람은 만성적인 불안에 시달리는 경우가 많다. 만성적인 불안을 가진 사람의 특징은 자기에게 당면한 문제를 해결해야 한다는 생각만 한다. 일상에서 불안을 해소하는 방법은 건강한 신체를 만들기 위해서 운동을 하는 것처럼 정신적인 긴장을 풀어서 편안해지는 상태에 이르는 것이다. 정신적인 긴장을 푸는 방법을 모르기 때문에 불안의 악순환을 끊어내지 못한다. 이럴 때는 뭉친 근육을 이완시키면 된다. 편한 의자에 등을 기대고 앉거나 침대에 누워서 목이나 어깨 근육에 힘을 뺀다. 근육에 힘을 뺀 상태로 3~5분 정도 편안하게 휴식을 취한다. 이런 방법으로 아침, 점심, 저녁 하루에 세 번 근육의 긴장을 풀어준다. 며칠 반복하면 몸과 마음이 편안해지는 걸 느낄 수 있다. 하루에 서너 번 반복하면서 15분, 30분으로 시간을 늘린다. 직장에서는 길어야 15분 정도 실천할 수 있고 익숙해지면 집에서 하루 정도는 편안하게 휴식을 취할 수 있다.

근육의 긴장을 풀어서 정신적인 긴장을 이완시키는 과정을 반복하면 불안의 악순환을 통제하는 능력이 생긴다. 악순환이 끊어지면 불안도 사라진다. 아무것도 안 해도 고요하고 편안한 상태를 유지할 수 있다.[26]

많은 사람들은 목적과 목표에 맞춰서 행동하는 습관이 뿌리 깊게 박혀있다. 휴일에도 어떤 일을 할지 계획하고 계획한 대로 실천해온 사람들은 아무런 계획 없이 그저 편하게 쉬고 있는 자신을 용납하지 않는다.

이런 사람들은 긴장을 푸는 방법을 가르쳐주는 명상이나 요가를 해도 휴식의 효과를 얻기 어렵다. 휴식에 대한 가치관이 다르기 때문이다.

아무것도 하지 않는 휴식을 인정할 수 없다면 어떤 일에 빠져드는 몰입 상태를 즐기며 휴식을 취하면 된다. 몰입 상태를 즐기는 휴식은 휴일에 취미로 암벽을 타는 사람을 보면 이해할 수 있다. 오로지 자기 몸과 최소한의 장비에 의지해서 암벽에 매달린 사람은 온전히 암벽에 매달려 있는 순간에 집중하면서 시간과 공간, 일에 대한 생각을 잊는다. 이런 몰입의 또 다른 예는 악기 연주, 댄스, 공예 등의 취미생활에서도 나타난다. 칙센트 미하이는 "인간은 '몰입'을 체험할 때 더 행복해진다."라고 했다. 암벽 등반처럼 모험을 즐기거나 지금 하고 있는 일에 빠져들어서 즐길 수 있다면 그것이 바로 휴식이다.[27]

아무것도 안 하든, 여행, 취미생활, 운동에 몰입하든 어떤 방식으로 휴식을 취하든 상관없다. 오늘 정말 잘 쉬었다는 만족감을 얻으면 그걸로 충분하다.

맺음말

한국어를 배우는 외국인이 한국어 학습 사이트에 이런 질문을 올렸다. "쉬다, 휴가가다, 휴식을 취하다 뜻이 똑같아요?" 이 질문의 대답에는 이렇게 정리되어 있다.

쉬다는 'rest', 그냥 집에서 아무것도 안하고 있는 것, 휴가가다는 'go on a vacation', 멀리 여행을 갈 때, 다른 도시나 지역으로 놀러가는 것을 목적으로 갈 때 쓰는 말, 휴식을 취하다는 일이나 공부로 지쳐서 휴식이 필요할 때 쓰는 말로 "나는 이제 지쳤어. 휴식이 필요해."라고 할 때 쓴다.

쉰다는 표현이 이렇게 다양하지만 정작 이 말을 사용하는 우리는 쉬는 데 인색하다. 생존 가능성 10퍼센트의 미숙아로 태어나서 SAT 점수가 평균보다 40퍼센트나 낮았는데도 프린스턴대학에 입학해서 다양한 직업을 두루 경험한 티모시 페리스는 충만한 삶을 살고 싶어 하는 현대인에게 라이프스타일을 리모델링해야 한다고 강조했다. 그는 라이프스타일 디자인 기본원리를 정의, 제거, 자동화, 해방 4단계로 구분했다. 여기에 '하지 않을 일 목록(Not To Do List)'이 나온다. 하지 않을 일 목록은 생각보다 영향력이 크다. 해야 할 일 리스트가 목표와 성공에 집중한다면 하지 않을 일 목록은 그 일이 정말 필요한 일인지 다시 생각하게 해서 마음의 여유와 휴식시간을 준다.

너무 많은 일과 공부, 계획 때문에 스트레스를 받고 있다면 적게 일하고 많이 얻는, 꼭 필요한 일만 제때 하고 휴식시간을 늘리는 방법을 찾아야 한다. 이 책을 통해서 그 방법을 꼭 찾기 바란다.

참고문헌

1장 휴식에 관한 생각 바꾸기

1   배우리 지음, 《신드롬을 읽다》, (미래를소유한사람들, 2012), 20쪽
2   아네스 안 지음 《프린세스 심플 라이프》, (위즈덤하우스, 2007), 182~183쪽
3   임정택 지음, 《상상, 한계를 거부하는 발칙한 도전》, (21세기북스, 2011), 161~162쪽
4   니혼게이자이신문사 지음, 이규원 옮김, 《일한다는 것》, (리더스북, 2005), 171~172쪽
5   슈테판 클라인 지음, 유영미 옮김, 《시간의 놀라운 발견》, (웅진지식하우스, 2007), 170쪽
6   찌에스종 지음, 정세경 옮김, 《생각의 틀을 넓히는 교양 다이제스트》, (혜문서관, 2008), 180쪽
7   울리히 슈나벨 지음, 김희상 옮김, 《아무것도 하지 않는 시간의 힘》, (가나출판사, 2016), 34쪽
8   제프 콜빈 지음, 신동숙 옮김, 《인간은 과소평가 되었다》, (한스미디어, 2016), 84~85쪽
9   크레이그 램버트 지음, 이현지 옮김, 《그림자 노동의 역습》, (민음사, 2016), 들어가며 중에서
10 야마다 마사히로·소데카와 요시유키 지음, 홍성민 옮김, 《더 많이 소비하면 우리는 행복할까?》 (뜨인돌, 2011), 22쪽
11 야마다 마사히로·소데카와 요시유키 지음, 홍성민 옮김, 《더 많이 소비하면 우리는 행복할까?》 (뜨인돌, 2011), 80~81쪽
12 그레고리 맨큐 지음, 김경환·김종석 옮김, 《맨큐의 경제학》, (교보문고, 2005), 453쪽
13 김정남 지음, 《애플 & 닌텐도》, (길벗, 2008), 297쪽
14 시모조노 소타 지음, 정은지 옮김, 《STOP 성공을 부르는 포기의 힘》, 35쪽
15 토마스 호헨제 지음, 홍순철 옮김, 《당당한 게으름》, (시아출판사, 2003), 90~91쪽
16 허쥔 지음, 임지혜 옮김, 《온주상귀》, (천케이, 2007), 377쪽
17 마이클 바스카 지음, 최윤영 옮김, 《큐레이션》, (예문아카이브, 2016), 143쪽
18 울리히 슈나벨 지음, 김희상 옮김, 《아무것도 하지 않는 시간의 힘》, (가나출판사, 2016), 56~57쪽
19 루화난 지음, 허유영 옮김, 《인생의 교과서》, (달과소, 2007), 140~150쪽
20 피터 하우리·셜리 린드 지음, 류영훈 옮김, 《잠이 보약이다》, (동도원, 2005), 185쪽
21 최문열 지음, 《하루테크》, (미디어락, 2008), 128쪽
22 김정운 지음, <<휴테크 성공학>>, (명진출판, 2003), 136쪽
23 쓰지 신이치(이규) 지음, 김향 옮김, 《술로 라이프》, (디자인하우스, 2005), 153~154쪽
24 요아힘 바우어 지음, 전진만 옮김, 《왜 우리는 행복을 일에서 찾고, 일을 하며 병들어갈까》, (책세상, 2015), 182쪽
25 메튜 에들런드 지음, 이유경 옮김, 《휴식: 내 몸이 새로 태어나는 시간》, (라이프맵, 2011), 21쪽
26 김난도·이향은·권혜진·이준영·전미영·김서영 지음, 《트렌드 코리아 2012》, (미래의창, 2011), 85쪽

2장 잠은 최고의 휴식이다

1. ALEX, SOOJUNG-KIM, PANG, , [Darwin Was a Slacker and You Should Be Too], 〈NAUTILUS〉, MARCH 30, 2017, http://nautil.us/issue/46/balance/darwin-was-a-slacker-and-you-should-be-too
2. 캣 더프 지음, 서지영 옮김,《행복한 잠 여행》, (처음북스, 2015), 76쪽
3. 나카이 다카요시 지음, 윤혜림 옮김,《잠자기 전 5분》, (전나무숲, 2008), 162쪽
4. 베른트 브루너 지음, 유영미 옮김,《늪기의 기술》, (현암사, 2015), 165~166쪽
5. 존 메디나 지음, 서영조 옮김,《브레인 룰스》, (프런티어, 2017), 215쪽
6. 매튜 켈리 지음, 이창식 옮김,《위대한 나》, (세종서적, 2008), 155쪽
7. 월터 피에르파올리 지음, 임종석 옮김,《기적의 멜라토닌 요법》, (세종서적, 1996), 243쪽
8. 박영춘 지음,《신념의 힘》, (가산출판사, 2007), 224쪽
9. 캣 더프 지음, 서지영 옮김,《행복한 잠 여행》, (처음북스, 2015), 113쪽, 116쪽
10. 엔도 다쿠로 지음, 임정희 옮김,《4시간 반 숙면법》, (이아소, 2011), 25~26쪽
11. 엔도 다쿠로 지음, 임정희 옮김,《4시간 반 숙면법》, (이아소, 2011), 30쪽
12. 김평안 지음,《놀라운 자연 의사》, (에버라스팅가스펠, 2011), 62쪽
13. 스가와라 요헤이 지음, 전경아 옮김,《굿바이, 나른함》, (퍼플카우, 2014), 97~98쪽
14. 조양제 지음,《악순환에 빠진 내 인생 선순환으로 바꾸는 긍정습관》, (끌레마, 2011), 41쪽
15. 페터 슈포르크 지음, 유영미 옮김,《안녕히 주무셨어요?》, (황소자리, 2016), 230~231쪽
16. 캣 더프 지음, 서자영 옮김,《행복한 잠 여행》, (처음북스, 2015), 282쪽
17. 김형자 지음,《행복의 비밀 50》, (푸른지식, 2011), 77쪽
18. 사토 도미오 지음, 홍성민 옮김,《잠의 즐거움》, (국일미디어, 2006), 212쪽
19. 페터 슈포르크 지음, 유영미 옮김,《안녕히 주무셨어요?》, (황소자리, 2016), 62~63쪽
20. 나카이 다카요시 지음, 윤혜림 옮김,《잠자기 전 5분》, (전나무숲, 2008), 56쪽
21. 오카모토 코우이치 지음, 유인경 옮김,《슬럼프 극복하여 고수되는 법칙》, (모멘토, 20904), 106쪽
22. 이시우라 쇼이치 지음, 박재현 옮김,《뇌, 새로고침》, (열음사, 2009), 164쪽
23. 이동연 지음,《행복한 수면법》, (평단문화사, 2007), 139~140쪽
24. 전성민·김원중 지음,《삶을 재정비하는 법》, (리드잇, 2012), 216쪽
25. 한진규 지음,《잠이 인생을 바꾼다》, (팝콘북스, 2006), 161쪽
26. 르네 데카르트 지음, 최명관 옮김,《데카르트 연구》, (창, 2010), 19쪽
27. 헬렌 S 정. 지음《나는 왜 일하는가》, (인라이먼트, 2012), 288쪽
28. 유성은 지음,《대한민국 2030 모닝파워》, (중앙경제평론사, 2008), 36~37쪽
29. 이우일 외 18명 공저,《아침형 인간, 강요하지 마라》, (청림출판, 2004), 52쪽
30. 이재연 지음,《소셜스타일》, (책나무, 2011), 129쪽
31. 니시다 미사키 지음, 나은정 옮김,《휴식을 거르지 마라》, (부즈펌, 2014), 110쪽
32. 트레이시 앨러웨이·로스 앨러웨이 지음, 이충호 옮김,《파워풀 워킹 메모리》, (문학동네, 2014), 13쪽
33. 오카모토 코우이치 지음, 유인경 옮김,《슬럼프 극복하여 고수되는 법칙》, (모멘토, 2004), 163~164쪽
34. 니시다 미사키 지음, 나은정 옮김,《휴식을 거르지 마라》, (부즈펌, 2014), 115~116쪽
35. 나카지마 다카시 지음, 강신규 옮김,《일의 80%는 월요일에 끝내라》, (21세기북스, 2007), 21쪽
36. 김태광 지음,《공부하는 바보가 세상을 바꾼다》, (티즈맵, 2011), 154~155쪽

37 피터 하우리·셜리 린드 지음, 류영훈 옮김, 《잠이 보약이다》, (동도원, 2005), 133쪽
38 고바야시 도시노리·고이시 유이치 지음, 김현희·연주미 옮김, 《4시간 숙면법》, (예문, 2004), 24쪽
39 양창삼 지음, 《인간관계 필드북》, (경문사, 2002), 246쪽
40 아리아나 허핑턴 지음, 정준희 옮김, 《수면혁명》, (민음사, 2016), 233쪽
41 윌리엄 C. 디멘트 지음, 김태 옮김, 《수면의 약속》, (넥서스BOOKS, 2007), 238쪽
42 이동연 지음, 《행복한 수면법》, (평단문화사, 2007), 113쪽
43 이케가야 유지 지음, 하현성 옮김, 《뇌를 속이는 시험공부》, (행복포럼, 2012), 111쪽
44 크리스토퍼 라이언·카실다 제타 지음, 김해식 옮김, 《왜 결혼과 섹스는 충돌할까》, (행복포럼, 2011), 352쪽
45 제임스 E. 로어 지음, 이영 옮김, 《유쾌한 스트레스 활용법 7》, (21세기북스, 2007), 239쪽
46 마야 슈토르히·군터 프랑크 지음, 송소민 옮김, 《휴식능력 마냐나》, (동아일보사, 2011), 94쪽
47 메튜 에들런드 지음, 이유경 옮김, 《휴식: 내 몸이 새로 태어나는 시간》, (라이프맵, 2011), 209~210쪽

3장 명상으로 휴식하기

1 토마스 G. 핸드 지음, 이희정 옮김, 《동양적 그리스도교 영성》, (한국기독교연구소, 2004), 74쪽
2 오카다 이코 지음, 최문련 옮김, 《기적의 혈액 건강법》, (평단문화사, 2007), 216쪽
3 오카다 이코 지음, 최문련 옮김, 《기적의 혈액 건강법》, (평단문화사, 2007), 213쪽
4 코리 코건, 애덤 메릴, 린나 린 지음, 노혜숙 옮김, 《파이브 초이스》, (세종서적, 2016), 239쪽
5 이준남, [이준남의 헬스브리핑: 불면증 개선에도 스트레스 해소에도 마음 챙김 명상법], <건강다이제스트>, 2016년 11월호
6 뉴메디테이션·휴먼스토리 지음, 《스티브 잡스의 세상을 바꾼 기적의 명상법》, (산호와진주, 2011), 37쪽
7 이인식 지음, 《미래교양사전》, (갤리온, 2006), 141쪽
8 오원식 지음, 《아무것도 하지 않는 행복 휴》, (인물과사상사, 2014), 147쪽
9 박성희 지음, 《마시멜로 이야기에 열광하는 불행한 영혼들을 위하여》, (이너북스, 2008), 146쪽
10 전현수 지음, 《생각 사용 설명서》, (불광출판사, 2012), 54쪽
11 삼성출판사 편집부, 《내 집에서 명상 10분》, (삼성출판사, 2005), 71쪽
12 정경수 지음, 《일머리 공부머리 똑똑한 머리 만들기》, (큰그림, 2017), 251쪽
13 이혜현, [월요병, 가볍게 여기고 넘어가면 위험], <동아사이언스>, 2016년 07월 18일, https://www.dongascience.com/news.php?idx=12916
14 임동욱, [새로운 시작이 두렵다! 어른은 월요병, 아이는 새학기증후군], <KISTI의 과학향기(제2075호)>, http://scent.ndsl.kr/site/main/archive/article/새로운-시작이-두렵다-어른은-월요병-아이는-새학기증후군
15 오마이 겐이치 지음, 이수미 옮김, 《OFF학》, (에버리치홀딩스, 2009), 88쪽
16 메튜 에들런드 지음, 이유경 옮김, 《휴식》, (라이프맵, 2011), 146쪽
17 하이 에이슈 지음, 김명선 옮김, 《잘나가는 일류들의 자기관리 기술》, (이보라이프, 2016), 37~38쪽
18 베로니크 비엔느 지음, 이혜경 옮김, 《아무것도 하지 않을 자유》, (나무생각, 2006), 15~16쪽
19 마크 레셔 지음, 조인훈 옮김, 《적음의 아름다움》, (행간, 2010), 210~211쪽
20 캐서린 번스 킹스버리·메리 엘런 윌리엄스 지음, 서희 옮김, 《악마를 위한 다이어트》, (팝콘북스, 2007), 86쪽
21 울리히 슈나벨 지음, 김희상 옮김, 《행복의 중심 휴식》, (걷는나무, 2011), 118쪽

22 박효진 기자, [생활로 확산되는 '멍때리기'], <국민일보>, 2017년 05월 26일 자, http://news.kmib.co.kr/article/view.asp?arcid=0923754123&code=11131100&cp=nv
23 로버트 K 쿠퍼 지음, 윤영호 옮김, 《100퍼센트 인생경영》, (세종서적, 2002), 260쪽
24 로버트 K 쿠퍼 지음, 윤영호 옮김, 《플러스 나인》, (세종서적, 2005), 175쪽

4장 스트레스 때문에 휴식은 더 절실하다

1 요한네스 휘거 지음, 이민수 옮김, 《시간의 기술》, (들녘, 2006), 42쪽
2 곽금주 지음, 《습관의 심리학》, (갤리온, 2007), 197쪽
3 수잔 제퍼스 지음, 노혜숙 옮김, 《도전하라 한번도 실패하지 않은 것처럼》, (리더스북, 2007), 148쪽
4 데이비드 카보넬 지음, 유숙열 옮김, 《나는 왜 걱정이 많을까》, (사우, 2016), 49쪽
5 정경수 지음, 《일머리 공부머리 똑똑한 머리 만들기》, (큰그림, 2017), 255쪽
6 줄리 K. 노럼 지음, 임소연 옮김, 《걱정 많은 사람들이 잘되는 이유》, (한국경제신문,2015) 68~69쪽
7 고다마 미쓰오 지음 《잘되는 나를 만드는 최고의 습관》, (전나무숲, 2008), 50~51쪽
8 제임스 E. 로어 지음, 이영 옮김, 《유쾌한 스트레스 활용법》, (21세기북스, 2007), 205쪽
9 류지성 지음, 《마음으로 리드하라》, (삼성경제연구소, 2011), 196쪽
10 데일 카네기 지음, 이동연 옮김, 《데일 카네기 행복의 연금술》, (평단문화사, 2009), 95쪽
11 이철우 지음, 《관계의 심리학》, (경향미디어, 2008), 187쪽
12 히사쓰네 다쓰히로 지음, 정광태 옮김, 《해피 브레인》, (함께북스, 2008), 134쪽
13 히사쓰네 다쓰히로 지음, 정광태 옮김, 《해피브레인》, (함께북스, 2008), 142쪽
14 시부야 쇼조 지음, 채숙향 옮김, 《행동으로 사랑받는 방법을 가르쳐 드립니다》, (지식여행, 2008), 45쪽
15 샌드라 아모트·샘 왕 지음, 박혜원 옮김, 《똑똑한 뇌 사용설명서》, (살림Biz, 2009), 146~147쪽
16 울리히 슈나벨 지음, 김희상 옮김, 《아무것도 하지 않는 시간의 힘》, (가나출판사, 2016), 34쪽
17 잭 트라우스·알리스 지음, 윤영삼 옮김, 《My Positioning》, (다산북스, 2004), 35쪽
18 카츠마 카즈요 지음, 나지윤 옮김, 《시간투자법》, (말글빛냄, 2008), 92쪽
19 잭 트라우스·알리스 지음, 윤영삼 옮김, 《My Positioning》, (다산북스, 2004), 35쪽
20 슈테판 클라인 지음, 유영미 옮김, 《시간의 놀라운 발견》, (웅진지식하우스, 2007), 167~168쪽
21 울리히 슈나벨 지음, 김희상 옮김, 《아무것도 하지 않는 시간의 힘》, (가나출판사, 2016), 34~35쪽
22 울리히 슈나벨 지음, 김희상 옮김, 《아무것도 하지 않는 시간의 힘》, (가나출판사, 2016), 37쪽
23 박정현 기자, [Weekly BIZ : '열심히'해라 보다 '잘'해라… 자유를 누리되 책임을 져라], <조선비즈>, http://biz.chosun.com/site/data/html_dir/2016/02/19/2016021901782.html
24 니시다 마사키 지음, 나은정 옮김, 《휴식을 거르지 마라》, (부즈펌, 2014),176쪽
25 제임스 E. 로어 지음, 이영 옮김, 《유쾌한 스트레스 활용법 7》, (21세기북스, 2007), 205쪽
26 창송 지음, 김수연 옮김, 《데일 카네기와 티타임》, (미다스북스, 2009), 175쪽
27 데일 카네기 지음, 강성복 옮김, 《데일 카네기 자기 관리론》, (리베르, 2007), 345쪽
28 김병군, ['점진적 근육이완법'으로 심리적 불안 등 해소], <부산일보>, http://news20.busan.com/controller/news-Controller.jsp?newsId=20070227000295

5장 걷는 동안 뇌는 쉰다

1. 김보일 지음, 《나를 만나는 스무살의 철학》, (예담, 2010), 138쪽
2. 알렉스 수정 김 방 지음, 이경남 옮김, 《나는 왜 이렇게 산만해졌을까》, (시공사, 2014), 268~269쪽
3. 유진 워커 지음, 김광수 옮김, 《마음의 휴식》, (명진출판, 2001), 152~153쪽
4. Alena Hall, [창의력의 대가들은 이렇게 아이디어를 얻는다], 〈허핑턴포스트〉, 2014년 07월 23일 자, http://www.huffingtonpost.kr/2014/07/23/story_n_5612022.html
5. Lile Jia, Edward R. Hirt, Samuel C. Karpen, 〈Journal of Experimental Social Psychology(Volume 45, Issue 5)〉, [Lessons from a Faraway land: The effect of spatial distance on creative cognition], http://www.sciencedirect.com/science/article/pii/S0022103109001267?via%3Dihub
6. 김연희 객원기자, [휴식, 문제 해결의 힘], 〈The Science Times〉, 2012년 8월 22일 자, http://www.sciencetimes.co.kr/?p=107683&post_type=news
7. 손재호 기자, [직장내 우울증... 사표내는 2030], 〈국민일보〉, 2017년 7월 18일, http://news.kmib.co.kr/article/view.asp?arcid=0923785161&code=11131100&cp=du
8. 오시마 기요시 지음, 황소연 옮김, 《뇌가 젊어지는 걷기의 힘》, (전나무숲, 2017), 71쪽
9. 정진곤, [정진곤의 살며 생각하며 : 걷기 좋은 도시를 만들자], 〈서울신문〉, 2015년 04월 29일 자, http://www.seoul.co.kr/news/newsView.php?id=20150430500007

6장 디지털 기기를 끊는 휴식

1. 알렉스 수정 김 방 지음, 이경남 옮김, 《나는 왜 이렇게 산만해졌을까》, (시공사, 2014), 224~225쪽
2. 정경수 엮고 씀, 《생활밀착형 미래지식 100》, (큰그림, 2017), 99~100쪽
3. 알렉스 수정 김 방 지음, 이경남 옮김, 《나는 왜 이렇게 산만해졌을까》, (시공사, 2014), 30쪽
4. 엔도 이사오·야마모토 다카아키 지음, 김정환 옮김, 《디지털 단식》, (와이즈베리, 2012), 41~42쪽
5. 울리히 슈나벨 지음, 김희상 옮김, 《행복의 중심 휴식》, (걷는나무, 2011), 86~87쪽
6. 니콜라스 카 지음, 최지향 옮김, 《생각하지 않는 사람들》, (청림출판, 2011), 213쪽
7. 크리스토프 코흐 지음, 김정민 옮김, 《아날로그로 살아보기》, (율리시즈, 2011), 109쪽
8. 알렉스 수정 김 방 지음, 이경남 옮김, 《나는 왜 이렇게 산만해졌을까》, (시공사, 2014), 43~44쪽
9. 이신영 지음, 《콘트래리언》, (진성북스, 2014), 315쪽
10. 에드워드 할로웰 지음, 곽명단 옮김, 《창조적 단절》, (살림Biz, 2008), 20쪽
11. 강신우 기자, [미 연구팀 "스마트폰 곁에 두기만 해도 인지능력 저하"], 〈서울신문〉, 2017년 7월 1일 자, http://www.sedaily.com/NewsView/1OIB0H3B99

7장 휴식이 몸과 마음을 치유한다

1. 손욱 지음, 《지식을 넘어 창조로 전진하라》, (리더스북, 2007), 154쪽
2. 정경수 지음, 《생활밀착형 미래지식 100》, (큰그림, 2017), 43쪽

3   손욱 지음,《지식을 넘어 창조로 전진하라》, (리더스북, 2007), 156쪽
4   난광원 지음, 김유경 옮김,《사자는 쥐와 겨루지 않는다》, (아르고스, 2006), 96쪽
5   박민수 지음,《내몸 경영》, (전나무숲, 2008), 202쪽
6   이시형 지음,《세로토닌하라!》, (중앙북스, 2010), 63쪽
7   아드리안 고스틱·체스터 엘튼 지음, 송계전 옮김,《하루에 한 걸음》, (FKI미디어, 2010), 226쪽
8   햄린사 지음, 이광준 옮김,《토털웰빙》, (우듬지, 2005), 265쪽
9   정철희 지음,《21일 공부모드》, (밀리언하우스, 2008), 146쪽
10 나카이 다카요시 지음, 윤혜림 옮김,《잠자기 전 5분》, (전나무숲, 2008), 136쪽
11 니콜라 게겐 지음, 고경란 옮김,《소비자는 무엇으로 사는가?》, (지형, 2006), 201쪽
12 정철희 지음,《21일 공부모드》, (밀리언하우스, 2008), 146쪽
13 박두민, [음악이 지닌 효과, 오! 놀라워라~], 〈생활속의 과학/우리 주변 속 숨은 과학〉, http://nstckorea.tistory.com/492
14 제인 스크리브너 지음, 이지영 옮김,《내 몸의 독소를 씻어내는 물》, (팜파스, 2007), 290쪽
15 장성철 지음,《동양인 체질에 맞는 멀티테라피 새 그림치료》, (북하우스, 2000), 63쪽
16 오원식 지음,《아무것도 하지 않는 행복 휴》, (인물과사상사, 2014), 193~194쪽
17 박범진 지음,《내 몸이 좋아하는 삼림욕》, (넥서스북, 2006), 22쪽
18 김정운 지음,《휴테크 성공학》, (명진출판, 2003), 71쪽
19 제임스 E. 로어 지음, 이영 옮김,《유쾌한 스트레스 활용법 7》, (21세기북스, 2007), 224~226쪽
20 마야 슈토르히·군터 프랑크 지음, 송소민 옮김,《휴식능력 마냐나》, (동아일보사, 2011), 81쪽
21 김진목 지음,《위험한 의학 현명한 치료》, (전나무숲, 2007), 251쪽
22 사토 도미오 지음, 홍성민 옮김,《잠의 즐거움》, (국일미디어, 2006), 41~42쪽
23 홍지호 지음,《치아관리만 잘해도 인상이 바뀐다》, (팜파스, 2007), 154~155쪽

8장 게으름은 휴식의 다른 이름

1   톰 호지킨슨 지음, 남문희 옮김,《언제나 일요일처럼》, (필로소픽, 2014), 45~46쪽
2   프레드 그랫즌 지음, 박인희 옮김,《게으름의 행복》, (북노마드, 2007), 52~53쪽
3   제임스 셈라덱·마이클 버틀러 지음, 형선호 옮김,《미래를 창조하는 인생의 7가지 원칙》, (중앙경제평론사, 2007), 214쪽
4   어니 J. 젤린스키 지음, 박재희 옮김,《게으르게 사는 즐거움》, (물푸레, 2003), 99~100쪽
5   장원철 지음,《인생에 힘이 되는 지혜와 통찰》, (브리즈, 2009), 197쪽
6   전성민·김원중 지음,《삶을 재정비하는 법》, (리드잇, 2012), 41쪽
7   프레드 그랫즌 지음, 박인희 옮김,《게으름의 행복》, (북노마드, 2007), 194쪽
8   톰 호지킨슨 지음, 남문희 옮김,《언제나 일요일처럼》, (필로소픽, 2014), 278~279쪽
9   김욱 지음,《유대인 기적의 성공비밀》, (지훈, 2006), 242~243쪽
10 장원철 지음,《인생에 힘이 되는 지혜와 통찰》, (브리즈, 2009), 195~196쪽
11 난광원 지음,《사자는 쥐와 겨루지 않는다》, (아르고스, 2006), 92~93쪽
12 에드워드 M. 할로웰 지음, 곽명단 옮김,《창조적 단절》, (살림Biz, 2008), 257쪽

13 문석현 지음,《스피치 메이크업》, (위즈덤하우스, 2008), 130쪽
14 유성은 지음,《3년의 기적》, (평단문화사, 2006), 26쪽
15 유성은 지음,《시간관리와 자아실현》, (중앙경제평론사, 2007), 100쪽
16 도널드 앨트먼 지음, 소하영 옮김,《하루 한 번 마음 청소》, (파주Books, 2016), 192쪽
17 도널드 앨트먼 지음, 소하영 옮김,《하루 한 번 마음 청소》, (파주Books, 2016), 198쪽

9장 휴식 실천하기

1 Merle L. Foss 지음, 위승두 옮김,《운동 생리학》, (대한미디어, 2002), 64쪽
2 이동연 지음,《잠자는 기술》, (평단문화사, 2010), 99~100쪽
3 베른트 부루너 지음, 유영미 옮김,《눕기의 기술》, (현암사, 2015), 28쪽
4 미하시 미호 지음, 신금순 옮김,《5분 만에 깊이 잠드는 책》,
5 라이프 엑스퍼트 지음, 신금순 옮김,《동안의 기술》, (웅진리빙하우스, 2007), 66쪽
6 아놀드 베네트 지음, 박현석 편역,《아침 5분의 여유가 인생을 결정한다》, (느낌이 있는 책, 2006), 160~161쪽
7 이상훈 지음,《습관의 기적》, (더난출판사, 2008), 196~197쪽
8 이명옥 지음,《그림 읽는 CEO》, (21세기북스, 2008), 142쪽
9 김애리 지음,《20대, 꿈의 다이어리》, (더난출판사, 2009), 151쪽
10 사이토 시게타 지음, 김숙이 옮김,《일소일약 일노일로》, (아카데미북, 2001), 68~69쪽
11 구사카 기민도 지음, 서상원 옮김,《경제 사랑학》, (스타북스, 2008), 188~189쪽
12 김난도 지음,《사치의 나라 럭셔리 코리아》, (미래의창, 2007), 252쪽
13 니시다 마사키 지음, 나은정 옮김,《휴식을 거르지 마라》, (부즈펌, 2014), 57쪽
14 박정호 지음,《여행 아는 여자》, (나무수, 2011), 31쪽
15 김민주·송희령 지음,《시티노믹스》, (비즈니스맵, 2010), 422쪽
16 신동운 지음,《다빈치가 그린 생각의 연금술》, (스타북스, 2008), 64쪽
17 조현용 지음,《우리말 깨달음 사전》, (하늘연못, 2005), 83쪽
18 크리스티안 버나드 지음, 김태항 옮김,《심장이 튼튼해지는 방법》, (이지북, 2005), 120쪽
19 크리스토퍼 시 지음, 양성희 옮김,《이코노믹액션: 선택과 행동의 경제적 오류분석》, (북돋움, 2008), 20쪽
20 니시다 마사키 지음, 나은정 옮김,《휴식을 거르지 마라》, (부즈펌, 2014), 172~173쪽
21 오비라 가즈히로 지음, 신혜정 옮김,《나는 왜 구글을 그만두고 라쿠텐으로 갔을까》, (북노마드, 2015), 116~117쪽
22 브리짓 슐트 지음, 안진이 옮김,《타임푸어》, (더퀘스트, 2015), 381쪽
23 류경동 기자, ['디지털 눈 피로', 이렇게 막아라], <전자신문>, 2015년 1월 26일 자, http://www.etnews.com/20150126000110
24 곽금주 지음,《습관의 심리학》, (갤리온, 2007), 201쪽
25 오카모토 코우이치 지음, 유인경 옮김,《슬럼프를 극복하여 고수되는 법칙》, (모멘토, 2004), 142쪽
26 유진 워커 지음, 김광수 옮김,《마음의 휴식》, (명진출판, 2001), 66쪽
27 울리히 슈나벨 지음, 김희상 옮김,《아무것도 하지 않는 시간의 힘》, (가나출판사, 2016), 237쪽